高职交通运输与土建类专业系列教材

高等职业教育新形态一体化教材

活页式教材

内含电子活页实训手册

U0648910

（第2版）

盾构构造与操作维护

毛红梅　张学钢　贾连辉　主　编

郭　军　王连山　张　凌　副主编

焦胜军　陈　馈　主　审

▶ 配套动画、微课、视频，可扫码观看

⬇ 配套电子课件

人民交通出版社

北京

内 容 提 要

本书为高等职业教育教材,以盾构操作手、盾构维护员、盾构施工技术员及盾构施工安全员为典型工作岗位,以典型土压平衡盾构为载体,引入"行动导向教学"的先进职业教育理念,采取项目划分、任务驱动的形式,全面、详细地介绍盾构的构造及操作与维护技术。

本书共分为5个项目,包括走进盾构机、盾构机操作控制、盾构机姿态控制、盾构机的维护、盾构机常见故障分析与处理。

本书可作为高等职业教育盾构施工技术、地下与隧道工程技术、城市轨道交通工程技术、机电设备类相关专业教材,同时也可作为盾构操作手、盾构维护员、盾构施工技术员、盾构施工安全员等的培训用书。

图书在版编目(CIP)数据

盾构构造与操作维护 / 毛红梅,张学钢,贾连辉主编. — 2版. — 北京:人民交通出版社股份有限公司,2025.1. — ISBN 978-7-114-20307-7

Ⅰ. U455.43

中国国家版本馆 CIP 数据核字第 2025C94R63 号

Dungou Gouzao yu Caozuo Weihu

书　　名:**盾构构造与操作维护**(第2版)

著 作 者:毛红梅　张学钢　贾连辉

责任编辑:陈虹宇

责任校对:赵媛媛　刘　璇

责任印制:张　凯

出版发行:人民交通出版社

地　　址:(100011)北京市朝阳区安定门外外馆斜街3号

网　　址:http://www.ccpcl.com.cn

销售电话:(010)85285911

总 经 销:人民交通出版社发行部

经　　销:各地新华书店

印　　刷:北京科印技术咨询服务有限公司数码印刷分部

开　　本:787×1092　1/16

印　　张:18.5

字　　数:450千

版　　次:2016年2月　第1版

　　　　　2025年1月　第2版

印　　次:2025年1月　第2版　第1次印刷　总第7次印刷

书　　号:ISBN 978-7-114-20307-7

定　　价:58.00元

(有印刷、装订质量问题的图书,由本社负责调换)

第 2 版前言

目前,盾构工法被广泛应用于铁路、城市地铁区间隧道及其他地下工程施工中。盾构是盾构法隧道施工的专用设备,集机械、电气、液压传动、传感系统及信息技术于一体,具有开挖切削土体、输送土渣、拼装隧道衬砌、测量导向纠偏等功能,涉及地质、土木、机械、力学、电气、控制、测量等学科,同时其需根据不同的地质情况进行"量体裁衣"式的设计与制造,可靠性要求极高。地下工程领域迫切需要掌握盾构作业技术的高技术技能人才,这也对高职院校相关专业的人才培养提出了要求。

本教材紧紧围绕地下工程领域对盾构作业技术人员的要求,针对盾构操作及维护等岗位的知识和技能需求,由学校和企业联合开发编写,注重工学结合、培养创新思维的教学模式,内容紧贴实际工作岗位,融入了最新的标准、规范,体现了最新的技术和工艺,注重理论联系实际,强调实操性,实现知识目标、能力目标及素质目标的贯通。同时,采用简明、务实的编写手法,强调图、表的运用,语言通俗易懂,旨在帮助学生快速、有效掌握盾构的构造、操作及维护知识和技能。

本教材共分为 5 个项目,包括走进盾构机、盾构机操作控制、盾构机姿态控制、盾构机的维护、盾构机常见故障分析与处理。本教材由陕西铁路工程职业技术学院毛红梅、张学钢,中铁工程装备集团有限公司总工程师、教授级高工贾连辉担任主编,陕西铁路工程职业技术学院郭军、盾构及掘进技术国家重点实验室王连山、国内盾构刀具研发生产知名企业凌远科技股份有限公司张凌担任副主编,其他参编人员还有陕西铁路工程职业技术学院王磊、刘江、张小力、李昭晖、张妙芝、曾宇翔,四川建筑职业技术学院马时强。

本教材具有较强的针对性、专业性、实践性,侧重工程应用与实践教学,具有如下特点:

(1)引入先进职业教育理念

本教材是高职院校专业教材,编写过程中编者引入当前先进的"项目导向、任务驱动"教学模式,基于盾构施工一线盾构操作、维护岗位能力图谱进行开发,采取工作项目划分、典型任务驱动的教学模块设置,在教学单元前设置"学习目标",引入"工作场景与任务",教学中设置"知识准备""任务实施",单元后设置"考核评价""强化训练"等环节,使学习过程可练、可评、可测试,确保完成教学目标及任务。

(2)校企联合的开发模式

为保证本教材内容的先进性与科学性,教材开发过程中,陕西铁路工程职业技术学院与中铁工程装备集团有限公司、盾构及掘进技术国家重点实验室等企业建立了校企合作关系,制订了合作开发教材计划,编写人员按照校企"一对一"的合作模式,由科研人员、企业专家与学校教师联合开发,为教材开发提供了充足的技术保障。

(3)内容紧贴实践岗位

本教材基于工学结合的开发思路,突破原有教材编写模式,引入盾构施工作业场景,参照真实工作任务设计教学任务,参照盾构操作及维护作业流程、作业标准及规范设计教学内容,参照实际考核标准设计教学测评标准,实现了教学过程与工作过程、教学内容与工作内容、教学标准与岗位标准"三对接"。此外,采用简明、通俗易懂的语言和图文并茂的方式编写教材。强调采用最新的标准、规范,体现最新的技术和工艺,实现知识目标、能力目标及素质目标的贯通。

　　本教材由陕西铁路工程职业技术学院党委书记、二级教授焦胜军,盾构及掘进技术国家重点实验室执行主任、教授级高工陈馈担任主审,他们提出了诸多修改意见和有益建议。同时,在编写过程中,编者得到了中铁隧道局集团有限公司、铁建重工集团有限公司等企业的鼎力支持,人民交通出版社也给予了真诚的帮助,在此一并表示衷心感谢!

　　由于编者水平有限,错误和不足之处在所难免,恳请读者批评指正。

编　者

2024 年 12 月

本教材配套视频资源索引

资源位置	资源名称	资源类型	资源二维码
项目一　任务一	盾构法概述	微课视频	
	盾构主机构造	微课视频	
	盾构机后配套构造	微课视频	
	土压平衡盾构主机构造	实训视频	
	土压平衡盾构机后配套构造	实训视频	
	土压平衡盾构机的后配套系统	实训视频	
	泥水平衡盾构机主机构造	实训视频	
项目一　任务二	盾构机的分类	微课视频	

资源位置	资源名称	资源类型	资源二维码
项目一　任务二	双圆隧道盾构机	实训视频	
	异形盾构机	实训视频	
项目一　任务三	盾构切削系统之刀盘结构	微课视频	
	盾构切削系统之盾构刀具	微课视频	
	盾构机切削系统	实训视频	
	盾构机推进系统	微课视频	
	盾构机铰接系统	微课视频	
	盾构机推进系统	实训视频	

资源位置	资源名称	资源类型	资源二维码
项目一 任务三	盾构机液压系统	微课视频	
	盾构机油压控制系统	实训视频	
	盾构机主驱动系统的结构	微课视频	
	盾构机主驱动系统构造	实训视频	
	盾构机导向系统	实训视频	
	盾构机管片拼装系统	微课视频	
	盾构机管片拼装系统	实训视频	
	土压平衡盾构渣土运输系统	微课视频	

本教材配套视频资源索引

资源位置	资源名称	资源类型	资源二维码
项目一　任务三	盾构机泥水系统概述	微课视频	
	盾构机泥水四大系统构造	微课视频	
	盾构排渣系统	实训视频	
	连续皮带机出渣	实训视频	
	盾构机泡沫系统	微课视频	
	盾构机同步注浆系统	微课视频	
	同步注浆泵工作原理	实训视频	
	盾尾密封油脂系统	微课视频	

盾构构造与操作维护（第2版）

资源位置	资源名称	资源类型	资源二维码
项目一　任务三	主驱动润滑油脂系统及 HBW 密封油脂系统	微课视频	
	盾构机集中润滑油脂系统	微课视频	
	盾构机压缩空气系统	微课视频	
	盾构机水循环系统	微课视频	
	盾构机人舱系统	微课视频	
项目二　任务一	盾构机主控制台介绍	微课视频	
	盾构启动操作	实训视频	
	盾构机启动条件	微课视频	

资源位置	资源名称	资源类型	资源二维码
项目二 任务一	盾构机启停顺序	微课视频	
项目二 任务二	盾构机掘进刀盘转速控制	实训视频	
项目二 任务三	推进液压油缸的管路控制操作	实训视频	
项目二 任务五	土仓压力控制方法	微课视频	
项目二 任务七	泡沫剂渣土改良试验检测	实训视频	
项目二 任务九	管片拼装操作	微课视频	
	管片拼装操作	实训视频	
项目三	盾构机导向系统介绍	微课视频	

资源位置	资源名称	资源类型	资源二维码
项目三	盾构机掘进姿态控制	微课视频	
	直线段掘进姿态控制	微课视频	
	平面曲线段掘进姿态控制	微课视频	
	直线段姿态分析与参数判断	实训视频	
项目四 任务一	盾构机维护意义、目的、作用	微课视频	
	刀具的结构检查	实训视频	
	刀具磨损分析	实训视频	
项目四 任务二	盾构机主机维护	微课视频	

本教材配套视频资源索引

资源位置	资源名称	资源类型	资源二维码
项目四　任务三	盾构机后配套维护	微课视频	
项目五　任务一	盾构机切削系统常见故障分析	微课视频	
	刀盘故障处理	实训视频	
项目五　任务三	盾构机推进系统常见故障与处理	微课视频	
项目五　任务四	管片拼装系统常见故障分析与处理	微课视频	

资源使用说明：

1. 扫描封面二维码，注意每个码只可激活一次；

2. 长按弹出界面的二维码关注"交通教育出版"微信公众号并自动绑定资源；

3. 公众号弹出"购买成功"通知，点击"查看详情"，进入后即可查看资源；

4. 也可进入"交通教育出版"微信公众号，点击下方菜单"用户服务—图书增值"，选择已绑定的教材进行观看。

目　　录

盾构构造与操作维护（第2版）

项目一

走进盾构机

【项目导学】

项目一　走进盾构机

- 任务一　盾构机初步认知
- 任务二　盾构机类型认知
- 任务三　盾构机构造认知
- 任务四　盾构机选型认知
- 任务五　盾构机的起源与发展认知

任务一　盾构机初步认知

【学习目标】

知识目标:1. 熟悉盾构机的概念;

2. 了解盾构机的基本组成;

3. 掌握盾构机的工作原理。

能力目标:1. 能够用概括性的语言表述盾构机的概念;

2. 能够简要介绍盾构机的主要组成及功能;

3. 能够较全面地对盾构机的工作原理及工作流程进行描述。

素质目标:1. 培养勤归纳、勤总结的意识;

2. 培养语言表达能力。

【工作场景与任务】

你所在项目部拟对近期新进员工进行盾构基础知识培训,指派你担任培训教师,负责讲授盾构机的基本原理,讲授内容包括盾构机的概念、基本组成及工作原理。要求概念讲授正确、组成及功能讲解简明清晰、工作原理介绍系统全面,你应当如何进行讲解呢?

【知识准备】

一　盾构机的概念

盾构机,是一种可使隧道一次成形的全断面隧道掘进专用工程机械,具有金属外壳,壳内装配有整机及辅助设备,具有开挖切削土体、输送渣土、拼装隧道衬砌、测量导向纠偏等功能,涉及地质、土木、机械、力学、电气、测量等学科,而且要按照不同的地质进行"量体裁衣"式的设计、制造,可靠性要求极高。盾构机已广泛用于地铁、铁路、公路、市政等隧道工程建设,如图1-1所示。

图1-1　盾构机

微课视频：
盾构法概述

微课视频：盾构
主机构造

微课视频：盾构机
后配套构造

盾构机的组成

一台完整的盾构机通常由主机和后配套系统两部分组成，如图1-2所示。

盾构主机为隧道掘进的主体，由前盾、中盾和盾尾三部分组成，承担掌子面开挖、排渣、管片拼装、壁后注浆等任务。

后配套系统为主机提供工作支持条件，包含连接桥、后配套拖车及辅助设备。

主机   后配套系统

图1-2 盾构机总成图

实训视频：
土压平衡盾构
主机构造

实训视频：
土压平衡盾构机
后配套构造

实训视频：
土压平衡盾构机的
后配套系统

实训视频：
泥水平衡盾构机
主机构造

盾构机的工作原理

盾构机的工作原理：在金属外壳的保护下，盾构机沿着隧道设计轴线边开挖土体边向前掘进，在此过程中，盾壳承受盾构机周围的地层土压力及水压力，并对隧道内侧壁起临时支护作用。盾构机排渣、衬砌施工等均在盾壳的掩护下进行。

而盾构机安全掘进的前提是掌子面（隧道开挖面）的稳定，以土压平衡盾构机为例，掌子面稳定依靠的是刀盘开挖切削且储存在土仓内的渣土所产生的土压力，土仓内的压力随着渣土的积累会逐渐增大，当渣土压力正好能抵消掌子面正面压力（土压力与水压力之和，如图1-3所示）时，盾构机达到平衡状态，即土压平衡状态，此时，只需控制土仓进渣量与排渣量相等，就能维持土压平衡状态，进而确保掌子面的稳定。

一个完整的盾构机施工过程应该包含土体开挖、壁后注浆、整机推进、渣土排运、管片拼装等，具体如下：

①盾构机向前推进并开挖土体，此时，壁后注浆作业同步进行；

②启动排渣作业，并根据推进速率和渣土量实时调整排渣速度；

③掘进进尺达到一环管片宽度时，暂停掘进；

④推进油缸配合管片拼装机进行管片拼装作业;

⑤管片拼装作业结束后,恢复掘进,重复以上流程。

水压力 | 土压力 | 渣土压力

图1-3　盾构机土压平衡状态示意图

【任务实施】

参照本任务的学习目标,按如下步骤及实施方法,对本任务的学习内容依次进行讲解。

步骤1:盾构机的基本概念讲解。

实施方法:从盾构机功能、特点及主要应用领域等方面对盾构机的概念进行描述。

步骤2:盾构机的基本组成讲解。

实施方法:介绍盾构机整机组成及各部分的功能,可搜集整理必要的图片、动画及视频等资源辅助完成讲解任务。

步骤3:盾构机的工作原理讲解。

实施方法:结合图片、动画、视频等资源,系统性讲解盾构机的工作原理以及盾构机的大体工作流程。

【考核评价】

通过本任务的学习,对盾构机的初步认知情况进行考核,考查对盾构机概念、基本组成及工作原理的掌握情况,知识归纳、总结及语言表达能力,具体见表1-1。

盾构机的初步认知考核评价表　　　　　　　　　　　　　　　　　　　　　表1-1

评价项目	评价内容	评价标准	配分/分
知识目标	盾构机的概念	是否正确回答盾构机功能、特点及主要应用领域	5
	盾构机的基本组成	是否正确回答盾构机的基本组成及各部分功能	5
	盾构机的工作原理	是否正确回答盾构机工作原理相关的问题	20
能力目标	讲述盾构机的概念	能否用概括性的语句准确表述盾构机的概念	10
	介绍盾构机基本组成及功能	能否准确介绍盾构机整机组成及各部分功能	10
	介绍盾构机工作原理及工作流程	能否用凝练而准确的语句描述盾构机的工作原理和工作流程	40

评价项目	评价内容	评价标准	配分/分
素质目标	归纳和总结的意识	知识归纳和总结是否凝练、具体且全面	5
	语言表达	语言是否准确、逻辑是否清晰、表达是否流畅	5
合计/分			100

【知识拓展】

　　盾构机施工最重要的环节就是确保掌子面的稳定,只有在掌子面稳定性得到保证的条件下,盾构施工才能安全有序地进行。而根据稳定掌子面所采用的方式和介质不同,盾构机可以被分为几个典型类别,其中最常见的就是土压平衡盾构机和泥水平衡盾构机,前者依靠刀盘开挖切削且储存在土仓内的渣土产生的土压力稳定掌子面,后者则依靠刀盘后方泥水仓内注入的泥浆产生的泥浆压力稳定掌子面。掌子面稳定的关键就是准确获取掌子面正面压力,并通过控制排渣速率和排渣量调节土仓或泥水仓内压力,以平衡掌子面正面压力。

任务二　盾构机类型认知

【学习目标】

　　知识目标:1. 熟悉盾构机的分类方法及类型;

　　　　　　　2. 掌握典型盾构机型的特点及适用范围,包括敞开式盾构机、土压平衡盾构机、泥水平衡盾构机和多模式盾构机;

　　　　　　　3. 掌握典型盾构机型之间的区别与联系。

　　能力目标:1. 能够灵活运用盾构机分类方法,准确判断盾构机类型;

　　　　　　　2. 能够根据盾构机型,准确描述盾构机的特点及适用范围;

　　　　　　　3. 能够对不同类型的盾构机进行类比分析,准确区分异同。

　　素质目标:1. 培养对比分析的能力;

　　　　　　　2. 培养归纳总结及语言表达能力。

【工作场景与任务】

　　你所在项目部计划组建盾构知识培训班,为项目部工人开展盾构知识培训,提升工人有关盾构的知识与技能水平,因此项目部采购了一批不同类型的盾构机教具模型用于教学,包括敞开式盾构机、土压平衡盾构机、泥水平衡盾构机和多模式盾构机模型各一台,现指派你作为盾构机模型讲解老师,你该从哪些方面进行讲解呢?

微课视频:　　　　　　实训视频:　　　　　　实训视频:
盾构机的分类　　　　　双圆隧道盾构机　　　　异形盾构机

【知识准备】

一 盾构机的分类

根据不同的分类方法,盾构机有多种名称及类型,目前较为常用的分类方法有如下几种:

(一)根据断面形状分类

盾构机根据断面形状可分为圆形盾构、矩形盾构、马蹄形盾构、异形盾构等。

(二)根据断面尺寸大小分类

盾构机根据断面尺寸直径 D 大小可分为微型盾构($0.2\text{m}\leqslant D<2\text{m}$)、小型盾构($2\text{m}\leqslant D<4.2\text{m}$)、中型盾构($4.2\text{m}\leqslant D<7\text{m}$)、大型盾构($7\text{m}\leqslant D<12\text{m}$)及超大型盾构($D\geqslant12\text{m}$)。

(三)按支护掌子面的形式分类

盾构机按照支护掌子面的形式可分为自然支护式盾构、机械支护式盾构、压缩空气支护式盾构、泥水平衡支护式盾构及土压平衡支护式盾构。

(四)根据开挖面与作业室之间隔板构造分类

盾构机根据开挖面与作业室之间隔板构造可分为敞开式盾构机及闭胸式盾构机,其中,闭胸式盾构机主要有泥水平衡盾构机和土压平衡盾构机。

二 典型盾构机型

(一)敞开式盾构机

敞开式盾构机分为全敞开式盾构机和部分敞开式盾构机。全敞开式盾构机的隧道工作面呈裸露状态,不能抵抗土压和地下水压,一般适用于开挖面自稳性强的地层,根据开挖方法不同又可分为手掘式盾构机、半机械式盾构机和机械式盾构机;部分敞开式盾构机主要指挤压式盾构机,此类盾构机的隧道工作面上留有可调节的进土口,通过挤压形式进行推进,对地层扰动较大,仅适用于自稳性差、流动性大的软黏土和粉砂质地层,如上海软土地层等。图 1-4 所示为全敞开式盾构机中的半机械式盾构机构造示意图。

(二)土压平衡盾构机

区别于敞开式盾构机,土压平衡盾构机在主机前部设置了一道压力隔板,将隧道工作面与主机后部完全隔绝,属于闭胸式盾构机。同时,刀盘与压力隔板之间还设置了一个储存渣土的土仓,刀盘开挖下的渣土产生的土压力作用于掌子面,对掌子面起支护作用,当土仓内渣土压力恰好能够平衡掌子面外侧压力时,达到土压平衡状态,此时只需控制渣土的开挖量与螺旋输送机排渣量相等,就能维持该动态平衡状态。因此,土压平衡盾构机对地层自稳性无特殊要求,尤其适用于渗透性低、容易形成软稠状渣土且适宜螺旋输送机出渣的地层,如黏性土等黏粒含量高的地层。图 1-5 所示为土压平衡盾构机构造示意图。

1-帽檐；2-盾体；3-挖掘装置；4-推进液压油缸；5-铰接密封；6-管片拼装机；
7-刮板输送机；8-铰接液压油缸；9-盾尾密封；10-管片输送装置；11-皮带输送机

图 1-4 半机械式盾构机构造示意图

1-刀盘；2-盾体；3-主驱动单元；4-人舱；5-推进液压油缸；6-铰接密封；
7-管片拼装机；8-螺旋输送机；9-中心回转接头；10-土仓；11-铰接液压油缸；
12-盾尾密封；13-管片输送装置；14-皮带输送机；15-螺旋输送机出渣闸门

图 1-5 土压平衡盾构机构造示意图

(三) 泥水平衡盾构机

与土压平衡盾构机类似，泥水平衡盾构机在主机前部也设置了一道压力隔板，将隧道工作面与主机后部完全隔绝开来，属于闭胸式盾构机。与土压平衡盾构机不同之处主要表现在以下几个方面：

1. 稳定掌子面的介质不同

区别于土压平衡盾构机，泥水平衡盾构机稳定掌子面的介质是泥浆，当泥浆的压力大于地下水压时，按照达西定律，泥浆中的水分渗入土体的同时，泥浆中的悬浮固体颗粒被掌子面土孔隙"捕获",累积并在土体表面形成一层具有一定厚度的泥膜,泥浆压力通过该泥膜均匀作用于掌子面,进而稳定掌子面。

2. 出渣方式不同

土压平衡盾构机依靠螺旋输送机和皮带输送机出渣,渣土集中晾晒后即可按要求外运。泥水平衡盾构机依靠泥水输送系统出渣,通过排泥泵和排泥管道,将泥水仓内的含渣泥浆排送到地面泥水处理系统进行泥水分离处理,分离后的清泥浆经过处理后可循环利用,分离出的渣土集中晾晒后按要求外运。

3. 对场地大小的要求不同

由于泥水平衡盾构机需要对含渣的高浓度泥浆进行泥水分离处理,需要在项目地点设置占地面积较大的泥水分离站,相较于土压平衡盾构机,泥水平衡盾构机需要额外占用土地资源,在建筑物密集的城区使用相对受限。

由于泥水平衡盾构机依靠泥浆在掌子面上形成泥膜来稳定掌子面,理论上讲,只要泥膜能够形成,就具备采用泥水平衡盾构机的条件,但由于泥水平衡盾构机本身造价较高,且泥水分离站对场地大小要求较高,故其多用于土压平衡盾构机难以处理的地层,如渗透性强、地下水压大的地层,以及对地面沉降要求严格的项目。图1-6所示为泥水平衡盾构机构造示意图。

1-刀盘;2-盾体;3-隔板;4-主驱动单元;5-人舱;6-推进液压油缸;7-铰接密封;8-管片拼装机;9-泥水仓;10-中心回转接头;11-排浆管;12-铰接液压油缸;13-进浆管;14-盾尾密封;15-管片输送装置

图1-6　泥水平衡盾构机构造示意图

(四) 多模式盾构机

众所周知,隧道掘进机的一大特点就是需要根据地层特点"量身定制",因此,不同地质条件下的隧道工程往往需要不同类型的隧道掘进机。目前,隧道施工最常采用的全断面隧道掘进机主要有土压平衡盾构机、泥水平衡盾构机和全断面硬岩隧道掘进机(Tunnel Boring Machine,TBM)。区别于前两者,TBM在一般意义上并不属于盾构机的范畴。然而,随着行业的不断发展,隧道施工难度以及地质环境复杂程度不断提高,单一类型的隧道掘进机已经不足以解决所有隧道施工难题,因此,多模式盾构机应运而生。多模式盾构机可以根据地层情况,在不同掘进模式之间进行快速切换,能够较好地适应复杂地质条件。

区别于单一模式盾构机,多模式盾构机具备两种及以上掘进模式,针对不同地质使用不同的掘进模式,可有效提高地质适应性和经济性,兼顾施工安全和施工效率,适用于单一模式盾构机难以满足施工需求的复杂地质条件。目前,市面上的多模式盾构机主要有双模式盾构机和三模式盾构机。其中,双模式盾构机主要有"泥水 + 土压"双模式盾构机、"泥水 + TBM"双模式盾构机以及"土压 + TBM"双模式盾构机,三模式盾构机主要指"泥水 + 土压 + TBM"三模式盾构机。图 1-7 所示为"土压 + TBM"双模式盾构机构造示意图。

1-刀盘;2-盾体;3-主轴承;4-主驱动单元;5-人舱;6-推进液压油缸;7-铰接密封;
8-盾尾;9-管片;10-管片拼装机;11-溜渣槽;12-主机皮带输送机;13-螺旋机前闸门;
14-螺旋输送机;15-铰接液压油缸;16-盾尾密封;17-管片输送装置;18-皮带输送机

图 1-7 "土压 + TBM"双模式盾构机构造示意图

【任务实施】

根据本任务的学习目标,按如下步骤及实施方法,对本任务的学习内容依次进行讲解。

步骤 1:介绍盾构机的分类方法及类型。

实施方法:分别按照断面形状、断面尺寸大小、支护掌子面的形式、开挖面与作业室之间隔板构造四种分类方法,介绍盾构机的类型,并借助必要的图片、动画、视频等资源进行讲解。

步骤 2:介绍典型盾构机特点及适用范围。

实施方法:分别介绍敞开式盾构机、土压平衡盾构机、泥水平衡盾构机以及多模式盾构机的特点及适用范围,可结合必要的图片、动画、视频等资源进行讲解。

步骤 3:讲解敞开式盾构机与闭胸式盾构机的区别。

实施方法:首先明确二者的概念,从结构及功能上将二者区分开来,再逐一对比二者在支护掌子面形式、掘进方式、出渣方式及适用地层方面的异同。该部分讲解可适当拓展,加以深化。

步骤4:讲解土压平衡盾构机与泥水平衡盾构机的区别。

实施方法:土压平衡盾构机与泥水平衡盾构机同属于闭胸式盾构机,讲解时从稳定掌子面的介质、出渣方式、适用地层及对场地大小的要求等方面进行对比讲解。可采用必要的图片、动画、视频等资源辅助讲解。

步骤5:讲解单一模式盾构机与多模式盾构机的区别。

实施方法:从二者的适用范围、功能等方面进行简要介绍即可。

【考核评价】

通过本任务的学习,对盾构机的类型认知情况进行考核,考查学生对盾构机分类、典型盾构机机特点及适用范围、典型盾构机间的区别与联系等知识的掌握情况,以及对知识归纳、总结、对比分析及语言表达能力,具体见表1-2。

盾构机的类型认知考核评价表   表1-2

评价项目	评价内容	评价标准	配分/分
知识目标	盾构机的分类	是否正确回答盾构机分类方法及对应的盾构机类型	5
	典型盾构机的特点及适用范围	是否正确回答各典型盾构机的特点及适用范围	10
	认知典型盾构机型间的区别与联系	是否正确回答各典型盾构机在结构、功能及适用地层等方面的区别与联系	10
能力目标	根据给定条件判断盾构机的类型	能否根据给定条件正确判断盾构机的类型	5
	根据给定盾构机型,介绍盾构机的特点及适用范围	能否准确描述给定盾构机的特点及适用范围	20
	讲解各典型盾构机间的区别与联系	能否对各典型盾构机进行有效对比分析,准确讲述典型盾构机在结构、功能及适用地层等方面的区别与联系	40
素质目标	对比分析能力	能否通过有效对比分析,准确提取两类事物间的同与异	5
	归纳总结及语言表达	知识归纳和总结是否凝练、具体且全面,语言是否准确简练、逻辑是否清晰、表达是否流畅	5
合计/分			100

【知识拓展】

用于隧道工程施工的全断面隧道掘进机主要有盾构机和TBM两类。通常情况下,盾构机主要用于软土地层及复合地层的掘进施工,TBM主要用于硬岩地层的掘进施工。而根据适用地层的差异,盾构机可以分为两类,分别是软土盾构和复合盾构;TBM可以分为三类,分别是敞开式TBM、单护盾式TBM和双护盾式TBM。

任务三 盾构机构造认知

【学习目标】

知识目标: 1. 熟悉盾构机的基本构造;

2. 掌握盾构机各主要系统包括切削系统、推进系统、导向系统、管片拼装系统、渣土运输系统、渣土改良系统、同步注浆系统、密封系统、电气控制系统、冷却水循环系统、人舱系统等的功能、结构及工作原理。

能力目标: 1. 能够对盾构机各主要系统进行正确识别;

2. 能够正确理解盾构机切削系统、推进系统、导向系统、管片拼装系统、渣土运输系统、渣土改良系统、同步注浆系统、密封系统、电气控制系统、冷却水循环系统、人舱系统的主要功能和基本结构,并能准确描述各系统的基本工作原理。

素质目标: 1. 培养认识新事物的能力;

2. 培养科学分析问题的意识;

3. 培养对课本知识的归纳总结和语言表达能力。

【工作场景与任务】

盾构施工法在我国被广泛采用的时间不长,而且一般无法看到施工过程。假如你所在的项目部正在实施一项国家重点工程,经常会有相关领导或兄弟单位到施工现场视察学习。对于不了解盾构施工和盾构设备的参观者,项目部需要派遣解说员陪同讲解说明。如果项目部通过举行公开讲解比赛的方式选拔一批金牌讲解员,你将如何准备解说词?

微课视频:
盾构切削系统
之刀盘结构

微课视频:
盾构切削系统
之盾构刀具

实训视频:
盾构机
切削系统

【知识准备】

一 切削系统

(一) 刀盘

刀盘设置在盾构机的最前方,其功能是掘削地层中的土体。其中,刀盘主体又设有泡沫口、开口槽、周边开口及耐磨条和搅拌棒等零部件。刀盘结构如图1-8所示。

图 1-8 刀盘结构示意图

1. 刀盘的功能

刀盘有三大功能:

①开挖功能。刀盘旋转时,刀具切削隧道掌子面土体,使开挖后渣土通过刀盘开口进入土仓。

②稳定功能。支撑和稳定掌子面。

③搅拌功能。对于土压平衡盾构机而言,刀盘对土仓内渣土进行搅拌,使之具有一定塑性,然后通过螺旋输送机将其排出。

2. 刀盘结构形式

目前盾构机常用的刀盘结构形式有面板式刀盘和辐条式刀盘两种。

①面板式刀盘。

面板式刀盘(图1-9)由面板、刀具、槽口组成,特点为面板直接支撑切削面,具有挡土功能,有利于切削面稳定,适用于复合地层,但黏土易黏附在面板表面,造成堵塞并形成泥饼,进而影响切削质量。

②辐条式刀盘。

辐条式刀盘由辐条及辐条上的刀具构成,特点为开口率大,辐条后没有搅拌叶片,土砂流动顺畅,刀盘扭矩小,排土容易,土仓压力可有效地作用在切削面上,多用于砂、土等单一地层,但中途换刀安全性差,需加固土体。辐条式刀盘结构如图1-10所示。

3. 刀盘支承方式

常用的刀盘支承方式有三种,如图1-11所示。

①中心支承式。

这类支承方式结构简单,多用于中小型盾构,优点是附着黏性土的危险性小。此外,当刀盘需要前后滑动时,中心支承式比其他支承式更易实现。但是,中心支承式的结构导致盾构机机内空间狭窄,且处理孤石或漂石难度大。

②中间支承式。

它是中心支承和周边支承二者兼用的方式,结构均衡,多用于大中型盾构,当用于小型盾构时,需充分考虑处理孤石、漂石及防止中心部位附着黏性土的措施。

图 1-9　面板式刀盘

图 1-10　辐条式刀盘

a)中心支承式　　　　　　　b)中间支承式　　　　　　　c)周边支承式

图 1-11　刀盘支承方式

③周边支承式。

由于该支承方式的盾构内空间大,可保持一定的作业空间,故便于大型盾构处理孤石、漂石。但其缺点是由于支承部分与盾壳贴近,土砂容易附着在刀盘外围,所以既需仔细考虑防止附着黏性土的措施,又使轴承保养、维修更困难。

4. 中心回转接头

刀盘的中心装有回转接头(图 1-12),它使刀盘上的泡沫喷注通道和仿形刀的液压驱动管路与盾体内的管路相连接。泡沫剂通过中心回转接头到达刀盘后,再通过刀盘面板注入,起到冷却、润滑和改良渣土等作用。

(二)刀具

盾构刀具按照破岩(土)原理不同,可分为滚压型刀具、切削型刀具和辅助型刀具。滚压型刀具主要用于破岩,多为盘形滚刀;切削型刀具主要用于开挖,包括正面切刀、先行刀、鱼尾刀等;辅助型刀具主要为周边刮刀、仿形刀、保径刀、刀盘保护刀等。部分刀具类型、作用及工作原理见表 1-3。

图 1-12　刀盘中心回转接头

刀具类型、作用及工作原理　　　　　　　　　　　　　　　　　　　　表 1-3

刀具类型	所在刀盘位置	作用	工作原理
正面切刀	正面区域	切削掌子面	切削破碎
周边刮刀	边缘区域	切削掌子面,保护刀盘外围及确保隧道外径	切削破碎
先行刀	中心或正面区域	松动掌子面	挤压破碎
保径刀	边缘区域	保护刀盘外围及确保隧道外径	挤压破碎
鱼尾刀	中心区域	切削中心区域掌子面	切削、挤压破碎
刀盘保护刀	刀盘围板	保护刀盘围板	

下面重点介绍几种常用刀具。

1. 滚刀

滚刀按切削刀形状可划分为楔齿滚刀和盘形滚刀(图 1-13)。其中,楔齿滚刀常用于软岩,盘形滚刀多用于硬岩。

a)盘形滚刀　　　　　　　　　　　　　　　　　　b)楔齿滚刀

图 1-13　滚刀按切削刀形状划分

按刀圈数量，又分为单刃滚刀、双刃滚刀、多刃滚刀三种类型（图1-14）。其中在风化砂岩及泥岩等较软岩地层，一般采用双刃滚刀；较硬岩采用单刃滚刀。

a)单刃滚刀   b)双刃滚刀   c)多刃滚刀

图1-14　滚刀按刀圈数量划分

2. 切刀

切刀（也称刮刀），用于切削未固结土壤和软岩地层，并将切削下的渣土刮入土仓内。既可用于软土盾构刀盘，如面板式刀盘和辐条式刀盘，也可用于卵砾石地层及风化岩地层盾构刀盘。切刀主要由硬质合金刀刃和刀体组成，如图1-15所示。

3. 先行刀

在砂卵石等松散地层下掘进时，由于地层对卵石缺少约束力，不能为滚刀提供足够的转动力矩和破岩支撑力，故滚刀难以破岩，此时宜采用切刀配合先行刀开挖地层。先行刀一般超前于切刀布置。先行刀由于切削宽度较小，故用于在切刀接触地层（特别是较硬地层）之前松动致密地层，从而提升砾石地层等较硬的地层的切削效率。先行刀主要有贝壳刀、齿刀和撕裂刀三种，如图1-16所示。

刀刃

刀体

图1-15　切刀形式

a)贝壳刀   b)齿刀   c)撕裂刀

图1-16　先行刀常见类型

4. 周边刮刀

周边刮刀（也称铲刀）采用背装式设计安装于刀盘外圈，可从土仓内进行更换，用于清除边缘部分开挖渣土，防止渣土沉积，确保刀盘开挖直径并防止刀盘外缘间接磨损。周边刮刀如

图 1-17　周边刮刀

图 1-17 所示。

5. 仿形刀

仿形刀又称超挖刀,安装在刀盘外缘上。盾构司机可借助刀盘回转传感器,利用可编程控制器控制液压油缸动作,以控制仿形刀开挖的深度(即超挖的深度)以及超挖的位置。仿形刀如图 1-18 所示。

6. 鱼尾刀

在软土地层掘进时,为改善中心部位土体的切削和搅拌效果,可在中心部位设计一把尺寸较大的鱼尾刀。利用鱼尾刀先切削中心部位小圆断面土体,而后扩大到全断面切削土体。鱼尾刀一般超前于切刀布置,保证鱼尾刀最先切削土体。鱼尾刀根部设计成锥形,使刀盘旋转时随鱼尾刀切削下来的土体在切向、径向运动的基础上增加翻转运动,这样既可解决中心部分土体的切削问题并改善其流动性,又大大提高盾构整体掘进效果。鱼尾刀如图 1-19 所示。

图 1-18　仿形刀

(三) 刀盘驱动系统

刀盘驱动系统(图 1-20)为刀盘提供必要的旋转扭矩,驱使刀盘旋转,切削掌子面。同时,刀盘驱动系统还具有脱困功能、自锁保护功能,在紧急情况下能自动停机。

图 1-19　鱼尾刀

图 1-20　刀盘驱动系统

刀盘驱动系统根据动力源不同常分为电动机驱动和液压马达驱动,如图1-21所示。

a)电动机驱动   b)液压马达驱动

图1-21　刀盘驱动类型

刀盘驱动系统装置包括液压马达或电动机、减速机、小齿轮、变速箱、主轴承、密封系统等,如图1-22所示。一般情况下,刀盘驱动系统作为一个整体组装调试后再用螺栓固定在盾构前盾中部,这样更能保证刀盘密封、传动的可靠性与安全性。

图1-22　刀盘驱动系统组成

微课视频:
盾构机推进系统

微课视频:
盾构机铰接系统

实训视频:
盾构机推进系统

微课视频:
盾构机液压系统

推进系统

推进系统（图 1-23）由推进液压油缸、铰接液压油缸、液压泵、控制阀件和液压管路组成。推进系统通过液压传动的伸缩动作驱使盾构机在土层中向前掘进。

图 1-23　推进系统

（一）推进液压油缸

盾构推进液压油缸活塞的前端必须安装顶块撑靴板，顶块必须采用球面接头，以便将推力均匀分布在管片的环面上。另外，还必须在顶块与管片的接触面上安装橡胶或柔性材料的垫板，对管片环面起到保护作用，同时还能够轻松应对管片与盾构机的倾斜，保证撑靴板平面与管片密贴。为了能使推进液压油缸的推力均匀地传递给管片，推进液压油缸撑靴板面积要适当大些。撑靴板表面的聚氨酯胶垫，可以保证液压油缸撑靴板在与管片接触时推力缓和而均匀地作用在管片上，确保管片衬砌环面的完整。推进液压油缸构造如图 1-24 所示。

图 1-24　推进液压油缸构造

盾构推进装置在曲线段施工时，通过推进控制方式，对推进液压油缸进行分区操作，使盾构机按预期的方向进行调向运动。结合采用安装楔形环（转弯环）与伸出单侧液压缸的方法，使推进轨迹符合设计线路的弯道要求。另配合盾构机的铰接装置使曲线施工更容易控制。目前常用推进液压油缸分为四组，分为上、下、左、右4个区域，在掘进时便于控制。通过改变各区油缸的伸出速度和伸出长度来控制盾构机掘进的方向。每组推进液压油缸中部配置一个行程传感器，用来实时测量油缸速度和行程，参见图1-25中加黑部位。

图1-25　推进液压油缸分组

（二）铰接液压油缸

为了使盾构在掘进时能够灵活地进行姿态调整及小曲线半径掘进时能够顺利通过，必须减小盾构的长径比。这是通过铰接液压油缸连接盾构的中盾和盾尾相来实现的。铰接液压油缸一般处于保持位置，盾尾在主机的拖动下被动前进。当盾构转弯时，铰接液压油缸也应处于保持位置，盾尾可以根据调向的需要自动调整位置。铰接液压油缸如图1-26所示。

图1-26　铰接液压油缸示意图

盾构机铰接液压油缸的作用是：

①有利于盾构机转弯或修正蛇形。

②使盾体易于保证与管片环的同轴度，保护盾尾钢丝密封刷免遭偏心荷载破坏。

③可防止盾构机主体挤压管片，致使管片碎裂损坏。

铰接液压油缸按照铰接方式分为主动铰接和被动铰接两种，如图1-27所示。主动铰接是指铰接液压油缸和推进液压油缸均有调向功能，铰接液压油缸在推进液压油缸前面，可直接迫使刀盘转向；调向时可采用主动转向的方式，也可采用被动转向的方式；主动铰接调向性能好，硬岩层换刀方便，铰接液压油缸与推进液压油缸依次动作，更容易脱困，但不利于人舱在顶部位置安装。被动铰接是指铰接液压油缸随着推进液压油缸运动而动，拉力相对较小，脱困能力弱，但保证盾体前部空间较大，有利于人舱布置。

a)主动铰接液压油缸　　　　　　　　　　　　b)被动铰接液压油缸

图1-27　铰接液压油缸类型

三　导向系统

盾构机掘进施工中,盾构司机需要连续不断地获取盾构轴线位置与隧道设计轴线位置的关系,以便使被开挖隧道保持正确的位置;盾构机掘进过程中,也需要盾构的掘进轨迹与隧道设计轴线一致,而此时盾构司机必须即时获取所进行的操作带来的信息反馈。如果盾构机与隧道设计轴线相对位置偏差超过一定限界,隧道衬砌侵限、盾尾间隙就会变小,进而引起管片局部受力情况恶化,同时也会造成地层损失增大,从而导致地表沉降加大等。因此,导向系统对盾构掘进尤为重要。

(一) 导向系统的功能

盾构施工中,采用导向系统可以保证掘进方向的准确性并可控制盾构姿态。导向系统用来测量盾构偏离设计轴线的姿态偏差(水平和垂直)、里程及盾构的姿态角(滚动角、俯仰角和方位角)。测量的结果以图形和数字结合的方式显示在工业计算机上,同时导向系统还可以存储每环管片安装的关键数据。

(二) 导向系统的发展

随着科学技术的发展,盾构导向技术经历了从三棱镜法到双棱镜法,再到激光靶法的迭代升级过程。产品不断朝着系统构成简洁、无线化、人性化、智能化方向发展,并形成了基于导向系统的盾构智能化一揽子解决方案。基于导向系统的姿态数据和应用平台可以为盾构掘进提供自动盾尾间隙测量及管片管理、排土量自动检测、掘进管理、电瓶车防溜车、隧道内无线物联网、地面监控系统、盾构大数据平台等智能施工信息综合管理解决方案。

(三) 激光靶导向系统原理及特点

激光靶法由于技术先进、测量精度高、所需要的测量空间较小、故障率低等优点被施工单位和业主单位优先选用,双棱镜法和三棱镜法则慢慢被市场淘汰。

激光靶导向系统又可以称为单棱镜系统,原因是全站仪只需要测量一个目标单元即可完成导向。基本原理:激光靶主要接收来自全站仪的激光,利用图像处理技术计算出激光靶的大地方位角,同时激光靶上安装有棱镜,用于确定激光靶的三维坐标(位置),激光靶内置双轴倾斜仪,可以实时计算其滚动角和俯仰角,即激光靶的空间位置(x, y, z,方位角、滚动角、俯仰角)能够被实时计算出来。由于激光靶固定安装于盾体上,通过激光靶的空间位置也可以计算出盾体的空间位置,进而解算盾体的姿态。激光靶导向系统如图1-28所示。

优点:导向频率高,最小导向间隔可达到几秒,若使用辅助油缸导向可以实现每秒计算一次盾构姿态;测量视场需求小,盾构处于小转弯半径时可以增加测量距离,减少换站次数;系统计算精度高,可达到毫米级,系统主要误差来源于设站定向的精度(导线精度);系统稳定性较高。

图 1-28　激光靶导向系统

缺点：受限于激光靶本身工作原理，测量距离不能过大，一般情况下有效测量距离在 100m 左右，部分导向系统可以通过调节全站仪发射激光的功率增大测量距离；系统电子元器件较多，维护不当容易出现故障；系统出现故障后一般需要厂家现场解决，耗时较长且费用高昂；系统本身价格较为高昂。

目前市场上主流的导向系统主要有铁建重工 DDJ 导向系统、上海力信 RMS-D 导向系统、中铁装备 ZED 导向系统、德国 VMT 导向系统、日本演算工坊导向系统，除了演算工坊采取棱镜法，其余均采取激光靶法。国产导向系统原理、部件基本一致，区别在于软件算法、功能、界面和技术服务。

以铁建重工 DDJ 导向系统为例，导向系统工作流程如图 1-29 所示。

图 1-29　DDJ 导向系统工作流程图

（四）硬件结构

导向系统主要硬件包括激光靶、全站仪、后视棱镜、工业计算机、触摸屏、主接线盒、串口接线盒、无线电台及各部件间连接电缆。其硬件配置如图 1-30 所示。

四 管片拼装系统

管片拼装系统的基本功能是将事先预制好的隧道结构管片拼装成环，形成永久的支护结构。系统主要由管片拼装机与管片运输系统组成。

图 1-30　导向系统硬件配置图

（一）管片拼装机

管片拼装机位于盾尾区域，用于安装隧道结构管片，主要由平移机构、回转机构、举升机构、抓取头等组成。

管片拼装机由单独的液压系统提供动力，通过对液压马达和液压油缸等执行机构动作的控制，实现拼装管片的平移、升降、回转、摇摆、横摇和俯仰等 6 个自由度动作，使得管片能够快速精准地完成定位并安装。管片拼装机结构如图 1-31 所示，其拼装自由度如图 1-32 所示。

1-行走梁；2-旋转盘体；3-移动盘体；4-液压马达；5-提升横梁；6-中心球关节轴承；7-转动平台；
8-偏转油缸；9-俯仰油缸；10-升降油缸

图 1-31　管片拼装机结构图

移动式管片拼装机具有平移机构，其行走梁通过法兰与中盾 H 梁连接，盾构与拖车之间所有管线均通过拼装机敞开的中心部位，行走梁与设备桥之间用油缸铰接。平移机构通过两组滚轮安装在行走梁上，可通过两个平移油缸沿盾构轴线方向移动，实现平移。

图 1-32　管片拼装自由度示意图

回转机构通过法兰与回转支承的内齿圈相连接，随平移机构一起平移，同时液压马达通过齿轮传动，使回转机构同回转支承内齿圈一起实现回转。

举升机构由两个独立的油缸通过法兰与回转机构连接，油缸的伸缩杆和举重钳铰接，实现升降功能。

抓取头通过关节轴承安装在举重钳上，抓取头分为机械式抓取头（图 1-33）和真空吸盘式抓取头（图 1-34）两种。机械式抓取头适用于中小盾构管片（直径 6m 左右的盾构），真空吸盘式抓取头适用于较大盾构管片。

图 1-33　机械式抓取头

图 1-34　真空吸盘式抓取头

管片拼装机在实际施工中，一般按以下顺序拼装管片：供给管片→夹持锁紧管片→提升管片→初定位管片→微调管片→螺栓连接。

(二)管片运输系统

管片运输系统主要由管片吊运系统和卸载器组成。

1.管片吊运系统

管片吊运系统直接将管片吊运至管片拼装工作区域。

管片吊运系统常采用一次单梁吊和二次双梁吊的方式运送,具体吊运方案如图 1-35 所示,管片由一次梁吊运至二次梁位置,再由二次梁吊运至拼装机拼装区域。管片吊运系统如图 1-36 所示。

图 1-35 管片吊运示意图

图 1-36 管片吊运系统

在吊运过程中,管片吊运系统主起升机构中的防摆机构在斜线段、直线段自动将主起升机构的起吊架、行走架锁定,防止吊运过程中紧急制动时管片晃动,防摆机构在弧形过渡段处于自由状态,依靠管片吊具自重摆动到水平位置。电缆行走小车依靠单独电缆轨道行走。

管片吊运系统起吊管片时,回转机构上安装有防撞保护装置,现场操作人员必须严格按规定操作,否则将出现回转电动机被损坏的安全事故。管片吊机的四个起吊葫芦必须同时使用,严禁使用单个起吊葫芦吊运其他物品。

2.卸载器

卸载器主要由外机架、内机架、伸缩组件、提升液压缸等组成。卸载器可高效率地将管片运输车上的管片一次性全部卸载,然后通过管片吊机将管片向前部运输。卸载器下部伸缩组件提升管片时,可根据现场实际情况将横移液压缸伸长到一定长度,然后在固定的位置工作,无须每次均将横移液压缸伸长或收缩(提升管片时每次均将横移液压缸伸长或收缩会缩短横移液压缸的使用寿命)。

| 微课视频:
土压平衡盾构
渣土运输系统 | 微课视频:
盾构机泥水
系统概述 | 微课视频:
盾构机泥水
四大系统构造 | 实训视频:
盾构排渣系统 | 实训视频:
连续皮带机出渣 |

盾构构造与操作维护(第2版)

五 渣土运输系统

土压平衡盾构机的渣土运输系统包括螺旋输送机和皮带输送机。土仓内的渣土借助螺旋输送机排出后落在后方皮带输送机上,由皮带输送机皮带连续传动作业,将渣土排运至配套拖车尾端出渣口,并由等候在后方的渣土车送出隧道,完成一个循环的排渣过程。

(一)螺旋输送机

螺旋输送机是土压平衡盾构机的重要部件,其将土仓中的渣土输送到后方,同时通过调节出土速度,控制土仓中的压力保持在合理范围。

1. 螺旋输送机的作用

螺旋输送机通过法兰倾斜固定在前盾底部。螺旋输送机的作用是将渣土通过驱动轴输送到皮带输送机上。螺旋输送机筒体沿圆周布置多个膨润土或泡沫注入口,以改善渣土的流动性。螺旋输送机可通过油缸伸缩实现螺旋轴与筒体的相对运动,来处理堵塞现象。筒体沿圆周设有多个检修门,必要时可以打开检修门清理被卡在螺旋叶片间的石块。撤回驱动轴后,关闭防涌门可阻止渣土进入隧道。突然断电时,后闸门在蓄能器的作用下自动关闭,以防止喷涌。

2. 螺旋输送机的组成

螺旋输送机主要由筒体、带叶片的螺旋轴等组成。工作时,渣土充满筒体,并随着螺旋轴旋转上升,从后料门排到皮带输送机上,最终通过小车送到地面。正常工作时前料门(防涌门)全开,紧急时刻可关闭前料门,保证人员安全。螺旋输送机结构如图1-37所示。

1-驱动装置;2-螺旋叶片轴;3-前端节;4-固定节;5-土压传感器;6-耳座;7-连接杆;8-伸缩外节;9-油嘴;10-伸缩内节;11-出渣节;12-密封;13-土压传感器;14-出渣门;15、16-油缸

图1-37 螺旋输送机结构图

3. 螺旋输送机的分类

①螺旋输送机根据螺旋结构分为有轴式和带式(图1-38)。有轴式螺旋输送机的螺旋轴采用高强度热轧钢管,质量较轻;螺旋叶片采用钢板压制成型。有轴式螺旋输送机的优点是止水性能好,缺点是可排出的砾石粒径小。带式螺旋输送机优点是通过粒径较大,通过粒径为同规格有轴式螺旋输送机通过直径的1.5倍,缺点是叶片厚重,同时止水性能较差。

②根据驱动形式分为后部中心驱动、后部周边驱动和中间周边驱动,如图1-39所示。

③根据闸门形式分为单闸门、双闸门和弧形出渣门,如图1-40所示。

a)有轴式螺旋输送机 b)带式螺旋输送机

图 1-38　螺旋输送机类型

a)后部中心驱动 b)后部周边驱动 c)中间周边驱动

图 1-39　螺旋输送机驱动形式

a)单闸门 b)双闸门 c)弧形出渣门

图 1-40　螺旋输送机闸门

图 1-41　螺旋输送机耐磨层

固定节堆焊耐磨层,中间节及伸缩节内筒焊耐磨板,前三节叶片周边贴耐磨合金,其余叶片周边堆焊耐磨层;前端轴堆焊耐磨层,其余叶片上表面及前部叶片下表面焊接耐磨网格,如图 1-41 所示。

(二) 皮带输送机

皮带输送机(图 1-42)用于将螺旋输送机输出的渣土传送到盾构机后配套的渣车上,由电动机驱动安装于两端的主动轮与从动轮,带动皮带在托辊上循环转动,将渣土向外排运。出渣口设置在后部拖车顶部,通过出渣口将渣土排运至后方的渣土车内运出隧道。

图 1-42　皮带输送机

皮带输送机由皮带机架、驱动装置、装载装置、上下托辊、输送带、皮带拉紧装置、清扫装置、和改向滚筒等组成。如图 1-43 所示。它被安装布置在后配套连接桥和拖车的上方。

1-拉紧装置;2-装载装置;3-改向滚筒;4-上托辊;5-输送带;6-下托辊;
7-机架;8-清扫装置;9-驱动装置

图 1-43　皮带输送机结构示意图

为了防止皮带输送机在输送含水量大的渣土时,渣土下滑回落入隧道,应尽可能将皮带输送机倾斜角度设小。皮带输送机出渣口设计有橡胶防护板以防止渣土外溅,如图 1-44 所示。

六　渣土改良系统

渣土改良系统主要包括泡沫系统和膨润土系统。

(一)泡沫系统

泡沫系统用于对渣土进行改良,系统主要由泡沫泵、高压水泵、电磁流量阀、泡沫发生器、压力传感器、流量计和管路等组成。泡沫系统示意如图 1-45 所示。

泡沫剂又称发泡剂,能够降低液体表面张力,产生大量均匀稳定的泡沫。盾构机掘进过程中使用泡沫剂的目的是改善土体的和易性,保证土仓内土压的稳定和出土的顺畅。

微课视频:
盾构机泡沫系统

图1-44 出渣口及橡胶防护板

图1-45 泡沫系统示意图

(二)膨润土系统

膨润土系统用于对渣土进行改良。膨润土系统主要包括膨润土罐、膨润土泵、控制阀及连接管路。当需要注入膨润土时,开启相关控制阀将膨润土注入刀盘、土仓和螺旋输送机内。

膨润土是一种层状含水硅酸盐,其矿物学名称为蒙脱石。膨润土具有层状结构,易吸水膨胀,具有润滑性。膨润土可以在工作面上形成低渗透性的泥膜,这样既能向土仓传递工作面的压力以实现压力平衡,也可以改变土仓内渣土的流塑性,便于出土,减少喷涌。盾壳周边填充膨润土,可以减小盾构机推进摩阻力,提高有效推力,降低刀盘扭矩,节约能耗。

微课视频:
盾构机同步
注浆系统

实训视频:
同步注浆泵
工作原理

七 同步注浆系统

(一)同步注浆原理

同步注浆是指在盾构掘进过程中,将已经搅拌好的水泥、粉煤灰、膨润土、砂等混合成的砂浆,通过单一管路,以一定压力,不间断地从盾尾注入管片与周围土体环形间隙中;充满间隙的混合砂浆可提供相应压力来支持上方土体并确保管片衬砌的早期稳定性和间隙的密封性,从而有效控制盾构掘进过程中地面沉降和减少结构漏水。其原理如图1-46所示。

图1-46 同步注浆原理图

砂浆在工地地面拌和后,由带搅拌功能的砂浆车转运到盾构机后配套台车,砂浆车上的转驳泵将砂浆转驳到配套台车的砂浆罐内。砂浆需用缓凝材料来拌和,以防注射前凝固。随后,砂浆泵吸取砂浆并将其泵入盾尾外壳圆周间隙中。盾构机PLC(Programmable Logical Controller,可编程控制器)控制系统通过采集位于注浆管路中的流量计、压力传感器等信号,根据控制参数调节砂浆泵的速度,维持环形空间的压力在设定范围。

同步注浆系统主要包括两台液压驱动的注浆泵、砂浆罐、注浆管路控制阀、连接管路和流量、压力传感器。当注入砂浆时，操作人员在操作室控制面板上，通过控制注浆泵和阀的开关，将砂浆注入盾尾后空隙内。图1-47为同步注浆系统设备照片。

同步注浆系统中的注浆压力可以调节，注浆泵泵送频率在可调范围内实现连续调整，并通过注浆压力传感器监测其压力变化。操作室还可以看到单个注浆点的注入量和注浆压力信息，数

图1-47 同步注浆系统设备

据采集系统实时储存砂浆注入过程的操作数据并提供历史数据检索功能。

(二)同步注浆系统控制模式

同步注浆系统有手动控制和自动控制两种模式。

手动控制：可对四个注浆点中的任意一个进行控制，调节注浆速度等。

自动控制：设置好起始和停止压力，此时PLC控制系统会根据盾尾注浆管路的压力传感器反馈的压力进行工作。当反馈的压力低于起始压力时，注浆泵开始工作；达到或高于停止压力时，注浆泵停止动作。

(三)注浆浆液

同步注浆目的是控制地层变形、确保管片的稳定和均匀受力、提高隧道的抗渗性、防止隧道上浮。要达到这些目的，浆液的配合比尤为关键，要求配制的浆液具有优越的充填性、良好的和易性、凝结的可调控性、良好的动力力学性能，还要有收缩率、渗透系数较小、抗腐蚀等特点。由于地层和施工条件不同，对注浆材料的要求也有很大差别，目前应用较为广泛的浆液有单液浆和双液浆两大类。

单液浆是指多由粉煤灰、砂、水泥、水、外加剂等在搅拌机等搅拌器中一次拌和而成的砂浆。这种砂浆又可分为惰性砂浆和硬性砂浆。惰性砂浆即砂浆中没有掺加水泥等胶凝物质，是早期强度和后期强度均较低的砂浆。硬性砂浆即在砂浆中掺加了水泥等胶凝物质，具备一定早期强度和后期强度的砂浆。

双液浆是指由水泥砂浆等搅拌成的A液与由水玻璃等组成的B液混合而成的砂浆。双液浆又可根据初凝时间的不同分为缓结型(初凝时间为30~60s)和瞬凝型(初凝时间小于20s)。胶凝时间越长，越容易发生砂浆向密封土仓泄漏和向土体内流失的情况，限定范围的填充越困难。而且在没有初凝前，容易被地下水稀释，发生材料分离。因此，目前多采用瞬凝型砂浆注浆。但胶凝时间过短，也会造成注入还没结束，砂浆便失去了流动性，导致填充效果不佳。

(四)同步注浆泵

同步注浆泵由主油缸、出料口油缸、进料口油缸、混凝土缸、控制阀组等组成，其工作原理是：由液压系统控制主油缸带动混凝土缸内的活塞缩回时，出料口油缸将出口关闭，进料口油缸将进口打开，完成吸料过程；主油缸伸出时，进料口关闭，出料口打开，主油缸带动混凝土缸活塞将混凝土缸内的砂浆推出，完成出料过程。同步注浆泵结构如图1-48所示。

进料口油缸

液压控制阀组

出料口油缸

混凝土缸

主油缸

图 1-48　同步注浆泵结构图

微课视频：
盾尾密封油脂系统

微课视频：
主驱动润滑油脂系统
及 HBW 密封油脂系统

微课视频:盾构机
集中润滑油脂系统

八　密封系统

由于盾构机刀盘的开挖直径大于管片外径，管片拼装完毕并脱出盾尾后与土体形成一个环形间隙，环形间隙如果未及时得到填充，势必造成地层变形，使相邻地表建筑物沉降或隧道本身偏移。为防止因环形间隙的存在导致地层发生较大变形，盾尾脱离管片后，应立即注浆，使浆液迅速填充环形空隙。在这过程中密封系统起着至关重要的作用。

（一）盾尾密封系统

盾尾密封是为了防止周围地层的土、砂、地下水及壁后浆液，掘削面上的泥水、泥土从盾尾间隙流向盾构机内部而设置的密封措施，是盾构机内的重要组成部分。其由盾尾钢丝密封刷和盾尾油脂组成。盾尾钢丝密封刷如图 1-49 所示。

基座钢板

弹簧钢板

图 1-49　钢丝密封刷

盾尾密封一方面依靠安装在盾尾内壁的两三道钢丝密封刷密封;另一方面,向钢丝密封刷与盾体、管片一起形成的空腔内注入油脂,依靠充满整个空腔的油脂形成压力进行密封。同时,空腔内的油脂又充满了钢丝密封刷,使其成为一个既有塑性又有弹性的整体,既保护钢丝密封刷免于生锈损坏,延长其使用寿命,同时也起到润滑作用。盾尾密封如图 1-50 所示。

图 1-50　盾尾密封

盾构掘进过程中,应采用专用的盾尾油脂气动油脂泵加注油脂。随着盾构机的推进,盾尾油脂持续地注入每道盾尾钢丝密封刷和管片外周边所形成的空腔内,始终保持管片外周边与盾壳的间隙密封良好,保证在 0.5MPa 的压力下,盾尾不会出现渗漏水和渗漏泥浆。

(二)主驱动密封系统

刀盘驱动装置(即主驱动装置)是盾构机的核心部件,其主轴承密封与主轴承的可靠性、安全性、寿命至关重要。为了防止土、砂、水进入驱动装置内,在旋转部与固定部中间设置有密封装置。

密封的布置包括主轴承内部密封组件和外部密封组件(图 1-51),密封组件由数量众多的密封圈组成,一般采用唇式密封形式(图 1-52),因其具有可伸展的柔性,工作范围广且寿命长。面向刀盘的密封形成的凹槽中有不断压入的油脂以进行清洁。内外两个密封系统可将小齿轮或轴承室与土仓分隔开,使变速箱形成一个封闭的空间。

常用的密封材料有橡胶和聚氨酯两种类型。

图 1-51　盾尾密封

图 1-52　唇式密封

（三）铰接密封系统

盾构铰接装置需在铰接部分设置铰接密封，一般前后布置2道铰接密封，密封形式为2道独立指型密封，材料为聚氨酯。铰接密封最大耐受压力为1MPa。

铰接密封是为了防止周围地层的土、砂、地下水等从间隙流向盾构机内部而设置的封装措施。盾构机的铰接橡胶密封件的紧急密封材料是气囊，其耐摩擦性差，过于剧烈的摩擦和挤压易导致破裂和泄漏，且其安装位置特殊，一旦发生损坏将无法更换和修补，并对前道密封的更换造成很大的困难。盾构铰接密封示意如图1-53所示。

图1-53 盾构铰接密封示意图

铰接密封一般有三种形式：一种是采用一道或多道橡胶唇式密封；另一种是采用石墨石棉或橡胶材料的盘根加气囊式密封；还有一种是双排气囊式密封。

（四）密封油脂系统

1. HBW密封油脂系统

HBW密封油脂系统主要由气动油脂泵（图1-54）、气动球阀以及液压同步马达（图1-55）组成。由于HBW油脂阻水性强，不容易被泥水冲走，所以将HBW油脂注入主驱动第一道密封腔，可有效阻止泥水进入主驱动内部。HBW密封部位如图1-56所示。

图1-54 气动油脂泵

图1-55 液压同步马达

HBW系统采用气动油脂泵将HBW油脂从拖车上泵送到盾体内，经过液压同步马达均匀分配至每个注入孔，如图1-57所示。每个口注油量要求不小于20mL/min。

HBW是一种阻水性较强的油脂，颜色为黑色。HBW实际上是法国康达特（COUNDAT）公司生产的一种油脂的型号，因其在国内盾构施工行业广泛使用，成了盾构机施工行业中对主驱动前腔密封的代称。其他生产商的同类型产品名称和型号有所不同，比如法国道达尔（TOTAL）石油公司生产的主驱动前腔密封油脂型号为PX3340。

图 1-56　HBW 密封部位

图 1-57　HBW 密封原理图

2. 盾尾密封油脂系统

　　盾尾密封油脂系统是利用多道盾尾钢丝刷与盾壳、管片形成密封腔,向密封腔中注入具有阻水能力的盾尾密封油脂,实现盾尾管片与外界浆液隔绝,并起到润滑的作用。盾尾密封示意如图 1-58 所示。

图 1-58　盾尾密封示意图

　　盾尾密封油脂系统通过气动油脂泵将密封油脂后配套台泵送至盾尾密封腔内,中间管路上设置了气动球阀、手动球阀以及压力传感器。盾构机上的 PLC 控制系统根据管路上的压力传感器检测到的压力信号,控制管路上气动球阀的开启和关闭,来实现盾尾油脂的自动注入。

　　盾尾密封油脂的主要作用是填充盾尾密封腔和钢丝刷内部的间隙,阻挡外部泥水和砂浆进入隧道。因此,盾尾密封油脂必须有良好的抗水冲刷性、出色的水密封性、优异的抗磨性、良好的承载能力、稳定性以及良好的泵送性。

盾尾密封油脂一般有两种,一种是手涂型盾尾密封油脂,用于盾构机始发前,手动涂抹盾尾钢丝刷;另一种是泵送型密封油脂,用于盾构机正常施工时,由气动油脂泵输送。两种油脂性能并无太大差别,泵送型密封油脂针入度稍大,即稠度略小。

盾尾油脂密封系统使用时的注意事项与 HBW 油脂密封系统基本相似。需要特别注意的是手动强行注入盾尾密封油脂时,管道内压力不应超过 40bar($1bar = 10^5Pa$),否则会导致压力传感器超量程而损坏;也不能高于管道设计压力,否则会破坏管路密闭性,使密封油脂外泄。

3. 油脂集中润滑系统

油脂集中润滑系统的主要作用是给主驱动密封、螺旋输送机密封、中心回转接头等关键部位提供润滑油脂,起润滑和密封作用,如图 1-59、图 1-60 所示。

图 1-59　主驱动集中润滑点

图 1-60　螺旋输送机集中润滑点

润滑油脂是主驱动润滑系统的润滑介质,是由稠化剂分散于液体润滑剂中所形成的一种稳定的固体或半流体胶体分散体系。一般情况下,润滑油脂由稠化剂、基础油、添加剂构成。

油脂集中润滑系统工作原理:用气动油脂泵将油脂从拖车上注入安装在盾体内的电动油脂泵(又称多头泵)内,再由电动油脂泵输出,由递进式分配器分配到各个润滑点,如图 1-61 所示。

油脂集中润滑系统主要由气动油脂泵、电动油脂泵、递进式分配器等关键元件组成。

九　电气控制系统

盾构机电气控制系统通常分为供配电系统和自动控制系统。

供配电系统即盾构机的动力部分,主要包括从电网或者工厂配电室引入的 10kV 高压电以及经过动力柜、配电柜引出的 400V 三相和 230V 单相交流电,主要为盾构机的电动机运转、照明、监控和报警设备提供动力电源。

自动控制系统主要负责将盾构机的电气控制信号和传感器采集到的信号输送至 PLC,经过分析处理作用于对应的设备、器件,使其产生动作,并将具体数据存储显示于上位机,使操作人员可以及时了解设备运行状态。

图 1-61 油脂集中润滑系统工作原理图

35

项目一 走进盾构机

（一）供配电系统

以中国铁路工程集团有限公司的盾构机型为例,盾构机从电网引入 10kV 高压电,经过电缆卷筒、高压环网柜送入 10kV/400V 变压器,再经过主配电柜、电容补偿柜调节送至 400V 电动机等动力设备以及照明、插座,开关电源将主配电柜内的交流电源转换为 24V 直流(DC)电源并通过电缆输送至盾体、拖车上的分配电柜,为 PLC 模块、传感器、电磁阀等提供低压控制电源。具体盾构机供配电系统结构图如图 1-62 所示。

图 1-62　盾构机供配电系统结构图

盾构机的供配电系统一般分为高压供电、低压配电、控制供电、应急配电(配有发电机)和照明等子系统。

1. 高压供电系统

盾构机引入 10kV 高压电,经过变压器变压成 400V 低压,给电动机、照明和控制系统供电。变压器为干式变压器,采用 12 脉波整流。盾构机高压供电系统如图 1-63 所示。

①电缆卷筒。由于盾构机用电量较大,供电距离较长,所以选用电压等级为 10kV 的高压电缆供电,从施工现场就近的 10kV 高压配电室/站直接供电。高压电缆通过高压电缆卷筒存放于盾构机末端台车上,在掘进施工过程中根据施工距离缓慢自动放线,以达到持续供电,不间断掘进的目的。

②高压环网柜。10kV 高压电缆通过电缆卷筒连接至 SF6 高压环网柜,供电干线通过高压环网柜形成一个闭合的环形,10kV 供电电源向此环形干线供电,再从干线上通过高压开关向外配电,并为盾构机后续高压电设备起隔离、保护作用。

③变压器。盾构机箱式变压器内包括高压开关及保护系统、变压器、补偿系统及低压开关等。箱式变压器低压侧设计多个开关,包括箱变内部供电开关、线前开关、变频驱动总开关、低压总开关,同时有低压补偿系统。

2. 低压配电系统

盾构机的低压配电系统采用三相四线制的保护接零方式,在 10kV/400V 变压器低压侧将 N 线和 PE 线合并为一根线(PEN 线),后续连接的用电设备外壳和拖车直接与地线相连,形成 TN-C 系统,此系统可节省一根导线,比较经济。

=1+XH-1U1
中压端子箱
80201040101

-1W2
UGEFP-8.7/15
3×50+3×25/3

YE　GN　RD　SH SH SH

-TF-L1/2.2
-TF-L2/2.3
-TF-L3/2.3
-TF-PE/2.3

L1　L2　L3　PE

卷绕电缆/隧道延伸电缆

YE GN RD SH SH SH

-1W1
UGEFP-8.7/15
3×70+3×35/3

+GA5-1U2

电缆卷筒/电缆托盘

L1　L2　L3
M
3~
PE

10kV

图 1-63　盾构机高压供电系统

低压配电系统一般包含无功功率补偿柜、配电柜、现场配电箱等。

①无功功率补偿柜。无功功率补偿柜在电力供电系统中起提高电网功率因数,降低供电变压器及输送线路的损耗,提高供电效率,改善供电环境的作用。常见的是把具有容性功率负荷的装置与感性功率负荷并联在同一电路,能量在两种负荷之间相互交换。这样,感性功率负荷所需要的无功功率可由容性功率负荷输出的无功功率补偿。因此面对变压器、电动机这样带线圈的感性负载,通常采用并联补偿柜对盾构机上的大型设备进行无功补偿并抑制高次谐波,提高电网的供电效率,减少供电损耗。

②配电柜。盾构机主配电柜通常布置在 3 号拖车右侧,紧靠液压泵站系统,为液压系统(螺旋输送机、推进,管片安装,过滤循环,控制、辅助、注浆)提供动力及控制电源,同时为左侧的流体系统(膨润土、泡沫、内循环水等)提供动力及控制电源,故在平时工作中又称为动力柜。

③现场配电箱。盾构机的分系统控制箱电源由主配电柜提供,用于人舱、盾体、管片拼装机、设备桥和拖车的照明、插座、控制器件的运行和使用。中铁号盾构机多采用分布式控制网络,各系统的信号接收和传递模块按照就近原则归置于对应的分配电箱内。

(二) 自动控制系统

目前国产盾构机的自动控制系统绝大部分采用的是国外品牌的 PLC 控制系统作为控制器,应用最多的是德国西门子自动化与驱动集团的 S7-1500 系列分布式 PLC 控制系统。分布式 PLC 控制系统通常采用分级递阶控制结构,每一级由若干子系统组成,每一个子系统实现若干特定的有限目标,形成金字塔结构,站与站之间采用工业以太网总线(Profinet)方式连接。注浆操作箱和配电柜分别设置一个可编程逻辑控制器(Programmable Logic Controller,PLC)子站。其余子站均布置在控制室(对于电动机驱动刀盘的盾构机,刀盘变频柜内设置一个子站,电动机的温度检测设置一个子站)。除了 PLC 站点之间通信外,控制室配有 2 台工控机,导向系统配有 1 台工控机,且管片拼装机遥控器等都与 PLC 采用 Profinet 方式通信。盾构机上的自动控制系统通过光纤,与地面监控室的计算机相连。盾构机自动控制系统网络拓扑如图 1-64 所示。

微课视频:
盾构机压缩空气系统

微课视频:
盾构机水循环系统

十 冷却水循环系统

冷却水循环系统主要用于带走盾构机各个系统正常工作时产生的热量,保证各系统及部件(如液压系统、减速机构、空压机、配电柜等)在正常的温度范围内工作,并在盾构机工作时给土仓加水和泡沫、冲洗盾构机机身,为隧道内消防、卫生清洁等提供水源。其工作原理如图 1-65 所示。

图 1-64 盾构机自动控制系统网络拓扑

注：

1. □ 网线接线排线顺序为：橙白、橙、绿白、蓝、蓝白、绿、棕白、棕。

2. NET网络的IP由交换机上的网段和□上的IP最低位组成。所有通信站的IP已经固定，交换机上是192.167.10.*，□上是5，则IP为192.168.10.5。请勿随意更改，避免造成IP冲突。

项目一 走进盾构机

39

图 1-65　冷却水循环系统工作原理图

冷却水循环系统主要包括卧式离心泵、多级立式离心泵、气动隔膜泵、排污泵、板式热交换器、管式热交换器、袋式过滤器等装置。

十一　人舱系统

（一）人舱的功能

在盾构隧道工程的施工过程中，为了检查刀盘、更换刀具以及进行地质调查，工作人员需要进入开挖仓和掌子面区域。在一定的地质水文条件下，开挖仓内的压力可能高于大气压。为了能够使工作人员进入开挖仓和掌子面区域，并且能保障人身安全，不发生施工事故，在盾构设备中装配了人舱。人舱根据使用功能不同，分为人员过渡舱（仅允许人员加、减压使用）、材料过渡舱（仅允许材料和设备加、减压使用）、混合过渡舱（允许人员以及材料和设备加、减压使用）。人舱是维保人员从常压状态进入土仓的过渡设备，外形如图 1-66 所示。

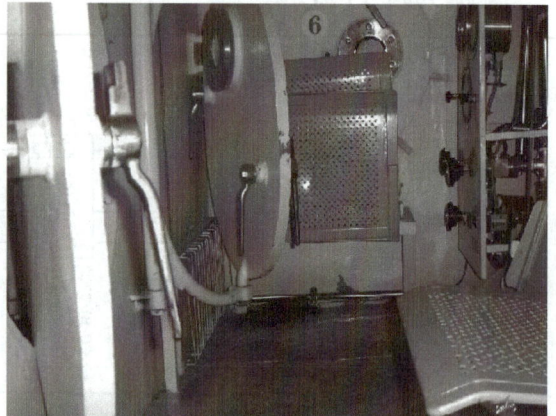

图 1-66　人舱外形图

人舱内需要充入压缩空气以平衡盾构围岩的水土压力,保持作业面的稳定,实现维保人员在带压状态下检查、更换刀具及排除工作面异物等工作。人舱分普通(主)舱和紧急(副)舱,它们由密封的压力门隔开。普通舱和盾构前体上的中间舱之间用法兰连接,而中间舱直接焊接在压力隔板上。通过隔板上的压力门就可以进入土仓。普通舱和紧急舱横向连接,舱内舱外都装有时钟、温度计、压力计、电话、记录仪、加压阀、减压阀、溢流排气阀及水路、照明系统等。

(二)人舱的构造

人舱是具有两个或多个舱室的压力容器,各舱室之间有通道门,各舱室之间相互封闭,能被压缩气体充压。人舱至少应由两个直接互相连接的舱室组成,一个是主舱室,另一个是易从常压下进入主舱室的入口舱室。人舱可以作为紧急减压舱室,还具有多项安全保障控制系统,保障生命安全。

铁建重工盾构设备大多为双室结构,主舱可容纳 3 人、副舱可容纳 2 人,工作压力为 0.3MPa。作业人员在人舱内历经缓慢加压过程,直到人舱内气压与土仓内压力相等时,方能打开闸门进入土仓;同样,作业人员离开高压环境时也必须在人舱内经历减压过程。同时,为了保证土仓中的压力,配置了土仓自动压力调整装置。在进入开挖仓作业时,为了保证人员的健康和安全,一定要严格按照压缩空气规范实施操作。

(三)人舱的配置

为了满足安全需要,人舱应配置的功能控制系统(舱内外操控)有:

①供气、排气系统:提供加压和呼吸用压缩空气。在舱室内外能独立操作。舱室内外均应设置可机械式快速开启的应急排气阀,舱室外需设置限制最高压力的安全阀。

②通信系统:每个舱室内配备两套独立的通信电话,一套防爆电话,一套声能电话。

③消防系统:舱室内配备喷水系统,在舱室内外能独立操作。

④压力检测记录系统:实时测量记录舱室内压力变化情况。

⑤加热系统:配备防爆电加热器,在减压时,如果舱内人员感到寒冷,可以升高舱内温度。

⑥照明系统:每个舱室内配备带应急照明的防爆耐压照明系统。

⑦时钟:配备防水防爆耐压钟表,显示当前时间,便于舱内人员掌握工作时间。

⑧温度计:配备耐压温度计,显示舱内当前温度。

⑨气体采样分析仪:对氧气、一氧化碳、二氧化碳、瓦斯、硫化氢等气体进行采样分析,保证环境的安全性。

人舱一般都配备双气路(正常供气和紧急供气)及自动保压系统,具有在气压过渡舱作业时的空气净化功能,双室人舱的中间被一个供人出入的压力门隔开。

【任务实施】

请逐一介绍盾构机 11 个系统的概念、结构、构造、基本功能及工作原理,重点就盾构切削系统、推进系统、管片拼装系统、导向系统等作详细介绍。

【考核评价】

通过本节内容的学习,学生掌握盾构机各主要系统的功能、结构及工作原理的相关知识。考查学生对盾构机切削系统、渣土运输系统、推进系统、同步注浆系统、密封系统、人舱系统、管片拼装系统、电气控制系统、导向系统等盾构机主要子系统认知的正确性,具体要求见表1-4。

盾构机构造认知考核评价表   表1-4

评价项目	评价内容	评价标准	配分/分
知识目标	切削系统认知	能否正确识别各类刀盘及刀具,掌握各类刀盘及刀具特点、适用地层、工作原理及安装形式等	8
	推进系统认知	能否掌握盾构推进系统的组成、推进油缸的工作原理、铰接油缸的分类及工作原理等	8
	导向系统认知	能否正确识别导向系统,正确理解导向系统的概念、功能、构造及基本工作原理	8
	管片拼装系统认知	能否正确识别管片拼装系统,正确理解管片拼装系统的概念、功能、构造及基本工作原理	8
	渣土运输系统认知	能否掌握土压平衡盾构机渣土运输系统组成、功能及结构组成	8
	渣土改良系统认知	能否正确识别泡沫系统与膨润土系统,正确理解其构造、功能及工作原理	8
	同步注浆系统认知	能否正确识别注浆系统,正确理解注浆系统的概念、功能、构造及基本工作原理	8
	密封系统认知	能否正确识别密封系统,正确理解密封系统的概念、功能、构造及基本工作原理	8
	电气控制系统认知	能否正确识别电气控制系统,正确理解电气控制系统的概念、功能、构造及基本工作原理	8
	冷却水循环系统认知	能否正确识别盾构机冷却水循环系统结构、构造及功能	8
	人舱系统认知	能否正确识别人舱系统,正确理解人舱系统的概念、功能、构造及基本工作原理	8
素质目标	规范用词	能否规范使用盾构与掘进专业名词,在讲解和描述盾构机系统过程中语言是否准确简练、逻辑是否清晰、表达是否流畅	6
	科学分析	能否根据盾构机子系统的概念、功能及构造拓展思考,推导出系统工作原理	6
合计/分			100

任务四   盾构机选型认知

【学习目标】

    学习目标:1.了解盾构机选型的概念及意义;

              2.掌握盾构机选型的原则及依据;

              3.掌握盾构机选型的方法。

    能力目标:1.能够正确归纳盾构机选型的内容及重要意义;

              2.能够根据盾构机选型的原则及依据提取选型的必要参数及信息;

              3.能够根据盾构机选型的方法进行盾构机选型。

盾构构造与操作维护(第2版)

素质目标:1.培养科学分析事物的意识;
　　　　　2.培养严谨务实的工作态度。

【工作场景与任务】

你所在的公司承接了西安市某地铁区间隧道施工标段的工程任务,项目概况如下:

项目位于西安市南郊,地铁隧道设计埋深23m,待掘进范围内地层主要为黄土层,其间分布有厚0.5~1m的砂夹层,局部有砂层透镜体。项目所在区域地下水位埋深约16m,属潜水(非承压水)类型,地层综合渗透系数为8.7×10^{-8}m/s。项目地处城市郊区,区间范围内无重要建筑物及地下管线。

作为公司盾构技术骨干,请你根据以上项目情况,用科学的盾构机选型方法,完成该项目的盾构机选型工作。

【知识准备】

一 盾构机选型概述

盾构机选型是指根据某一具体隧道盾构施工项目的工程地质、水文地质情况以及项目周边地面和地下环境条件(建构筑物、管线等),综合考虑安全、工期、环保、经济等因素之后,选择合适的盾构机型,并在此基础上最终确定盾构机主机及后配套各关键零部件的选择、配置,以确保盾构掘进施工能够顺利进行的一项重要工作。

对于任何盾构施工项目,尤其是复杂地层的施工项目,盾构机选型对工程安全和顺利推进起着至关重要的作用,一旦选型不合理,可能会导致一系列的工程事故,轻则影响进度,带来经济损失,重则引发人员伤亡事故。因此,一定程度上讲,盾构机选型的成败决定了盾构施工项目的成败。

目前,盾构施工最为常用的盾构机型主要为土压平衡盾构机和泥水平衡盾构机,因此,一般来讲,盾构机选型多在土压平衡盾构机和泥水平衡盾构机中进行比选。

二 盾构机选型基本原则

盾构机选型总体上应做到配套合理,充分发挥施工机械综合效能,提高机械化施工水平,并应遵循以下原则:

①应对工程地质、水文地质有较强的适应性,首先要满足施工安全的要求;

②安全性、可靠性、先进性、经济性相统一,在安全可靠的情况下,考虑技术先进性和经济合理性;

③满足隧道外径、长度、埋深和地质条件、沿线地形以及洞口条件等;

④满足安全、质量、工期、造价及环保要求;

⑤后配套设备的能力应与主机相匹配,生产能力应与主机掘进速度匹配,同时应具有施工安全、结构简单、布置合理和易于维护保养的特点;

⑥盾构制造商的知名度高,业绩、信誉和技术服务好。

三 盾构机选型的依据

盾构机选型应以工程地质、水文地质为主要依据，综合考虑隧道断面尺寸、施工长度、埋深、线路的曲率半径、沿线地形、地面及地下构筑物等环境条件，以及周围环境对地面变形的控制要求及工期、环保等因素。

四 盾构机选型的方法

盾构机选型是一项具有极强专业性的复杂技术工作，往往需要考虑诸多复杂因素、借鉴成功项目经验，进行严谨、科学的分析及论证才能最终确定盾构机。因此，盾构机选型不是一蹴而就的，也不是简单考虑几个因素就能最终确定的，以下几种选型方法具有一定的参考意义。

（一）根据地层渗透系数进行选型

地层渗透系数对于盾构机选型来说，是一个很重要的参考因素。通常，当地层渗透系数小于 10^{-7}m/s 时，可以选用土压平衡盾构机；当地层渗透系数为 $10^{-7} \sim 10^{-4}$m/s 时，既可以选用土压平衡盾构机，也可以选用泥水平衡盾构机；当地层渗透系数大于 10^{-4}m/s 时，宜选用泥水平衡盾构机。根据地层渗透系数与盾构机型的关系，若地层以各种级配富水砂层、砂砾层为主，宜选用泥水平衡盾构机，其他地层宜选用土压平衡盾构机。

（二）根据地层颗粒级配进行选型

土压平衡盾构机主要适用于粉土、粉质黏土、淤泥质粉土、粉砂层等地层施工，一般来说，细颗粒含量高，渣土易形成不透水的流塑体，容易充满土仓的每个部位，进而在土仓内形成压力，以平衡掌子面的正面压力。盾构机型与地层颗粒级配的关系如图 1-67 所示，图中黏土、淤泥质土区为土压平衡盾构机适用的颗粒级配范围，砾石、粗砂区为泥水平衡盾构机适用的地层颗粒级配范围。粗砂、细砂区，可使用泥水平衡盾构机，也可经土质改良后，使用土压平衡盾构机。

图 1-67　盾构机型与地层颗粒级配关系图

一般来说，当岩土中的粉粒和黏粒的总量达到 40% 以上时，通常会选用土压平衡盾构机，反之则选择泥水平衡盾构机比较合适。粉粒的绝对大小通常以 0.075mm 为界，黏粒以 0.005mm 为界。

（三）根据地下水压进行选型

当地下水压大于 0.3MPa 时，适宜采用泥水平衡盾构。如果采用土压平衡盾构机，其螺旋输送机难以形成有效的土塞效应，在螺旋输送机排土闸门处易发生渣土喷涌现象，引起土仓中土压力下降，导致开挖面坍塌。

当地下水压大于 0.3MPa 时，若出于地质原因需采用土压平衡盾构机，则需增大螺旋输送机的长度，或采用二级螺旋输送机。图 1-68 所示为串联式二级螺旋输送机示意图。

图 1-68　串联式二级螺旋输送机示意图

盾构机选型除了选定盾构具体机型外，还需根据选定机型及项目的具体情况，对主要功能部件进行选择和设计，在此基础上，还需要根据地质条件，选择与盾构掘进速度相匹配的盾构机后配套施工设备。

【任务实施】

参照本任务的学习目标，按如下步骤及实施方法，对给定地层的盾构隧道施工进行盾构机选型。

步骤 1：根据任务描述，提取盾构机选型所需信息。

实施方法：根据项目概况，提取与盾构机选型直接相关的信息，如：掘进范围内的地层类型、渗透系数、地下水类型、周边环境条件等。

步骤 2：根据地层渗透系数选型。

实施方法：根据提取到的地层渗透系数具体数值，按照盾构机选型方法，选定可用的盾构机型。

步骤 3：根据地层的颗粒级配选型。

实施方法：根据提取的盾构掘进范围内的地层信息，对照盾构机型与地层颗粒级配关系图，选定可用的盾构机类型。

步骤 4：根据地下水压进行选型。

实施方法：根据提取的地层水文信息，判断地下水类型，对照盾构机选型方法选定可用盾构机型。

步骤 5：综合以上选型结果，最终确定盾构机类型。

实施方法：综合以上三种方法的选型结果，最终正确选定适合本任务给定项目的盾构机型。

通过本任务的学习,对盾构机的选型认知情况进行考核,考查学生对盾构机选型的概念、原则、依据、方法等的掌握情况,具体见表1-5。

盾构机选型认知考核评价表　　　　表1-5

评价项目	评价内容	评价标准	配分/分
知识目标	盾构机选型概述	是否正确回答盾构机选型的概念及选型内容	5
	盾构机选型的原则及依据	是否正确回答盾构机选型的主要原则及依据	5
	盾构机选型的方法	是否正确回答盾构机选型的具体方法	10
能力目标	能够正确归纳盾构机选型的内容及重要意义	能否准确归纳盾构机选型的内容并认识盾构机选型的重要意义	10
	能够根据盾构机选型的原则及依据提取选型的必要参数及信息	能否从项目相关资料(勘察报告、设计图纸等)中提取选型必要的参数及关键信息	20
	能够根据盾构机选型的方法进行盾构机选型	能否根据具体的选型方法,科学合理地进行盾构机选型工作	40
素质目标	科学分析事物的意识	项目完成过程中是否充分分析项目情况,科学提取必要信息	5
	严谨务实的工作态度	项目完成过程中,是否做到科学严谨、有的放矢	5
合计/分			100

【知识拓展】

盾构机选型除了需要考虑工程地质条件、水文地质条件以及项目周边环境条件等因素外,还应重点考虑经济和环保因素。就目前工程上最常使用的土压平衡盾构机和泥水平衡盾构机而言,前者在盾构机本身的造价及后期运行成本上都要低于后者,且泥水平衡盾构机处理泥浆的泥水分离站需要占据额外的场地,使用相对受限,加之,泥水分离站在处理泥浆中细颗粒渣土时,容易产生扬尘,污染环境,因此,对于给定的盾构施工项目,若土压平衡盾构机和泥水平衡盾构机均具备安全性、可行性,通常会优先考虑土压平衡盾构机。

任务五　盾构机的起源与发展认知

【学习目标】

知识目标:1. 了解盾构机的起源;

2. 熟知盾构机的国外发展史;

3. 掌握盾构机的国内发展史。

能力目标:1. 能够生动地讲述盾构机起源故事;

2. 能够结合国外盾构机发展的重要事件、人物和时间等信息讲述国外盾构机发展史;

3. 能够结合中国盾构机发展的重要事件及时间等信息讲述中国盾构机发展史。

素质目标：1.培养逻辑思维能力；
2.培养语言表达能力。

【工作场景与任务】

你所在项目部拟举行名为"讲好盾构故事"的讲解比赛，你抽到的讲解题目为盾构机的起源与发展故事，讲述内容须包含盾构机起源与发展的主要事件、地点、人物和时间，你该如何进行讲述？

【知识准备】

一 盾构机的起源

1806 年，法国工程师马克·布鲁诺尔（Marc Isambard Brunel）发现船的木板中有被船蛆钻出的孔道，船蛆是一种蛤，头部有外壳，在钻穿木板时会分泌出一种液体，并涂在孔壁上形成坚韧的保护壳，用以抵抗木板因潮湿而膨胀，以防孔道被压扁。在船蛆钻孔并用分泌物涂在孔壁四周的启示下，布鲁诺尔首创盾构掘进隧道的方法，并在英国注册了专利。布鲁诺尔的专利手掘式盾构机（图 1-69）是盾构的原型，由不同的单元格组成，每一个单元格可容纳一个工人独立工作，并对工人起到保护作用。所有的单元格均牢靠地安装在盾壳上，当一段隧道挖掘完毕，由液压千斤顶将整个盾壳向前推进，如此往复，直至隧道掘进完成。

图 1-69　布鲁诺尔专利手掘式盾构机

二 盾构机在国外的发展

盾构机问世至今已有 200 多年的历史，始于英国，发展于日本、德国，跨越式发展于中国。其在国外的发展历程大致可分为四个阶段。

(一) 以布鲁诺尔手掘式盾构机为代表的第一个发展阶段(1825—1876 年)

布鲁诺尔在 1806 年注册了隧道盾构施工法专利后,经过不断对盾构的机械系统进行完善,于 1825 第一次在伦敦泰晤士河下用一个断面高 6.8m、宽 11.4m 的矩形手掘式盾构机修建了世界上第一条盾构法隧道,标志着盾构机的正式诞生。

(二) 以机械式盾构机为代表的第二个发展阶段(1876—1963 年)

1876 年,英国人约翰·迪金森·布伦顿(John Dickinson Brunton)和乔治·布伦顿(George Brunton)申请了第一个机械式盾构机的专利,如图 1-70 所示,标志着机械式盾构机的诞生。

图 1-70 布伦顿机械式盾构机

(三) 以闭胸式盾构机为代表的第三个发展阶段(1963—1985 年)

1963 年,日本 Sato Kogyo 公司首先开发出了土压平衡盾构机,如图 1-71 所示。紧接着,1964 年,英国摩特·亥(Mott Hay)、安德森(Anderson)和约翰·巴勒特(John Bartlett)申请了泥水平衡盾构机的专利,标志着以泥水平衡盾构机和土压平衡盾构机为代表的闭胸式盾构机的诞生。

图 1-71 日本 Sato Kogyo 公司开发的土压平衡盾构机

(四) 以大直径、高智能化、多样化为特色的盾构机第四个发展阶段(1985 年至今)

以土压平衡盾构机和泥水平衡盾构机为代表的闭胸式盾构机诞生后,盾构机及盾构隧道施工工法迈入快速发展时期。随着科学技术的进步及盾构隧道向大型化、复杂化发展,盾构机及相关工法朝着大直径、高智能化及多样化的方向发展。1985 年,Wsyss&Freytay 公司和海瑞克公司申请了复合盾构机的专利。

盾构机在国内的发展

我国从 1953 年才开始进行盾构机与盾构法施工的探索,我国盾构技术 70 多年来主要经历了三个发展阶段。

(一)技术探索阶段(1953—2002 年)

1953 年,东北阜新煤矿用手掘式盾构机及小混凝土预制块修建了直径 2.6m 的疏水巷道,这是我国首条用盾构法施工的隧道。之后的近 50 年,我国一直处在盾构技术的探索阶段,盾构机主要依靠进口,盾构市场被德国、日本、美国等发达国家长期垄断。

(二)技术创新阶段(2002—2008 年)

2002 年 8 月,科技部将 $\phi6.3m$ 土压平衡盾构机的研究设计列入国家"863 计划"(即"国家高技术研究发展计划"),自此,我国盾构技术正式进入技术创新阶段,并于之后的数年内,连续取得重大技术突破。2004 年 10 月下旬,我国首台具有完全自主知识产权的土压平衡盾构机"先行号"在上海地铁 2 号线西延伸段区间隧道始发掘进(图 1-72),打破了"洋盾构"长达半个多世纪的垄断局面,结束了我国盾构机长期依赖国外品牌的历史。

图 1-72　上海地铁 2 号线西延伸段"先行号"土压平衡盾构机

(三)跨越式发展阶段(2008 年至今)

2008 年 4 月,中铁隧道局集团完成"863"课题"复合盾构样机的研制",成功研制了国内首台直径 6.4m 复合盾构机(图 1-73)。该盾构机是我国首台具有自主知识产权的复合盾构机,标志着我国盾构制造技术进入跨越式发展阶段。

目前,我国盾构机制造及盾构施工技术已经跻身世界前列,基本实现了盾构机全面国产化,涌现了中铁工程装备集团有限公司、中国铁建重工集团股份有限公司、上海隧道工程股份

图 1-73　国家"863"计划自主研发的直径 6.4m 复合盾构机

有限公司机械制造分公司、中交天和机械设备制造有限公司等优秀的盾构研发及制造企业。

【任务实施】

参照本任务的学习目标,按如下步骤及实施方法,对本任务的学习内容依次进行讲解。

步骤 1:盾构机的起源讲解。

实施方法:以故事讲述的形式讲解盾构机起源,可借助图片、动画或视频资源辅助讲解。

步骤 2:盾构机的国外发展史讲解。

实施方法:按照盾构机国外发展史的四个阶段时间线,依次介绍国外盾构机发展的重要历

史事件、人物和时间等信息。

步骤3：盾构机的国内发展史讲解。

实施方法：按照我国盾构机发展的三个阶段时间线，依次介绍我国盾构机发展的重要事件、时间及重要历史意义等信息。

【考核评价】

通过本任务的学习，对盾构机的起源与发展认知情况进行考核，考查学生对盾构机起源、国内外发展重要人物、事件及时间等信息的掌握情况及语言表达能力，具体见表1-6。

盾构机的起源与发展认知考核评价表　　　　　表1-6

评价项目	评价内容	评价标准	配分/分
知识目标	盾构机起源	是否正确回答盾构机起源相关的人物、事件、地点及时间等	10
	盾构机的国外发展史	是否正确回答盾构机国外发展史相关的历史事件、人物、地点和时间等	10
	盾构机的国内发展史	是否正确回答盾构机国内发展相关的事件、时间、地点及意义等	20
能力目标	讲述盾构机的起源故事	能否声情并茂地讲述完整的盾构机起源故事	10
	讲述盾构机的国外发展历程	能否正确而流畅地讲述盾构机的国外发展历程	10
	讲述盾构机的国内发展历程	能否正确而流畅地讲述盾构机的国内发展历程	30
素质目标	逻辑思维能力	盾构机起源及发展事件讲述是否顺畅，逻辑是否恰当	5
	语言表达能力	语言是否准确简练，表达是否流畅	5
合计/分			100

【知识拓展】

1986年3月3日，一份报告送到了中共中央的驻地中南海。后来根据这个报告而形成的《关于高新技术研究发展计划的报告》被称为"863计划"。这份题为"关于追踪世界高技术发展的建议"的报告，是由中国著名的科学家王大珩、王淦昌、杨嘉墀、陈芳允四人联合提出的。在这份报告中，他们针对世界高科技迅速发展的紧迫现实，向中共中央提出了建议和设想：要全面追踪世界高技术的发展，制定中国高科技的发展计划。我国从此才有了自己研发的盾构机。"国家高技术研究发展计划"（即"863计划"）是科学家的战略眼光与政治家的高瞻远瞩相结合的产物，凝练了我国发展高科技的战略需求。

项目二

盾构机操作控制

【项目导学】

```
                                    ┌─────────────────────────────────┐
                                ┌───┤ 任务一  盾构机启动前设备状态检查 │
                                │   └─────────────────────────────────┘
                                │   ┌─────────────────────────────────┐
                                ├───┤ 任务二  刀盘操作控制             │
                                │   └─────────────────────────────────┘
                                │   ┌─────────────────────────────────┐
                                ├───┤ 任务三  推进液压油缸操作控制     │
                                │   └─────────────────────────────────┘
                                │   ┌─────────────────────────────────┐
                                ├───┤ 任务四  螺旋输送机操作控制       │
                                │   └─────────────────────────────────┘
┌──────────────────────┐        │   ┌─────────────────────────────────┐
│ 项目二  盾构机操作控制 ├────────┼───┤ 任务五  土仓压力设定与调节       │
└──────────────────────┘        │   └─────────────────────────────────┘
                                │   ┌─────────────────────────────────┐
                                ├───┤ 任务六  同步注浆系统操作控制     │
                                │   └─────────────────────────────────┘
                                │   ┌─────────────────────────────────┐
                                ├───┤ 任务七  渣土改良系统操作控制     │
                                │   └─────────────────────────────────┘
                                │   ┌─────────────────────────────────┐
                                ├───┤ 任务八  盾尾密封油脂系统操作控制 │
                                │   └─────────────────────────────────┘
                                │   ┌─────────────────────────────────┐
                                ├───┤ 任务九  管片拼装系统操作控制     │
                                │   └─────────────────────────────────┘
                                │   ┌─────────────────────────────────┐
                                ├───┤ 任务十  人舱系统操作控制         │
                                │   └─────────────────────────────────┘
                                │   ┌─────────────────────────────────┐
                                └───┤ 任务十一  盾构机本地控制         │
                                    └─────────────────────────────────┘
```

任务一　盾构机启动前设备状态检查

【学习目标】

知识目标: 1.熟悉土压平衡盾构机控制面板分布区域及标识符号;

2.熟悉盾构机启动前设备状态检查内容;

3.掌握土压平衡盾构机启动前参数设置方法;

4.掌握盾构机动力系统启动方法。

能力目标: 1.能够在主控台上正确识别刀盘电控旋钮的位置及符号;

2.能够正确完成盾构机启动前设备状态检查;

3.能够根据土木工程师及机械工程师的要求设定盾构的各种参数;

4.能够正确启动盾构机动力系统。

素质目标: 1.培养事前充分准备的意识;

2.培养客观判断问题的态度。

【工作场景与任务】

工欲善其事,必先利其器。在对一台土压平衡盾构机进行控制之前,首先需要明晰设备状态并且正确检查。现有中铁工程装备集团有限公司品牌土压平衡盾构机首次投入使用,请你作为操作人员进行开机前设备状态检查。

| 微课视频: | 实训视频: | 微课视频: | 微课视频: |
| 盾构机主控制台介绍 | 盾构启动操作 | 盾构机启动条件 | 盾构机启停顺序 |

【知识准备】

盾构机的控制主要在 1 号后配套拖车的主控室完成。盾构机主控室的操作界面主要由主控台、上位机、导向系统和监视屏等组成。以中铁工程装备集团有限公司系列土压平衡盾构机为例,图 2-1 所示是盾构机主控室内的上位机主监控界面。

该界面显示了盾构机各个功能系统所有的运行参数,包括铰接系统、注浆系统、推进系统、螺旋输送机系统、主驱动系统、膨润土系统等的油温、土仓各个位置压力及其他常规参数。位于界面上部中间位置的"PLC 连接正常"提示上位机与 PLC 之间的数据交换状态,绿色代表正常,红色代表异常。界面上部还显示了当前环数与盾构操作状态等信息,下部设置了上位机每个页面的切换按钮,操作时可以根据需要在各个页面任意切换。这些界面能保证对盾构机整体运行状态的实时监控。

盾构机的具体操作通过主控台完成。盾构机主控台控制面板包含按钮、控制旋钮、钥匙开关及故障提示灯等元器件,见图 2-2,其中包括了推进系统、铰接油缸、主驱动系统、泡沫系统、螺旋输送机、皮带输送机、盾尾密封油脂、仿形刀、膨润土等部分的控制,以及盾构操作中主要参数的设置。

图 2-1　中铁工程装备集团有限公司系列土压平衡盾构机主监控界面

　　通常盾构机的绝大部分参数在启动前已经基本确定。如果是第一次启动盾构机,就必须根据土木工程师及机械工程师的要求设定盾构的各种参数。未经有关上级技术部门人员的同意,严禁任何人根据个人的理解更改盾构的任何参数值,否则有可能造成盾构机或辅助设备的损坏。盾构机参数设置界面如图 2-3 所示。

　　该界面显示了各个系统主要参数的设置。参数设置页面需要输入密码方可改变参数值。盾构正常运行期间,需要盾构机司机与土木工程师根据现场条件,共同制定各项参数值。设置的参数值必须在相应的范围内,如果超出预设范围,则输入值无效。

　　图 2-4 所示为盾构机启动条件监控界面。该界面显示常规条件以及刀盘启动条件、推进条件,螺旋输送机、皮带输送机、泡沫系统等启动条件。如果某项条件满足本系统启动要求,字体显示为绿色,否则显示为红色。某一系统对应的一栏中所有条件都显示为绿色时,表示启动要求均满足,相应的系统方可启动。

　　除了需要了解盾构机主控界面及控制面板外,在盾构机启动前需要对设备进行机械、电、气和液压等系统状态检查,确保各系统无故障或者无故障隐患时方可进行掘进操作。同时考虑盾构机启动后相关的冷却、润滑、配套拖车移动、渣土输送及改良等辅助工作也必须准备到位,因此开机前需要先启动水循环、泵、电动机等辅助系统。

【任务实施】

　　上机操作前,应首先通过上位机监控界面检查盾构机配套设备是否处于正常状态并启动相关辅助系统,具体包含以下工作:

　　步骤 1:开机前状态检查。

　　①确保各操作系统的参数已设定在合理范围内;

　　②检查延伸水管、电缆连接是否正常;

盾构构造与操作维护（第2版）

图 2-2　电动机驱动土压平衡盾构机控制面板

CREC824 Ver:2.1.4.17437 　　参数设置　　99% 　0 　2020/3/30 11:42:08
中国中铁　中铁工程装备集团　PLC连接正常　第 0 环　管片安装模式

注浆压力

	起始压力	最大压力
左上	0.0 bar	0.0 bar
左下	0.0 bar	0.0 bar
右下	0.0 bar	0.0 bar
右上	0.0 bar	0.0 bar

油压设置

刀盘最大压力	0	bar
螺机最大压力	0	bar
管片模式压力设置	0.0	%
管片模式最大压力	0	bar
后配套允许最大拉力	0	KN
推进允许最大压力	0	bar

油温预警设置（℃）

	预警值	报警值
液压油箱	0.0	0.0
齿轮油	0.0	0.0
刀盘泄油	0.0	0.0
螺机	0.0	0.0
温度误差	0.0	

滚动角（°）

左倾最大滚动角　0
右倾最大滚动角　0

转速设置

刀盘最低转速　0.0 r/min
螺机最低转速　0.0 r/min

齿轮油压力设置

齿轮油最小压力　0.0 bar
齿轮油最大压力　0.0 bar

盾尾密封系统

	前腔次数	前腔间隔	后腔次数	后腔间隔	最大压力
1路	0次	0秒	0次	0秒	0.0 bar
2路	0次	0秒	0次	0秒	0.0 bar
3路	0次	0秒	0次	0秒	0.0 bar
4路	0次	0秒	0次	0秒	0.0 bar
5路	0次	0秒	0次	0秒	0.0 bar
6路	0次	0秒	0次	0秒	0.0 bar
7路	0次	0秒	0次	0秒	0.0 bar
8路	0次	0秒	0次	0秒	0.0 bar

等待时间　0 秒
行程距离　0 mm

辅助系统设置

螺机出渣最小开口　0 mm
铰接油缸最小位移　0 mm
铰接油缸最大位移　0 mm
管片机顺转角度范围　0 °
管片机逆转角度范围　0 °
砂浆罐自动润滑时间　0.0 Min/h

主监控页　泡沫系统　注浆系统　电力参数　辅助系统　盾尾密封　启动条件　参数设置　累计量　报警状态　曲线图　返回

图2-3　盾构机参数设置界面

CREC824 Ver:2.1.4.17437　启动条件　　0　2020/3/30 11:42:04
中铁工程装备集团　PLC连接正常
条件设置1　　　　转入条件设置2

常规条件
主油箱油温正常
主油箱油位正常
内循环水液位正常
齿轮油油温正常
齿轮油油位正常
1-8号主驱动马达温度正常
盾尾油脂桶正常
主轴承润滑油桶正常

刀盘启动条件
人闸急停系统正常
控制泵运行
补油泵运行
补油泵压力正常
内循环水运行
主轴油润滑油脂运行
齿轮油温正常
螺机最低转速正常
刀盘电位器超始的值为零
刀盘电机1运行
刀盘电机2运行
刀盘电机n运行
刀盘内部/外部控制未选
刀盘左转/右转控制未选
刀盘高速/低速控制未选
刀盘旋转启动
刀盘刹车松开

推进条件
控制泵运行
推进泵运行
盾尾油脂泵运行
刀盘达到最低转速
铰接油缸位移正常
刀盘驱动压力正常
盾体油缸控制盒急停正常
管片小车盒急停正常
注浆控制盒急停正常

CREC824 Ver:2.1.4.17437　启动条件　　0　2020/3/30 11:42:06
中铁工程装备集团　PLC连接正常
条件设置2　　　　转入条件设置1

螺机启动条件
螺机设备桥控制盒急停正常
螺机泵运行
螺机补油压力正常
辅助泵运行
润滑油脂运行
螺机旋转压力正常
螺机门开口度正常
螺机土压力正常
皮带机运行/无效控制未选
螺机内部/外部控制未选
螺机正转/反转控制未选
螺机电位器起始值为零
螺机油温正常
渣车空
控制泵运行

皮带启动条件
皮带机内部/外部控制急停正常
拖车皮带机急停正常

主监控页　泡沫系统　注浆系统　电力参数　辅助系统　盾尾密封　启动条件　参数设置　累计量　报警状态　曲线图　返回

图2-4　盾构机启动条件监控界面

③检查供电是否正常；

④检查循环水压力是否正常；

⑤检查滤清器是否正常；

⑥检查皮带输送机、皮带是否正常；

⑦检查空压机运行是否正常；

⑧检查油箱油位是否正常；

⑨检查油脂系统油位是否正常；

⑩检查泡沫剂液位是否正常;

⑪检查注浆系统是否已准备好并运行正常;

⑫检查轨道是否正常;

⑬检查出渣系统是否已准备就绪;

⑭检查盾构机控制面板状态:开机前应使螺旋输送机前仓门处于开启位,螺旋输送机的螺杆应伸出,管片拼装按钮应无效,无其他报警指示;

⑮检查导向系统是否工作正常,若以上检查存在问题,首先处理问题,然后再准备开机;

⑯请示土木工程师并记录盾构掘进所需要的相关参数,如掘进模式、土仓保持压力、线路数据、注浆压力等;

⑰请示机械工程师并记录盾构机掘进的设备参数;

⑱如有必要则根据土木工程师和机械工程师的指令修改盾构机参数;

⑲查看"报警系统"界面,检查是否存在当前错误报警,若有,首先处理之。

步骤2:开机前辅助系统启动。

①确认外循环水已供应,启动内循环水泵;

②确认空压机冷却水阀门处于打开状态,启动空压机;

③根据工程要求选择盾尾油脂密封的控制模式,即选择采用行程控制还是采用压力控制模式;

④检查"报警系统"界面是否存在当前错误报警,若有,首先处理之;

⑤将面板的螺旋输送机转速调节旋钮、刀盘转速调节旋钮、推进油缸压力调节旋钮、盾构推进速度旋钮等调至最小位;

⑥启动液压泵站过滤冷却泵,并注意泵启动是否正常,包括其启动声音及振动情况等,每一个泵启动时均需注意其启动情况;

⑦依次启动润滑脂泵(EP2)、齿轮油泵、HBW泵;

⑧上位机"变频驱动"界面选择"滑差控制"模式,至少选择一组对称电动机;

⑨依次启动推进泵及辅助泵;

⑩选择手动或半自动或自动方式启动泡沫系统;

⑪启动盾尾密封油脂泵,并选择自动位。

盾构机的辅助系统已启动完毕。至此,盾构机启动前准备工作已经完成。

【考核评价】

学习本任务内容后,进行盾构机开机前准备工作检查,考查学生是否正确掌握盾构机启动前状态检查及相关辅助系统启动作业,具体见表2-1。

盾构机启动前设备状态检查考核评价表　　　　　　　　　　　　　　　　表2-1

评价项目	评价内容	评价标准	配分/分
知识目标	盾构机主控室上位机监控界面识别	能否正确识别上位机监控界面并辨别是否存在故障	10
	盾构机主控室控制面板识别	能否正确识别控制面板排布并了解各系统控制分区	10
	盾构机初始参数理解	能否正确理解盾构机初始参数概念	10

评价项目	评价内容	评价标准	配分/分
能力目标	盾构机故障识别	能否从控制面板快速识别盾构机存在故障并判断故障位置	10
	盾构机初始参数设置	能否依据土木及机械工程师指令设置盾构机初始参数	20
	盾构机启动前状态检查	能否在盾构机启动前正确检查各类配套系统工作状态	10
	盾构机开机前辅助系统启动	能否在盾构机开机前正确启动辅助系统	20
素质目标	事前充分准备	能否事前进行充分准备	5
	客观判断问题	能否正确客观判断存在问题	5
合计/分			100

【知识拓展】

上文以电驱盾构为例,电机驱动面板如图 2-5 所示。相比电驱盾构机只需直接开启刀盘电动机即可启动,液驱盾构机启动步骤略有差异。主要体现在首先需要检查液压油箱液位,再依次启动刀盘驱动电动机 1、2、3,见图 2-6,借此启动液压油泵及阀组,控制刀盘转动。

57

项目二 盾构机操作控制

图 2-5　电机驱动面板

图 2-6　液压驱动面板

【强化训练】

请扫描下方二维码,打印并装订电子活页实训手册,完成实训任务一 盾构机启动前设备状态检查。

实训任务一 盾构机启动前设备状态检查

任务二 刀盘操作控制

【学习目标】

知识目标:1.熟悉刀盘速度旋钮电位器的位置及控制键符号;

2.掌握土压平衡盾构机刀盘启动顺序;

3.掌握土压平衡盾构机刀盘转向调节方法;

4.掌握土压平衡盾构机刀盘转速的设定与调节。

能力目标:1.能够在主控台上正确识别刀盘电控旋钮的位置及符号;

2.能够依据标准流程正确启动刀盘;

3.能够正确调节刀盘转向;

4.能够合理设定并调节刀盘转速。

素质目标:1.培养学生规范作业的意识;

2.培养学生科学分析问题的态度。

【工作场景与任务】

某软土地层中一台土压平衡盾构机因设备维修处于停机状态,当前状态下盾体顺时针发生3°偏转,现准备重新启动掘进,并且刀盘转速最终达到3r/min,应当采用怎样的流程启动刀盘?

【知识准备】

一 皮带输送机开启

为确保盾构机掘进时渣土正常切削与排运,遵循盾构机正常启动顺序,刀盘启动前首先需要开启皮带输送机。皮带输送机控制面板如图2-7所示。控制面板说明见表2-2。

图 2-7　皮带输送机控制面板

皮带输送机控制面板说明　　　　　　　　　　　　　　表 2-2

名称	功能
启动/停止	按钮,打开或关闭皮带输送机
速度旋钮电位器	顺时针,调节电位器:皮带输送机速度调节
渣车满/渣车空	信号灯,显示渣车已满或已准备好。由皮带输送机控制面板控制
主控制室控制/现场(本地)控制	指示灯,闪烁为主控制室控制,灭为现场(本地)控制 主控制室控制:正常工作状态 现场(本地)控制:主控制室控制无效,启动现场(本地)控制面板
联锁	旋转开关,皮带输送机与螺旋输送机的联锁选择
联锁无效	指示灯,皮带输送机与螺旋输送机联锁无效时常亮

🚂 刀盘控制

以中铁工程装备集团有限公司系列土压平衡盾构机控制面板为例,其控制面板见图 2-8。其中黑色方框圈出位置即为刀盘控制区,见图 2-9,上部标明刀盘标识及对应名称"刀盘控制"。面板中包含以下控制单元:

①启动按钮——绿色按钮,按下后刀盘启动;

②停止按钮——红色按钮,按下后刀盘停止转动;

③左/右转旋钮——预选刀盘的旋转方向:右转为顺时针转动,左转为逆时针转动;

④速度调节旋钮——设定刀盘旋转速度;

⑤"主控制室控制"/"现场(本地)控制"钥匙开关——选择刀盘在主控室还是现场(人舱)操作。

具体控制面板说明见表 2-3 所示。

实训视频:
盾构机掘进
刀盘转速控制

盾构构造与操作维护（第2版）

主控制室控制　现场（本地）控制

刀盘控制
右转　停止　超挖刀泵
左转　启动　复位

螺旋输送机上仓压力　螺旋输送机压力极限
主控制室至现场控制　现场控制
高速　正转　反转　停止

螺旋输送机/主皮带机控制
前闸门关　螺机回收　后上闸门关　后下闸门关
前闸门开　螺机伸出　后上闸门门开　后下闸门开

铰接控制
保转　释放
回收

后配套皮带机控制
联锁无效　有效
渣车满
渣车空
主控制室控制　现场控制
启动　停止

管片安装模式
推进控制
D组　A组　C组　B组　推进速度
推进模式
推进允许
停止

后壳膨润土控制
启动　停止

膨润土控制
1路开/关　2路开/关
启动　停止

盾尾密封
手动　自动　启动　停止
油脂桶空

泡沫控制
手动　半自动　自动　停止

紧急停止
故障灯　控制电压
复位　灯测试
过滤冷却泵　螺旋输送机
冷却水泵　增压泵　推进泵
润滑油油脂泵　污水泵　除尘器　管片安装机
齿轮油脂泵　辅助泵　注浆泵　空压机1
HBW　铰接泵　空压机2
控制泵　1号通风机
单护盾　2号通风机

图2-8　盾构机控制面板

图 2-9 刀盘控制面板

刀盘控制面板说明   表 2-3

名称	功能	状态/操作
速度旋钮电位器	顺时针转动调节转速	状态: • 过滤器和冷却泵处于工作状态 • 齿轮油泵处于工作状态 • 补油泵处于工作状态 • 控制泵处于工作状态 • 刀盘驱动电动机处于工作状态 • 油脂润滑处于工作状态 • HBW 处于工作状态 • 主控室的控制面板处于工作状态
低速/高速	按钮,预选低速或高速	
左转/右转	按钮,预选左或右旋转方向	操作步骤: ⇒逆时针旋转电位器到"0" ⇒选择低速/高速 ⇒选择左转/右转 ⇒按下启动按钮,启动灯亮
启动/停止	按钮,启动和停止刀盘的旋转	⇒顺时针调节电位器,调节转速 ⇒逆时针调节旋钮,转速归零 ⇒按下停止按钮,刀盘停止旋转
主控制室控制/ 现场(本地)控制	主控制室控制:正常工作状态 现场(本地)控制:控制面板启动刀盘以便维保	
现场(本地)控制	指示灯: (1)灭:主控室控制 (2)闪烁:主控室及现场均不能控制 (3)亮:现场维保控制	

软土地层中地质松软,地下水一般较为丰富,渣土多为砂土、黏性土或者淤泥质土,在这种地质条件下掘进一般无须配置滚刀,主要靠刮削刀具直接对土层进行切削,刀具的磨损一般情况下较小,扭矩也较小,所以刀盘转速一般选择低速挡;在硬岩地层中,由于掌子面硬度较高,在掘进中滚刀滚压破岩时受到的压力较大,要防止刀具受到的瞬时冲击力超过安全荷载(17in

61

项目二　盾构机操作控制

滚刀为 250kN,1in = 25.4mm);在软硬不均地质条件下,地层局部岩石硬度较高,滚刀破岩受力较大,所受冲击力也大,而软岩(软土)部分只需对其进行切削即可破坏地层。由于局部岩石强度高,对刀盘、刀具的冲击损伤较大,所以在这种地层中施工应适当降低刀盘转速,使刀具受到的瞬时冲击荷载小于安全荷载。

根据导向系统面板上显示的盾构机目前旋转状态选择盾构机转向按钮,一般选择能够纠正盾构机转向的旋转方向;选择刀盘启动按扭,当启动绿色按钮常亮后,慢慢右旋刀盘转速控制旋钮,使刀盘转速逐渐稳定在值班工程师要求的转速范围。此时注意主驱动扭矩变化,若因扭矩过高而使刀盘启动停止,则先把旋钮电位器左旋至最小位再重新启动。

【任务实施】

参照任务内容,以土压平衡盾构机(或仿真操作平台)为例,完成刀盘启动、转向调节、挡位选择及转速调节操作。

步骤 1:识别操作控制区域并进行操作前状态检查。

识别主控室内控制面板上有关刀盘控制区域;检查面板旋钮是否归零,按钮是否被按下,钥匙开关是否插入;检查盾构机刀盘区域内是否有人。

步骤 2:启动刀盘电动机与泵机。

注意:(1)启动刀盘前要确保皮带输送机已经启动;

(2)刀盘电动机绿色指示灯闪亮代表刀盘刹车未打开;绿灯常亮代表刀盘刹车已打开,可正常启动;红色指示灯亮代表刀盘启动条件不满足,无法正常启动;若盾构为电动机驱动,则无泵机启动功能。

步骤 3:刀盘工作模式选择。

对盾构机刀盘的控制通常分为主控制室控制与本地控制两种控制模式。其中主控制室控制模式主要是在主控室借助控制面板对刀盘进行启动/停止、转向设置及转速调节等操作,通常用于盾构机正常掘进过程中;本地控制模式主要是借助人舱内的现场操作箱对刀盘进行启动/停止、转向设置等操作,通常用于盾构机停机进行刀具更换过程中。首先需要选择刀盘工作模式为主控制室控制模式,将控制面板处对应钥匙开关旋至"主控制室控制"位置,实现在控制室操作刀盘。

步骤 4:刀盘转向的设置。

根据导向系统上显示的盾构机目前旋转状态选择盾构机的转向按钮,一般选择能纠正盾构机转向的旋转方向。

步骤 5:刀盘转动挡位选择。

刀盘一般分为 2 个挡位。一般在软土地层中选择低速挡位,即挡位 1;在需要高转速的地层中选择高速挡位,即挡位 2,具体要根据掘进地层的实际情况决定。

步骤 6:刀盘转速调节。

软土地层中刀盘转速在 1.0 ~ 1.4r/min 调节,以减少地层扰动为准则;在硬岩地层中,适当控制刀盘转速在 1.5 ~ 3.0r/min;在软硬不均地层中,刀盘转速一般控制在 0.8 ~ 1.2r/min 为宜。

注意:启动刀盘前应先将其对应的转速调至零,刀盘启动后再将转速从零缓慢增加到合适的数值;刀盘停止时同样将转速缓慢降低至零后再停止运行。禁止转速调节过快,以免造成过大的机械冲击,损伤机械设备。同时应注意刀盘扭矩的变化,扭矩过高有可能使刀盘启动停止。

【考核评价】

学习本任务内容后,对刀盘进行操作控制,考查学生有关刀盘操作内容理解是否正确,作业流程是否规范,掌握是否熟练,操作结果是否达标,具体见表2-4。

刀盘操作控制考核评价表　　　　　　表2-4

评价项目	评价内容	评价标准	配分/分
知识目标	刀盘控制面板识别	能否正确识别刀盘控制面板及相应控制元件功能	5
	刀盘启动顺序描述	能否正确描述刀盘启动前期准备检查工作及刀盘启动顺序	10
	刀盘转向设置描述	能否正确描述刀盘转向设置的原则及方法	10
	刀盘转动挡位调节描述	能否正确描述刀盘转动挡位选择的原则	5
	刀盘转速调节描述	能否正确描述刀盘转速调节的原则、方法及注意事项	10
能力目标	刀盘启动/停止操作	能否正确进行刀盘启动/停止操作	15
	刀盘转向设置	能否正确选择并设置刀盘转动方向	10
	刀盘转动挡位选择	能否合理选择刀盘转动挡位	10
	刀盘转速调节	能否合理调节刀盘转速	15
素质目标	规范作业	刀盘启动/停止及转向调节操作流程是否规范	5
	科学分析	分析刀盘转动方向设置、挡位及转速调节是否科学合理	5
合计/分			100

【操作也要讲科学】

众所周知,牛顿第三定律阐释了一条定律,力的作用是相互的。当盾构机在地下掘进时,刀盘在掌子面沿圆周运动切削岩土,反过来掌子面也会对刀盘产生一个反向力矩。这个力矩足够大的话可能会使盾构机产生与切削相反的转动,进而造成盾体与连接桥架扭转变形,影响正常作业。因此,当盾构机在每定向转动几圈后就需要反向转动几圈,确保盾体转动不超过限值。简而言之,盾构机刀盘并不是只有一个转动方向,而是双向交替转动的。当盾构机刀盘沿某一方向高速转动时,如果发现盾体自身转动即将达到限值,能否直接调整刀盘进行反向转动呢? 显然不行,考虑到刀盘本身自重较大,且切削地层所需要的扭矩较大,在向某一方向高速转动的过程中突然转向,会瞬间对刀盘电动机及液压泵机产生巨大的冲击效应,容易造成设备损坏。当需要调节刀盘转向时,应当逐渐降低刀盘转速至零后,将刀盘转向调至反方向,再逐渐提升转速至设定值。

【强化训练】

请扫描下方二维码,打印并装订电子活页实训手册,完成实训任务二　刀盘操作控制。

实训任务二　刀盘操作控制

任务三 推进液压油缸操作控制

【学习目标】

知识目标：1. 掌握推进液压油缸控制面板符号及控制元器件；

2. 掌握推进液压油缸启动方法；

3. 掌握推进液压油缸压力与速度调节方法。

能力目标：1. 能够正确启动推进液压油缸；

2. 能够正确选择推进液压油缸控制模式；

3. 能够合理调节推进液压油缸推进压力及速度。

素质目标：1. 培养审时度势、合理分析的能力；

2. 严格遵循工作标准，确保操作精准到位。

【工作场景与任务】

以中铁工程装备集团有限公司土压平衡盾构机为例，现盾构机在某软土地层中处于停机状态，请正确启动推进液压油缸，设置允许最大推进力为 10000kN，并调节各组油缸行程差为 0，同时以 20mm/min 速度伸出。

实训视频：
推进液压油缸的
管路控制操作

【知识准备】

一 推进液压油缸参数设置

在上位机监控界面中有关"参数设置"界面中，对推进液压油缸推进压力进行设置。通过设定推进允许最大压力（图 2-10），可以限定推进泵输出的最大压力，当推进泵压力达到最大设定压力并持续 3s 后，停止推进模式，从而保障推进泵液压系统的安全性。该参数通常设置为 350bar。

图 2-10 推进允许最大压力设定

软土地层中土压平衡盾构机推进液压油缸速度可控制在 50 ~ 80mm/min,推力控制在 8000 ~ 12000kN 为宜;硬岩中掘进速度一般控制在 10 ~ 25mm/min,在兼顾扭矩与盾构掘进工效的同时对盾构机推进液压油缸掘进速度和推力进行调节,掘进速度一般控制在 10 ~ 25mm/min,推力一般控制在 10000 ~ 15000kN 较为合适;在软硬不均地层中掘进速度应控制在 15mm/min 以内较为合适,推力控制在 20000kN 以内较为合适。

推进液压油缸启动与调节

在控制面板中找到推进液压油缸控制区域,具体见图 2-11。具体控制面板功能说明见表 2-5。

图 2-11 推进液压油缸控制面板(主控室)

推进液压油缸控制面板说明   表 2-5

名称	功能	状态操作
启动电动机		
推进泵	绿色按钮,打开液压泵以便推进液压油缸 绿灯闪烁(快):故障 绿灯闪烁(慢):泵启动过程中 绿灯常亮:正常运行	前提条件: ● 液压油箱中有足够的油(不低于最低液位) ● 液压油箱油温不高于上位机设置的极限值 ● 推进注浆辅助急停系统正常
推进液压油缸		
推进速度旋钮电位器	旋钮电位器(顺时针方向为 0 ~ max)调节前进速度	

名称	功能	状态操作
A-D 压力组压力旋钮电位器	旋钮电位器(顺时针为 0 ~ max)调节前进压力	
推进模式	按钮,选择盾构状态。 在推进模式下,所有推进液压油缸按掘进模式伸出。此操作通过主控室内的控制面板实现	状态: ● 过滤器和冷却泵处于工作状态 ● 控制泵处于工作状态 ● 推进泵处于工作状态 ● 皮带输送机处于工作状态 ● 螺旋输送机处于工作状态 ● 盾尾油脂处于工作状态 ● 刀盘达到上位机设置最低转速 操作步骤: ⇒将推进速度电位器调节到"0" ⇒按"推进模式"按钮 ⇒顺时针调节电位器调节推进液压油缸压力 ⇒顺时针调节电位器调节推进液压油缸速度 ⇒按"停止"按钮停止掘进
管片拼装模式	按钮,选择管片拼装状态 在管片拼装模式下推进液压油缸为管片拼装服务。通过主控室内的按钮将推进液压油缸操作控制转移到管片拼装机控制面板上	状态: ● 过滤器和冷却泵处于工作状态 ● 控制泵处于工作状态 ● 推进泵处于工作状态 操作步骤: ⇒按"管片拼装模式"按钮 ⇒按"停止"按钮停止掘进
停止	按钮,在掘进状态停止推进油缸的运行模式	
推进允许	指示灯: 亮:主控室及现场能操作油缸 灭:推进条件不满足	

首先打开推进液压油缸电动机,启动推进泵;然后将面板的推进液压油缸压力调节旋钮、盾构推进速度旋钮等调至最小位。

按下"推进模式"按钮,并根据导向系统屏幕上指示的盾构姿态调整四组推进液压油缸的压力至适当值,并逐渐增大推进系统的整体推进速度。

(1)调整推进液压油缸的掘进速度时,必须先让刀盘旋转,并确实接触开挖面后,再慢慢调整推进速度。

(2)推进液压油缸停止后,再停止刀盘旋转。

注意:在开启推进液压油缸前要先确认推进液压油缸后端没有作业人员。

【任务实施】

步骤 1:识别推进液压油缸控制面板标识及控制元器件;

步骤2:在监控界面"参数设置"界面对推进允许最大压力进行设置,结合工作场景与任务中所描述的软土地层,调整最大推力值为10000kN;

步骤3:在控制面板启动推进泵电动机,同时启动推进液压油缸泵机;

步骤4:选择"推进模式",观察"推进允许"指示灯是否亮,若指示灯亮表示推进系统可以启动;若指示灯不亮,说明存在启动故障或者启动条件不满足,需要进行检查,排除潜在故障;

步骤5:顺时针调节推进液压油缸旋钮电位器调节推进液压油缸压力不超过10000kN;

步骤6:顺时针调节电位液压器调节推进液压油缸速度至20mm/min,完成推进液压油缸的启动。

【考核评价】

通过学习本任务内容,对推进液压油缸进行操作控制,考查学生有关推进液压油缸操作内容理解是否正确,作业流程是否规范,掌握是否熟练,操作结果是否达标,具体见表2-6。

推进液压油缸操作控制考核评价表　　　　　　　　　　　　表2-6

评价项目	评价内容	评价标准	配分/分
知识目标	推进液压油缸参数设置面板识别	能正确识别推进液压油缸参数设置面板	10
	推进液压油缸控制面板识别	能正确识别推进液压油缸控制面板	10
能力目标	推进液压油缸允许最大压力设置	能正确进行推进液压油缸推进允许最大压力设置	10
	推进液压油缸速度设置	能正确进行推进液压油缸推进速度设置	10
	推进液压油缸启动	能正确规范启动推进液压油缸电动机与泵,能判断推进液压油缸启动状态是否正常	20
	推进液压油缸推进压力与速度调节	能正确选择推进液压油缸工作模式,能合理进行推进液压油缸推进压力与推进速度调节	30
素质目标	审时度势合理分析	能根据具体情况做出合理判断	5
	工作标准精准到位	能对照标准进行精准到位作业	5
合计/分			100

【知识拓展】

在土压平衡盾构机掘进过程中,土仓压力及掘进速度的控制是掘进参数调整的最终目的。软土地层中土压平衡盾构机掘进可以保持较高的掘进速度,但为了保证同步注浆量的饱和度,掘进速度不宜过快。在硬岩地层中,采用滚刀滚压进行破岩,滚刀滚压通过冲击压碎或剪切碾碎作用达到破岩的目的。一般情况下,滚刀滚压破碎岩石时,盾构机推力决定了刀盘扭矩、滚刀扭矩及其他参数,同时,推进液压油缸推力也是影响盾构掘进速度的重要参数。在软硬不均的地层中,由于存在局部硬度较高的岩石,对刀具的冲击、磨损较大,进而对刀盘扭矩产生较大影响。为保护刀盘刀具,降低刀盘扭矩,在掘进过程中,应根据土仓压力、刀盘扭矩、螺旋输送机出渣速度和推进速度等,综合调整盾构机推进液压油缸推力。

【强化训练】

请扫描下方二维码,打印并装订电子活页实训手册,完成实训任务三 推进液压油缸操作控制。

实训任务三 推进液压油缸操作控制

任务四 螺旋输送机操作控制

【学习目标】

知识目标: 1. 熟悉螺旋输送机参数设置及控制面板;

2. 掌握螺旋输送机最低转速、后闸门开度及最大压力设置;

3. 掌握螺旋输送机启动及闸门开关控制;

4. 掌握螺旋输送机伸缩、转向及转速控制。

能力目标: 1. 能够正确识别螺旋输送机控制面板;

2. 能够合理进行螺旋输送机参数设置;

3. 能够正确启动螺旋输送机及控制闸门开关;

4. 能够正确进行螺旋输送机伸缩、转向及转速控制。

素质目标: 培养规范作业意识、责任心和职业意识。

【工作场景与任务】

以中铁工程装备集团有限公司系列土压平衡盾构机为例,在某软土地层区间始发阶段,请合理设置螺旋输送机启动参数(螺旋输送机最大压力为 300bar,转动方向为正转,转速为 20r/min,螺旋输送机后仓门开度为 0),最终正确启动螺旋输送机。

【知识准备】

一 螺旋输送机参数设置

在上位机监控界面"参数设置"界面中,对螺旋输送机最低转速、后闸门开度及最大压力等相关参数进行设置,见图 2-12。

螺旋输送机最低转速设置:螺旋输送机转速小于设置的最低转速时不允许刀盘旋转。

图 2-12　螺旋输送机最大压力设定

后闸门最小开度:螺旋输送机后闸门小于设置的最小开度时,螺旋输送机无法启动,以防堵闸。在设备调试中,该参数一般设置为 0,用户根据现场需要进行设置。

螺旋输送机最大压力:通过设定螺旋输送机的最大压力,可以限定螺旋输送机液压泵的最大输出压力,当螺旋输送机油压达到最大设定压力后,螺旋输送机停止旋转、进行卸载,从而保护螺旋输送机液压系统的安全。螺旋输送机最大压力默认值为 300bar。

螺旋输送机启动与调节

1.控制面板识别

在控制面板中找到螺旋输送机控制区域,具体见图 2-13。具体控制面板功能说明见表 2-7。

图 2-13　螺旋输送机控制面板

名称	功能	状态/操作
螺旋输送机	绿色按钮,打开和关闭螺旋输送机的液压泵 绿灯闪烁(快):故障 绿灯闪烁(慢):泵启动过程中 绿灯常亮:正常运行	前提条件: •液压油箱中有足够的油(不低于最低液位) •液压油箱油温不高于上位机设置的极限值 •补油泵补油压力正常 •螺旋输送机紧急停止功能处于可工作状态 •皮带输送机正常启动
螺旋输送机土仓压力极限	LED 信号灯 信号灯亮:土仓压力超过上位机设置范围	状态: ⇒过滤器和冷却泵处于工作状态 ⇒主轴承润滑油脂泵处于工作状态 ⇒螺旋输送机泵处于工作状态 ⇒皮带输送机处于工作状态 ⇒设备桥螺旋输送机紧急停止功能处于非工作状态
螺旋输送机压力极限	LED 信号灯 信号灯亮:螺旋输送机压力超过上位机设置范围	操作步骤: ⇒调节旋转电位器到"0" ⇒"停止"灯灭 ⇒按下"正转"按钮 ⇒打开后上闸门及后下闸门 ⇒打开后闸门 ⇒顺时针缓慢旋转电位器,螺旋输送机旋转
前闸门开/关	黄色按钮,打开和关闭螺旋输送机前闸门 常亮:指示是否开/关到位 按下闪烁:开/关过程中 常灭:开/关都没有到位	⇒调节旋转电位器到"0" ⇒关闭后闸门 ⇒按"停止"按钮停止旋转 ⇒按下"反转"按钮 ⇒打开后闸门 ⇒顺时针缓慢旋转电位器,螺旋输送机旋转
螺旋输送机伸出/回收	黄色按钮,伸出和回收螺旋输送机 常亮:指示是否伸/缩到位 按下闪烁:伸/缩过程中 常灭:伸/缩都没有到位	⇒调节旋转电位器到"0" ⇒关闭后闸门 ⇒按"停止"按钮停止旋转 ⇒关闭后上闸门及后下闸门
后闸门开/关	黄色按钮,打开和关闭螺旋输送机的泄渣舱门 常亮:指示是否开/关到位 按下闪烁:开/关过程中 常灭:开/关都没有到位	
正转/反转	黄色按钮,选择泄渣方式	
停止	红色按钮,停止泄渣 常亮:旋转条件不满足 常灭:旋转条件满足	

名称	功能	状态/操作
高速(用于脱困)	黄色按钮,特殊情况下螺旋输送机高速旋转	
速度控制(电位器)	电位器,调节螺旋输送机旋转速度(0~MAX)	
主控制室控制/ 现场(本地)控制	主控制室控制:主控室操作螺旋输送机 现场控制:启动螺旋输送机现场(本地)控制面板,现场(本地)控制螺旋输送机以便维保	
现场(本地)控制	指示灯: 灭:主控室控制 闪烁:主控室、现场(本地)均不能控制 亮:现场(本地)维保控制	

2. 操作面板状态检查

在启动螺旋输送机前,首先需要检查操作面板状态:应使螺旋输送机前闸门处于开启位,螺旋输送机的螺杆应伸出,无其他报警指示;将面板的螺旋输送机转速调节旋钮调至最小位。

3. 螺旋输送机转速调节

螺旋输送机转速是除盾构机推进液压油缸推力外调整推进速度的另一重要手段,提高出渣速度可以使掘进速度大幅提高,同时,调节螺旋输送机转速也是调整土仓压力的重要手段。软土中掘进速度较快时,螺旋输送机转速也要同步进行调整,螺旋输送机的转速必须与掘进速度相匹配,两种速度的配比为1:1,即螺旋输送机的除渣量和刀盘开挖渣土量保持一致。螺旋输送机转速在软土掘进时一般控制在10~22r/min。在硬岩中掘进时,由于掘进速度慢且土仓内渣土量较少,螺旋输送机转速的调节对掘进速度的影响不大,主要用于调节土仓压力,一般可将螺旋输送机转速控制在6~10r/min。在软硬不均的地层中,土仓压力保持平衡至关重要。由于软岩地层非常容易坍塌,同时硬岩地层的硬度较高不易破碎,为保护刀盘刀具需降低盾构掘进速度,但单循环长时间的掘进对软岩地层的稳定极为不利,因此为了保持掌子面的稳定,必须保持较高的土仓压力,这就需要严格控制螺旋输送机的出渣量、出渣速度,严禁多出土,以保证土仓压力波动不大。目前螺旋输送机转速一般控制在3~8r/min较为合适。

【任务实施】

步骤1:识别螺旋输送机控制面板标识及控制元器件;

步骤2:在监控界面"参数设置"界面对螺旋输送机的最低转速、后闸门开度及最大压力等相关参数进行设置,结合工作场景和任务中所描述的软土地层,调整螺旋输送机最低转速为20r/min,初始闸门开度为0,最大压力为300bar;

步骤3:检查操作面板状态,开机前应使螺旋输送机前闸门处于开启位,螺旋输送机的螺杆应伸出,无其他报警指示;将钥匙开关调至"主控室控制",将面板的螺旋输送机转速调节旋钮调至最小位;

步骤4：在控制面板启动螺旋输送机电动机；

步骤5：打开螺旋输送机前闸门，伸出螺旋输送机螺杆；

步骤6：调节螺旋输送机转向为正向；

步骤7：启动螺旋输送机，慢慢开启螺旋输送机的后闸门；

步骤8：顺时针调节电位器调节螺旋，使螺旋输送机转速逐渐增大至20r/min。

【考核评价】

通过学习本任务内容，对螺旋输送机进行操作控制，考查学生有关螺旋输送机操作内容理解是否正确，作业流程是否规范，掌握是否熟练，操作结果是否达标，具体见表2-8。

螺旋输送机操作控制考核评价表   表2-8

评价项目	评价内容	评价标准	配分/分
知识目标	螺旋输送机参数设置面板识别	能正确识别螺旋输送机参数设置面板	10
	螺旋输送机控制面板识别	能正确识别螺旋输送机控制面板	10
能力目标	螺旋输送机最大压力设置	能正确进行螺旋输送机最大压力设置	20
	螺旋输送机转向及转速设置	能正确进行螺旋输送机转向及转速设置	20
	螺旋输送机闸门开关	前后闸门成功打开并伸出螺旋输送机螺杆	20
	螺旋输送机启动	能正确规范启动螺旋输送机电动机并逐步增大转速至规定速度	10
素质目标	审时度势合理分析	能根据具体情况做出合理判断	5
	工作标准精准到位	能对照标准进行精准到位作业	5
合计/分			100

【知识拓展】

当确定地层中含有孤石、地质碎裂带区段时，若不能提前处理，为避免地层不稳定、地下水压大等因素导致无法开仓处理孤石、碎裂块，可利用螺旋输送机的伸缩油缸将螺旋轴完全缩回至筒体内部，以避免孤石、碎石堆积给螺旋轴带来的机械损伤。螺旋轴收回后应适当加大渣土改良剂的注入量，使渣土有更好的流塑性，以提高螺旋输送机的出渣效率。确定盾构机通过孤石层区段后，选择合适的孤石处理点，进行适当地层加固后，将土仓内孤石全部处理干净，检查螺旋轴、螺旋叶片的外观和磨损情况，无特殊情况后，可将螺旋输送机伸出进行后续区间的掘进。

【强化训练】

请扫描下方二维码，打印并装订电子活页实训手册，完成实训任务四　螺旋输送机操作控制。

任务五　土仓压力设定与调节

【学习目标】

知识目标: 1. 掌握土仓压力平衡原理;

2. 掌握土仓压力过大时的调节方法;

3. 掌握土仓压力波动较大时的调节方法。

能力目标: 1. 能够正确认知土仓压力的平衡原理;

2. 能够正确判断土仓压力变化的原因;

3. 能够实施合理措施并动态调整土仓压力至合理范围。

素质目标: 1. 培养动态发展的意识;

2. 培养综合分析问题的意识。

【工作场景与任务】

　　某土压平衡盾构机在砂卵石+黏土复合地层掘进过程中,穿越地层软硬不均过渡段时,由于地质差异,土仓压力发生突变。为确保地面不出现变形沉降,控制开挖面稳定,请结合实际情况进行土仓压力调节控制,确保土仓压力随开挖面地层变化始终处于动态平衡状态。

【知识准备】

一　土仓压力的概念

　　土压平衡盾构机掘进时,须通过在土仓内积土,使土仓内的压力等于或略大于掌子面外侧的土压力与水压力总和,并在盾构机掘进(土仓进渣土)过程中,不断通过螺旋输送机排渣,以确保土仓内土压力处于动态平衡状态,进而确保掌子面始终处于动态的稳定状态。通过在土仓内积土而产生的用于平衡掌子面外侧土压力与水压力的总和压力就叫作土仓压力。

二　土仓压力平衡原理

　　土仓压力是通过在固定体积的土仓内积土产生的,其大小与土仓内部的积土量有关。土仓压力的控制主要靠控制螺旋输送机排渣的速率和排渣量来实现,通过控制螺旋输送机的排渣速率,就可以使盾构机土仓进渣量与排渣量近似相等,进而实现土仓压力动态平衡,如图2-14所示。

| 水压力 | 土压力 | 土仓压力 |

图 2-14　土仓压力平衡示意图

土仓隔板上配置有高灵敏度的土压力传感器，能在主控室主监控界面显示不同部位的土仓压力。根据土压力分布规律，一般在土仓上、中、下部各设置土仓压力采集点，获取不同位置处土仓压力变化值，如图 2-15 所示，主监控界面显示了土仓不同位置处土压力值。

图 2-15　土仓压力监控界面

土仓压力设定与调节

微课视频：
土仓压力控制方法

如果开挖地层自稳性较好且采用敞开式掘进，则不用调整压力，以较大开挖速度前进即可。

如果开挖地层有一定的自稳性且采用半敞开式掘进,则注意调节螺旋输送机的转速,使土仓内保持一定的渣土量,一般保持约2/3的渣土。可以通过观察面板上土压力传感器的压力值进行判断。一般,上部压力可以为0,左中和右中压力值稍大于0,左下和右下压力值为1bar左右即可。

如果开挖地层稳定性不好或有大量地下水,需采用土压平衡(Earth Pressure Balance,EPB)模式。此时需根据前方地层土质的不同来保持相应的土仓压力,具体压力值应由土木工程师决定。但最大土仓压力值一般不能大于3bar,否则有可能损坏主轴承密封。下面介绍正面阻力过大和压力波动太大两种特殊情况。

1. 土压平衡盾构机正面阻力过大

(1)原因分析

①盾构机刀盘的开口率偏小,进土不顺畅;

②盾构机正面地层土质发生变化;

③盾构机正面遭遇较大块的障碍物;

④推进液压油缸密封损坏,液压油渗漏,造成整体推力不足;

⑤刀盘出现严重磨损,导致开挖直径减小;

⑥正面压力设定太大;

⑦渣土改良效果不好,导致结泥饼现象严重,出渣困难;

⑧盾构机在坚硬地层中出现姿态急剧调整、转弯等情况,导致盾体被卡住。

(2)控制方法

①合理设计刀盘进渣尺寸和开口率,确保进土顺畅;

②设计隧道轴线前应做详细地质勘察,摸清盾构机掘进过程中可能存在的障碍物和不良地质环境;

③经常性检查、维修盾构刀盘和推进液压油缸,确保工作性能良好;

④合理设定土仓压力,加强施工管理和数据监测,及时调节平衡土仓压力值;

⑤选择合适外加剂,做好渣土改良工作;

⑥针对坚硬地层,采用适当的辅助工法进行地层临时加固及土仓清理;

⑦增加推进液压油缸数,增加总推力值。

2. 土仓压力波动太大

(1)原因分析

①盾构机推进速度与螺旋输送机的转速不匹配;

②当盾构机在砂土地层中施工时,螺旋输送机摩擦力太大或者形成土塞而被堵住,造成出土不畅,使得开挖面平衡压力急剧上升;

③盾构机在管片拼装期间及掘进过程中出现后退,使得开挖面平衡压力下降;

④土压平衡盾构控制系统出现故障造成实际土仓压力与设定土仓压力出现偏差;

⑤螺旋输送机出现喷涌现象,掌子面压力无法有效建立,造成土仓压力波动较大;

⑥掌子面压力传感器出现故障,显示数值与实际偏差较大。

(2)控制方法

①正确设定盾构机推进的施工参数,使推进速度与螺旋输送机的出土功率相匹配;

②当土体强度较高、螺旋输送机排土不畅时,在螺旋输送机或土仓中适量加注水或者泡沫

等润滑剂,提高出土效率。当排土过快造成仓内压力无法有效建立时,适当关小螺旋输送机的闸门,保证平衡压力的建立;

③管片拼装作业时,要正确伸缩液压缸,严格控制液压参数和液压缸伸缩行程,确保拼装时盾构机不后退;

④正确设定土压力值以及控制系统的控制参数;

⑤加强设备维修保养,保证设备完好,确保液压缸内没有渗漏油的现象;

⑥做好渣土改良工作,防止出现螺旋输送机喷涌等现象。

【任务实施】

(1)若土仓压力大可以采取以下措施来降低压力:

①加快螺旋输送机的转速,提高出渣速度,降低土仓内渣土的高度;

②适当降低推进液压油缸的推力;

③降低泡沫和空气的注入量;

④适当排出一定量的空气或水。

(2)若土仓压力小可以采取以下措施来增大压力:

①降低螺旋输送机的转速,降低出渣速度,增加土仓内渣土的高度;

②适当增大推进液压油缸的推力;

③增加泡沫和空气的注入量。

【考核评价】

本任务主要向学生介绍土压平衡盾构机土仓压力的概念及调节方式,重点考查学生在土仓压力变化调节过程中是否能够做出正确判断并采取合理调节措施,具体见表2-9。

土仓压力设定与调节考核评价表 表2-9

评价项目	评价内容	评价标准	配分/分
知识目标	土仓压力平衡原理	能否正确理解土仓压力平衡原理	10
	土仓压力过大	能否正确分析土仓压力过大的原因并提出适当调节方法	10
	土仓压力波动大	能否正确分析土仓压力波动较大的原因并提出适当调节方法	10
能力目标	土仓压力参数观察	能否正确进行土仓各位置处压力参数观察	10
	土仓压力过大调节	螺旋输送机前后仓门打开并伸出螺机	20
	土仓压力过小调节	能够实施合理措施并动态调整土仓压力至合理范围	20
素质目标	动态平衡意识	是否具备事物总是处于动态变化的思维认知	10
	审时度势综合处理	能否依据现有情况结合已有经验找准问题所在并采用综合措施合理解决问题	10
合计/分			100

【知识拓展】

提高或降低土仓压力是综合运用多种办法来实现的,调节时要考虑对盾构施工的影响,如对掘进速度、管片的保护是否有影响以及是否有发生喷涌的风险等。一般有以下影响:

(1)长时间降低螺旋输送机的转速可能会使开挖速度下降。

（2）过量注入泡沫来保压不但不够经济，而且有可能发生喷涌；过少则可能造成刀盘扭矩增加。

（3）油缸推力过大有可能破坏管片，使管片产生裂纹或变形；太小则可能无法掘进。

【强化训练】

请扫描下方二维码，打印并装订电子活页实训手册，完成实训任务五　土仓压力设定与调节。

实训任务五　土仓压力设定与调节

任务六　同步注浆系统操作控制

【学习目标】

知识目标：1. 掌握同步注浆的工作条件及保证措施；

2. 掌握同步注浆的工作参数；

3. 掌握同步注浆的控制方式；

4. 熟悉同步注浆的参数设置与控制界面。

能力目标：1. 能够正确选择注浆方式；

2. 能够正确进行注浆参数设置；

3. 能够正确规范进行注浆作业操作。

素质目标：1. 具备计算精益求精的工作态度；

2. 具备关键工作及时响应的职业素养。

【工作场景与任务】

某土压平衡盾构机刀盘开挖直径为 6.28m，管片设计外径为 6.0m，管片设计环宽值为 1.2m，推进速度为 20mm/min，现需要在掘进过程中同步进行注浆作业，注浆压力设定不超过 0.3bar，根据给定条件计算理论注浆量并设定注浆速率与注浆压力，并采用手动注浆模式对顶部注浆孔进行注浆作业。

【知识准备】

一　同步注浆系统组成

同步注浆系统配置了一个带搅拌棒的砂浆罐和注浆泵（图 2-16），盾壳上设置有注浆管路（图 2-17）。

图 2-16　砂浆罐与注浆泵

图 2-17 注浆管路

盾构构造与操作维护（第2版）

二 同步注浆工作条件及保证措施

同步注浆与盾构推进同时进行,通过同步注浆系统及盾尾的注浆管,向管片与盾尾间隙同时注浆,见图2-18。同步注浆在盾尾间隙形成的极短时间内将其充填密实,从而使周围岩体获得及时的支撑,可有效防止岩体坍陷,控制地表沉降。

图 2-18 同步注浆示意图

1.同步注浆的必要条件

(1)盾构配置的同步注浆系统能力与盾构推进能力匹配。

(2)根据地层渗透特性、掘进速度计算的每环注浆量应合适。

(3)根据地层特性及参数确定的预设压力合适。

(4)根据要求配制的浆液合适。

2.同步注浆保证措施

(1)同步注浆坚持"掘进必须注浆"的原则。

(2)注浆结束标准应采用注浆量和注浆压力双重标准控制。

(3)结合地表监测结果,对注浆参数进行调整,严格执行信息化施工控制。

三 注浆参数确定

(1)注浆量。

①同步注浆量的确定应以盾尾建筑间隙量为基础,结合地层、线路及掘进方式等考虑适当

的饱满系数,以保证达到充填密实的目的。

②注浆应紧跟盾构的掘进进行,应准备足够的砂浆,施工中要做到不注浆、不掘进。

③施工中必须按确定的注浆量来控制注浆,保证每环填充饱满。但应当明确:施工中达到设定的注浆量,也只能保证盾尾建筑空隙理论上被填充饱满,实际填充情况则取决于注浆压力。

(2)注浆压力。

①注浆压力是非常重要的参数。注浆压力过大可能会损坏管片,过小浆液又不易注入,故应综合考虑地质情况、管片强度、设备性能、浆液性质、开挖仓压力等以确定能完全充填且安全的最佳注浆压力。

②施工中操作人员务必要将压力传感器接好,并检查其工作情况,确保传感器能正常工作。坚决杜绝在无压力传感器的情况下继续注浆,以防注浆压力过大损坏管片。

③注浆压力是评估盾尾建筑空隙填充情况的重要参数。施工中应以此控制每环的注浆量。

④采取同步注浆时,注浆过程中注浆压力应保持恒定。

(3)注浆速度。

注浆速度应与盾构的掘进速度相匹配。过快可能会导致堵管,过慢则会导致地层坍塌或使管片受力不均,产生偏压。

四 注浆操作

同步注浆设备由液压动力站提供动力,泵送注浆量可以通过控制液压油流量来调整,每个出口都装有压力传感器,在泵的冲程范围内,每个活塞都装有计数器。借助这些装置,每条线上的注浆量均可调节以适应盾构的掘进速度。每个注浆点上的压力传感器发出的信号可以用于控制注浆。具体操作可分为手动和自动两种方式。

(1)手动操作。

在手动方式中,有可能单独选择所有注浆点,并通过控制面板的开关启动该系统。注入量可借助控制面板上的电位器进行调节。

(2)自动操作。

为了实现自动注浆,在管路的注入端安装了压力传感器,用于检测注浆压力,可以通过控制液压油流量来调整注浆泵动作次数,从而调整泵送注浆量,在实际操作中是通过电位器控制比例调速阀以实现流量控制。

在自动操作中,所有注浆点都能连续监测,如果压力超过最小静压力预设值,则开始注浆。如果超过最大静压力预设值,注浆量就会减少,直到该值降到限制值以下。同时注浆压力在主控室有显示,最小、最大静压力的预设也是在主控室完成的。具体注浆压力设置界面如图2-19所示。

在注浆自动操作模式下,当某一路注浆压力小于相应的起始压力设置值时,此路注浆被激活,系统按照此路设定的注浆速度进行注浆,直到此路注浆压力达到设置的最大压力,停止此路注浆。之后,随着掘进的继续,此路相应的检测压力值将减小,当压力值小于设置的起始压力时,此路再次启动注浆,周而复始。各路都按这一模式工作,从而达到自动操作的目的。

图 2-19 注浆压力设置界面

注浆作业前首先需要开启注浆泵,待泵按钮绿灯常亮,代表可以正常工作。具体见表 2-10。

同步注浆系统控制界面说明　表 2-10

名称	功能	状态/操作/前提条件
	开启电动机	
注浆泵	绿色按钮,打开和关闭注浆泵以便注浆系统工作 绿灯闪烁(快):故障 绿灯闪烁(慢):泵启动过程中 绿灯常亮:正常运行	前提条件: ● 液压油箱中有足够的油(不低于最低液位) ● 液压油箱油温不高于上位机设置的极限值 ● 推进注浆辅助急停系统正常

图 2-20 所示为注浆控制界面。界面中的控制按钮与实物按钮类似,注浆时显示为绿色时表明处于启动状态,显示为红色时表明处于关闭状态。其中本地控制按钮可实现主控室与本地控制切换功能。通过该界面可以实时监控注浆 A/B(双液注浆模式)液速度、压力及流量,也可以设置 A/B 液比例、延时等。

五　注浆系统清洗

1. 泵的清洗

注浆泵通过连接管与砂浆罐相连,连接段还包含清洗口。泵直接装在砂浆罐的下方,用于提高泵的效率。安装有清洁水箱,泵的活塞部分浸在水箱内便于活塞杆的清洗。每次注浆完成后,将注浆管路填满膨润土浆液以防管路堵塞。

2. 管路的清洗

在砂浆罐及泵进口均连接有膨润土管路,每一环注浆完成后可启动膨润土泵泵送一定压力的水或者膨润土向前冲洗泵和管路;停机 2h 以上时,可通过该方式将管路中填满膨润土,防止砂浆堵塞泵和管路。

注意:在拆装尾盾注浆管时,需将管片拼装机回转架向主梁后部移动,避免管路积水洒落至拼装机上,损坏密封。

图 2-20 注浆控制界面

【任务实施】

1. 注浆参数设定

注浆参数仅注浆压力一项,可在上位机"参数设置"界面进行设定。其数值应根据工程实际,综合地质、注浆量等情况考虑。注浆压力设定后,当注浆压力达到设定的最大停止压力时,注浆泵将自动停止。当盾构继续掘进,浆液流动,压力减小到设定的启动压力时,注浆泵才可能再次启动。

2. 操作程序

(1)做好一切准备工作,比如接好注浆管路、传感器等。

(2)连接好砂浆运输罐车与盾构自备贮浆罐间的注浆管,启动砂浆车输送泵向贮浆罐中输入砂浆,输入砂浆的同时应启动砂浆搅拌器,防止砂浆固结。注意:启动搅拌器前需要启动自动润滑油脂泵。

(3)选择工作模式,一般均采用手动模式。

(4)掘进开始后,启动注浆泵准备注浆。

(5)根据掘进速度选定适当的注浆速度,启动注浆泵进行注浆,并通过速度调节器调整速度。

3. 过程数据的收集

这里所指的过程数据主要包括注浆量和注浆压力。注浆量可根据脉冲计数器的显示数据来推算,操作人员可先根据罐储量和对应的注浆行程获得一个经验系数,比如:75 次/m³(表示注完 1m³ 砂浆需单个注浆泵作 75 个行程)。另外,注浆量也可根据注浆前后的罐储量之差来确定。注浆压力则直接按压力显示器的显示数值收集即可。这些过程数据应及时按对应环号做好记录备查。

4. 注浆施工中应注意的问题

（1）操作人员应经常对注浆设备进行彻底的清理、检查，要保证注浆泵能正常工作，注浆管路畅通，压力显示系统显示数值准确无误。

（2）当采用即时注浆方式时，浆液要从管片的对称位置注入，防止产生偏压使管片发生错台或损坏。

（3）注浆过程中要密切关注管片的变形情况，若发现管片有破损、错台、上浮等现象，应立即停止注浆。

（4）当注浆量突然增大时，应检查是否发生了泄漏或注入掌子面的情况，若发生前述情况，应停止注浆，妥善处理后再继续注入。

（5）注浆过程中若发生管路堵塞，应立即处理以防止管路中浆液凝结，尤其是盾尾暗置管路一定要及时进行清理。

（6）注浆泵上的清洗水箱应保持有足够的水以防止污物进入，从而影响注浆泵的使用。

【考核评价】

本任务主要向学生介绍土压平衡盾构机同步注浆的原理及控制调节方式，重点考查学生在盾构推进同步注浆过程中能否对注浆参数进行设置与调节，具体见表2-11。

同步注浆系统操作控制考核评价表

表2-11

评价项目	评价内容	评价标准	配分/分
知识目标	同步注浆工作条件与工作参数	是否掌握同步注浆的工作条件与工作参数	10
	同步注浆控制方式	是否掌握同步注浆控制方式	10
	同步注浆参数设置及控制界面	是否熟悉同步注浆参数设置及控制界面	10
能力目标	同步注浆压力设置	能否正确进行同步注浆压力设置	20
	同步注浆量设置	能否正确进行同步注浆量设置	20
	同步注浆速度设置	能否正确进行同步注浆速度设置	20
素质目标	精确计算	是否具备计算精益求精的工作态度	5
	及时响应	是否具备关键工作及时响应的职业素养	5
合计/分			100

【强化训练】

请扫描下方二维码，打印并装订电子活页实训手册，完成实训任务六　同步注浆系统操作控制。

实训任务六　同步注浆系统操作控制

任务七　渣土改良系统操作控制

【学习目标】

知识目标：1. 了解泡沫系统参数和膨润土系统；
　　　　　　2. 掌握泡沫系统操作模式。

能力目标：1. 能够正确检查泡沫系统原液液位与泵机状态；
　　　　　　2. 能够正确启动盾构机泡沫系统；
　　　　　　3. 能够合理设置泡沫系统参数；
　　　　　　4. 能够合理选择泡沫系统操作模式。

素质目标：具备审时度势，根据实际情况及时调整工作参数从应对环境变化的职业素养。

【工作场景与任务】

　　某地铁区间隧道处于砂卵石质地层，盾构掘进过程中出现渣土滞排现象，严重影响了盾构掘进效率，为了加快排渣，拟采用加注泡沫的方式进行渣土改良。假如你是值班盾构机司机，请合理设置泡沫参数，选择合适的泡沫加注方式，正确完成泡沫系统操作与控制工作。

实训视频：
泡沫剂渣土
改良试验检测

【知识准备】

一　泡沫系统

　　作为盾构施工最为常用的渣土改良剂，泡沫的压力及流量应在土木工程师的要求下根据工程地质的具体情况设定。泡沫剂的膨胀率等参数应根据泡沫剂供货商的要求设定，泡沫参数设定完成后未经同意不能随意更改。

　　盾构机配有一套泡沫发生系统，用于对渣土进行改良。系统主要由泡沫发生器、气体流量计、比例控制器阀、气动球阀、排水阀、管路等组成，见图2-21、图2-22。

　　在控制室的上位机启动后，即可在"泡沫系统"上设定泡沫和空气的流量。具体方法参见下面的说明。

　　输入上位机管理密码后即可设定泡沫系统半自动模式下的膨胀率和泡沫流量，自动模式下的膨胀率和注入率，常规设置的原液比例及泡沫注入的最大压力。

　　泡沫混合液中的水量和压缩空气的流量，由流量传感器进行检测，PLC控制电控阀门的开度，得到最佳的混合比例。泡沫发生器出口的泡沫压力由压力传感器进行检测，反馈到PLC，使泡沫的注入压力低于设定的土水压力。

　　泡沫流量、泡沫的膨胀率和注入率是泡沫系统的三个重要参数，具体包括：

　　(1) 泡沫流量(L)。泡沫流量 = 泡沫溶液体积(泡沫原液体积 + 水的体积) + 注入空气体积。

　　(2) 泡沫的膨胀率(FER)。FER = 泡沫溶液的流速(L/min)∶注入空气的流速(L/min)。FER越大说明泡沫越"稀"或越"湿"，一般取值为1∶6 ~ 1∶15。

图 2-21　泡沫系统示意图

图 2-22　泡沫系统设备组成图

图 2-23　泡沫系统控制面板

（3）泡沫的注入率（FIR）。FIR = 泡沫加注速率/土壤的开挖速率 × 100%。一般取值为 40% ~ 100%。

注意：请使用弱碱性泡沫原液。

以铁建重工系列土压平衡盾构机泡沫系统为例，其控制面板见图 2-23，控制面板说明见表 2-12。

泡沫系统控制面板说明　　　　　　　　　　　　　表 2-12

名称	功能	说明
停止	停止泡沫系统的操作及故障指示	无论工作在手动、自动还是半自动状态,此按键被按下后,都将停止

名称	功能	说明
手动	泡沫系统手动模式的选择操作及启用指示 每路泡沫流量由司机控制。空气和混合液的流量设置均在触摸屏上完成	刀盘土压正常 系统没有工作在自动和半自动状态 (原液液位高于低限、原液变频器正常工作、原液主接触器正常) 或者混合液液位高于停止位 水配给阀处于打开状态 供水压力正常 在推进停止后,延迟30s停止工作 运行后实现自锁
自动	用于泡沫系统的自动模式的选择操作及启用指示 司机设置总注入率以及每路泡沫的注入率,每路的混合液流量和空气流量由控制系统自动调节	刀盘土压正常 系统没有工作在手动和半自动状态 (原液液位高于低限、原液变频器正常工作、原液主接触器正常) 或者混合液液位高于停止位 水路球阀处于打开状态 供水压力正常 在推进停止后,延迟30s停止工作 运行后实现自锁
半自动	用于泡沫系统的半自动模式的选择操作及启用指示 需求的泡沫流量和膨胀率由司机输入,每路的混合液流量和空气流量由控制系统自动调节	刀盘土压正常 系统没有工作在自动或手动状态 (原液液位高于低限、原液变频器正常工作、原液主接触器正常) 或者混合液液位高于停止位 水路球阀处于打开状态 供水压力正常 在推进停止后,延迟30s停止工作 运行后实现自锁

注:任何一种模式,均需在触摸屏上选择泡沫回路、设置原液与水的比例。

如表 2-13 和图 2-24 所示,泡沫系统界面包括泡沫系统的控制及状态监视、土仓加水控制等。泡沫系统包括手动、自动和半自动控制和参数设置,可显示各路空气及混合液的流量设置值与实际值,泡沫水及泡沫原液的流量及各路泡沫的压力,并设置有八路泡沫激活预选按钮。泡沫注入分三种模式:手动、半自动及自动模式。必须至少有一路启动按钮被按下并显示绿色(表明被激活),才能在琴台控制面板上启动"手动"或者"半自动"控制模式。"自动控制"模式必须六路泡沫都已被激活方可启动。泡沫系统将由控制台设置或维持操作,操作方式如下:

手动控制:在手动操作模式下,操作司机可根据螺旋输送机出料的情况,调整各路泡沫发生器的混合液或压缩空气的量;也可以单独向某一路注入泡沫或增减某一路管路泡沫注入量,或通过手动调节空气电动调节阀的红色旋钮现场控制空气量。

半自动控制:在半自动操作模式中,泡沫流量将根据开挖仓中的支承压力注入。该模式下,在上位机设置发泡液流量、膨胀率及原液比的参数,系统自动计算泡沫混合液及压缩空气的流量,混合液泵与空气电动调节阀会自动调节,使实际流量在理论计算值附近上下浮动。

自动控制:自动操作模式下,系统根据盾构机掘进速度、设定的原液比、膨胀率、相关泡沫公式及设定的注入压力,自动进行各种参数的调整,不需要外界干预。

当各种条件都比较理想时可以采用自动操作模式,否则就要采用半自动或手动操作模式。当采用半自动或手动操作模式时,操作司机根据盾构综合参数如刀盘扭矩、土仓压力及出渣情况等,依据个人经验对泡沫剂或压缩空气的流量进行手动调节。

泡沫系统界面说明

表 2-13

名称	功能	说明
原液液位	显示原液液位是否正常	液位正常时显示绿色,液位空时或者信号故障时显示黑色,此时原液泵无法启动
原液流量	显示当前原液流量	
原液泵转速	显示原液泵的当前转速	
水流量	显示当前泡沫水流量	
混合液液位高限	由上位机中罐体颜色反映	整个罐体颜色为绿色
混合液液位低限	由上位机中罐体颜色反映	一半罐体的颜色为绿色
混合液液位超低限	由上位机中罐体颜色反映	罐体颜色为黑色,低于此液位则停止工作
1号、2号、3号、4号、5号、6号、7号、8号	泡沫通道数量	根据需求配置
泡沫1号(1号~8号)通道混合液流量调节	▯ `- 0.0 % +` 增大 +/减小 - 混合液流量的给定(%形式显示); `0.0 %`显示变频器速度反馈值(%形式显示)	手动模式下调节
泡沫1号(1号~8号)通道气体流量调节	`- 0 L/min +` 增大 +/减小 - 气体流量的给定(以%形式显示)	
泡沫1号(1号~8号)通道启用	✖️ ■ ✔️ 启用/禁用当前通道 ■为红色:代表当前通道禁用 ■为绿色:代表当前通道启用	手动模式下调节
泡沫1号(1号~8号)通道压力	显示当前泡沫通道压力	自动/半自动/手动模式下的压力
原液比例	设置泡沫混合液中原液比例	
泡沫注入率	设置泡沫注入体积和出渣体积的比例	用于设置自动模式下的泡沫注入体积和出渣体积的比例

名称	功能	说明
泡沫1号通道注入率(其他通道同)	通过上位机输入指定值	在自动模式下,设置当前分通道的注入率,泡沫注入量乘分通道注入率得到对应分通道泡沫流量
泡沫1号(1号~8号)膨胀率	通过上位机输入指定值	自动/半自动模式下,设置溶液变成泡沫的膨胀率
半自动模式泡沫1号(1号~8号)通道流量	通过上位机输入指定值	半自动模式下,设置每个通道的目标泡沫流量
1号膨润土	膨润土通道数量	根据需求配置
膨润土罐液位	显示膨润土罐液位是否正常	液位正常时显示绿色,液位空时或者信号故障时显示黑色,膨润土泵无法启动
1号膨润土泵	启动/停止	绿色:泵正常运行 红色:泵未运行
	流量	显示当前膨润土流量
泡沫1号(1号~8号)通道液体累积量	显示当前环的该通道液体累积量	
泡沫1号(1号~8号)通道空气累积量	显示当前环的该通道空气累积量	
原液累积量	显示当前环的原液累积量	
膨润土1号累积量	显示当前环的膨润土累积量	
土仓加水	**土仓加水** ❌ ✅ 控制土仓加水阀的开启/关闭	点击✅开启土仓加水阀,同时✅顶部的开到位信号由红色变为绿色代表阀已开到位 点击❌关闭土仓加水阀,同时❌顶部的关到位信号由红色变为绿色代表阀已关到位
刀盘中心背面清洗	**刀盘中心背面清洗阀** ❌ ✅ 控制刀盘中心背面清洗阀的开启/关闭	点击✅开启刀盘中心背面清洗阀,同时✅顶部的开到位信号由红色变为绿色代表阀已开到位 点击❌关闭刀盘中心背面清洗阀,同时❌顶部的关到位信号由红色变为绿色代表阀已关到位

项目二　盾构机操作控制

膨润土罐

工业用气

0.00 %

0 L/min

0.00 L/min

0.00 L/min

刀盘中心背面清洗阀

土仓加水

	自动模式		半自动模式	原液比例 0.00	%
泡沫注入率		%		原液比例	%
1号分通道百分率	0	%	1号枪膨胀率 0.0	1号枪流量(L/min)	0
2号分通道百分率	0	%	2号枪膨胀率 0.0	2号枪流量(L/min)	0
3号分通道百分率	0	%	3号枪膨胀率 0.0	3号枪流量(L/min)	0
4号分通道百分率	0	%	4号枪膨胀率 0.0	4号枪流量(L/min)	0
5号分通道百分率	0	%	5号枪膨胀率 0.0	5号枪流量(L/min)	0
6号分通道百分率	0	%	6号枪膨胀率 0.0	6号枪流量(L/min)	0
7号分通道百分率	0	%	7号枪膨胀率 0.0	7号枪流量(L/min)	0
8号分通道百分率	0	%	8号枪膨胀率 0.0	8号枪流量(L/min)	0

累积量	号枪液体		号枪空气	
	1号枪液体 0.00 m³		1号枪空气 0.0 m³	
	2号枪液体 0.00 m³		2号枪空气 0.0 m³	
	3号枪液体 0.00 m³		3号枪空气 0.0 m³	
	4号枪液体 0.00 m³		4号枪空气 0.0 m³	
	5号枪液体 0.00 m³		5号枪空气 0.0 m³	
	6号枪液体 0.00 m³		6号枪空气 0.0 m³	
	7号枪液体 0.00 m³		7号枪空气 0.0 m³	
	8号枪液体 0.00 m³		8号枪空气 0.0 m³	
停止	原液 0 L	0.0 m³		
	膨润土			

1号泡沫压力 0.0 bar
2号泡沫压力 0.0 bar
3号泡沫压力 0.0 bar
4号泡沫压力 0.0 bar
5号泡沫压力 0.0 bar
6号泡沫压力 0.0 bar
7号泡沫压力 0.0 bar
8号泡沫压力 0.0 bar

图2-24　渣土改良系统界面

三 膨润土系统

膨润土系统的操作与泡沫系统类似。膨润土也是为了改善渣土的特性，使其更利于掘进和出渣。当需要使用膨润土时，首先要在洞外将膨润土搅拌好并输送到洞内的膨润土罐内，然后启动搅拌泵和输送泵，并调整膨润土的泵送流量即可。停止输送时直接关闭输送泵，但当罐内还有膨润土时一般不要关闭搅拌泵。膨润土系统控制面板及控制面板说明分别见图 2-25、表 2-14。

图 2-25　膨润土系统控制面板

膨润土系统控制面板说明　　　　　　　　　表 2-14

名称	功能	状态/步骤
启动/停止	按钮，打开和关闭膨润土泵	状态： • 膨润土罐中足够的膨化后的膨润土 步骤： ⇒调节电位器到"0" ⇒按下"启动"按钮 ⇒顺时针调节电位器以调节流量 ⇒按下"停止"按钮，停止注入膨润土
速度（电位器）	顺时针调节电位器：膨润土流量调节	

【任务实施】

（1）打开泡沫泵机和注入器，激活各泡沫管路。

（2）在泡沫系统控制面板输入泡沫流量（10%）、膨胀率 FER 值（1:8）和注入率 FIR 值（50%）。

（3）选择泡沫系统操作模式：必须至少有一路启动按钮被按下并显示绿色表明被激活后，才能在琴台控制面板上启动"手动"或者"半自动"控制模式。"自动控制"模式必须在各路泡沫都已被激活的情况下方可启动。

【考核评价】

本任务主要向学生介绍土压平衡盾构机渣土改良系统（以泡沫系统为例）的组成和控制方式，重点考查学生能否对盾构渣土改良（泡沫）系统进行操作控制，具体见表 2-15。

渣土改良系统操作控制考核评价表　　　　　　　　　表 2-15

评价项目	评价内容	评价标准	配分/分
知识目标	泡沫系统参数	是否了解泡沫系统参数	10
	泡沫系统操作模式	是否掌握泡沫系统三种操作模式	10

评价项目	评价内容	评价标准	配分/分
能力目标	泡沫系统启动前设备检查	能否规范检查泡沫系统原液液位与泵机状态	10
	泡沫系统启动	能否正确启动泡沫系统	20
	泡沫系统参数设置	能否合理设置泡沫系统参数	20
	泡沫系统操作模式选择	能否合理选择泡沫系统操作模式	20
素质目标	审时度势	能否结合实际情况进行泡沫系统参数调整与泡沫系统操作模式选择	10
合计/分			100

【强化训练】

请扫描下方二维码,打印并装订电子活页实训手册,完成实训任务七 泡沫系统参数设定与调节。

实训任务七 泡沫系统参数设定与调节

任务八 盾尾密封油脂系统操作控制

【学习目标】

知识目标:1.掌握盾尾密封油脂控制界面;
2.掌握盾尾密封油脂的加注方式;
3.掌握气动油脂泵的操作方式。

能力目标:1.能够正确选择油脂加注控制方式;
2.能够正确执行气动油脂泵进桶、出桶操作。

素质目标:具备合理分析、分工协作的职业素养。

【工作场景与任务】

以铁建重工系列土压平衡盾构机为例,分别通过手动和自动(行程控制、压力控制)模式进行盾尾密封油脂系统控制,并操作气动油脂泵进行盾尾密封油脂桶的安装作业。

【知识准备】

盾尾密封示意如图2-26所示,盾尾密封油脂系统主要由气动油脂泵(图2-27)、气动球阀、压力传感器、球阀及管路组成。盾尾密封油脂系统可以通过PLC系统按照压力模式或行程模式进行自动控制和手动控制,对盾尾密封的注脂次数及注脂压力均可以在控制面板上进行监控。

90

盾构构造与操作维护(第2版)

图 2-26 盾尾密封示意图

图 2-27 气动油脂泵

以铁建重工系列盾构机为例,盾尾密封油脂系统控制面板如图 2-28 所示,控制面板说明见表 2-16。

(1)绿灯闪烁:手动模式下未选择通道且未按下启动按钮或自动模式下处于等待过程中;

(2)绿灯常亮:至少有一路通道处于工作状态;

(3)红灯常亮:盾尾油脂桶低限。

图 2-28 盾尾密封油脂系统控制面板

在主控室面板选择控制模式(手动/自动,前提条件是盾尾油脂桶有足够的油且控制盒处于工作模式)。如果选择手动,需在主控室面板按下"启动"按钮,并在上位机上选择需要注入的点(前部和后部);如果选择自动模式,将按照"参数设置"界面"盾尾密封油脂系统"的"注脂次数"和"等待时间"从"前部上右"到"后部上左"循环注入;如果选择"自动"且选择"行程控制模式",将按照"参数设置"界面"盾尾密封油脂系统"的"行程距离",每到一个行程距离,循环注脂一次。如果选择"自动"且选择"压力控制模式",将按照"参数设置"界面"盾尾密封油脂系统"的"最大压力",循环注脂,直到达到设定的压力。

盾尾密封油脂系统控制面板说明   表 2-16

按钮名称	功能	说明
手动/自动	用以盾尾密封的手动/自动模式选择操作	手动模式:触摸屏上选择通道,按下启动按钮 自动模式:脉冲模式下需设置动作行程、最长等待时间、分通道脉冲次数、分通道压力高限;脉冲等待模式下需设置动作行程、最长等待时间、分通道脉冲次数、分通道压力高限和分通道等待时间
停止	手动模式下,停止盾尾密封操作及故障状态指示	按键被按下时,盾尾密封油脂系统停止工作
启动	手动模式下,盾尾密封的启动操作及运行状态指示	压缩空气正常 盾尾密封油脂桶未处于维护模式 盾尾密封油脂桶油脂没有用完

前腔(后腔)注脂次数与时间为行程控制模式下的自动注入参数设置值,最大压力是盾尾密封油脂压力控制模式下的自动注入参数设置值。在行程控制模式下,设置的推进距离内,每一路注脂的设定次数在下一路注脂时沿用,时间间隔参数用于设置此路注入完毕转入下一路注脂的时间间隔。等待时间用于设定每路注脂的最大允许持续时间,如果此路注脂达到设置的最大等待时间但仍未完成,则跳转到下一路。在压力控制模式下,可以设定每一路注脂的最大压力值,在自动控制模式下,程序依次对各路进行注脂,每一路注脂启动后,当检测到压力值达到此路设置的压力时即停止注脂,进行下一路的注脂,循环往复。盾尾油脂注入系统参数控制界面如图2-29所示。

SSF总计数器	0
动作行程(mm)	50
最行等待时间(s)	30

工作模式
脉冲+等待

脉冲次数	前	后
1号	0	0
2号	0	0
3号	0	0
4号	0	0
5号	0	0
6号	0	0

等待时间(s)	前	后
1号	0	0
2号	0	0
3号	0	0
4号	0	0
5号	0	0
6号	0	0

最高压力(bar)	
1号	0.0
2号	0.0
3号	0.0
4号	0.0
5号	0.0
6号	0.0

图2-29　盾尾油脂注入系统参数控制界面(铁建重工系列)

【任务实施】

一　控制模式选择

在主控室面板选择控制模式(手动/自动,前提条件是盾尾油脂桶有足够的油且控制盒处于工作模式)。

(1)如果选择手动,需在主控室面板按下"启动"按钮,并在上位机上选择需要注入的点(前部和后部);如果选择自动模式,将按照"参数设置"界面"盾尾密封系统"的"注脂次数"和"等待时间"从"前部上右"到"后部上左"循环注入;

(2)盾尾密封自动注入参数设置:前腔(后腔)注脂次数与时间为行程控制模式下的自动注入参数设置值,最大压力是盾尾密封油脂压力控制模式下的自动注入参数设置值。

①行程控制模式:如果选择"自动"且选择"行程控制模式",将按照"参数设置"界面"盾尾密封系统"的"行程距离",每到一个行程距离,循环注脂一次。在行程控制模式下,在设置

的推进距离内,每一路注脂的设定次数即转入下一路注脂,时间间隔参数用于设置此路注脂完毕后转入下一路注脂的时间间隔。等待时间用于设定每路注脂的最大允许持续时间,如果此路注脂达到设置的最大等待时间但仍未完成,则跳转到下一路。

②压力控制模式:如果选择"自动"且选择"压力控制模式",将按照"参数设置"界面"盾尾密封系统"的"最大压力",循环注脂,直到达到设定的压力。在压力控制模式下,可以设定每一路注脂的最大压力值,在自动控制模式下,程序依次对各路进行注脂,每一路注脂启动后,当检测到压力值达到此路设置的压力时即停止注入,进行下一路的注脂,循环往复。

二 气动油脂泵操作

(1)进桶操作。

①电控盒上按下"本地控制",手动触发"进气阀组启动"按钮,将压盘抬起,压盘上升过程中注意立柱上方是否有干涉问题;

②将油桶放到压盘下方,注意压盘要与油桶对正;

③手动操作进气阀组,让压盘下压(此动作前,油桶盖需拿掉);

④压盘进入油桶前,拧下排气杆,让桶内的空气排出;

⑤压盘接触到油面后,开启气马达,此时,进气压力不要调太高,一般在 2~3bar 即可,刚开始马达动作可能较快,动作几次后,速度会明显下降,排气声音也会听起来有吃力的感觉,此时表示油脂泵已经进入正常泵送状态;

⑥根据需要可以加大进气压力,调节泵送速度,但压力不要超过 6bar;

⑦气马达动作正常后,压盘排气口有油冒出时,表示桶内空气已排净,将排气杆拧紧;

⑧将电控盒上的开关打到远程(或自动)挡。

(2)出桶操作。

①当气动泵发生空桶报警后,就需要更换新油桶,此时,先将控制盒的开关打到本地(或手动)控制挡;

②将压盘控制气阀打到上升位置,此时,还必须打开压盘进气阀,往油桶内充气,否则压盘会带着油桶一起上升;

③压盘上升过程中,要注意立杆上方是否有干涉问题;

④压盘脱出油桶后,关闭压盘充气阀,移开空油桶。

(3)按照进桶操作,更换新油桶。

【考核评价】

本任务主要向学生介绍土压平衡盾构机加注控制方式,重点考查学生能否对盾尾密封油脂系统进行操作控制,具体见表 2-17。

盾尾密封油脂系统操作控制考核评价表   表 2-17

评价项目	评价内容	评价标准	配分/分
知识目标	盾尾密封油脂控制界面	是否正确掌握盾尾密封油脂控制界面	10
	盾尾密封油脂的加注	是否正确掌握盾尾密封油脂的加注方式	10
	气动油脂泵的操作方式	能否正确掌握气动油脂泵的操作方式	10

评价项目	评价内容	评价标准	配分/分
能力目标	油脂加注控制方式	能否正确选择油脂加注控制方式	20
	气动油脂泵进桶、出桶操作	能否正确执行气动油脂泵进桶、出桶操作	30
素质目标	合理分析、分工协作	是否具备合理分析、分工协作的职业素养	20
合计/分			100

【知识拓展】

盾尾密封油脂桶的更换方法:

油脂桶内油脂用完后需要更换油脂桶,满油脂桶通过电瓶车运输至油脂泵区域,利用油脂起重机吊下放至合适的位置。

(1)将油脂泵送系统控制旋钮旋转至维修挡位;

(2)调节气缸压力至6bar,打开油脂桶通风阀,将气锤操作手柄上抬以提升气锤,将气锤从油脂桶中提出;

(3)搬开空的油脂桶,将满油脂桶正放在气锤下方;

(4)拧开气锤上的放气螺杆,关闭油脂桶通气阀,下压气锤操作手柄,将气锤压入油脂桶内;

(5)一旦气锤进入油脂桶,先调节气锤压力,使其不高于2bar,再将泵送手动阀拧至手动工位,可听见油脂泵发出频率很高的"啪啪"声,这时可以打开油脂泵放气阀,放出油脂桶内的空气,待油脂泵频率降低后,即表示可以开始注脂,关闭放气阀。

任务九　管片拼装系统操作控制

【学习目标】

知识目标:1.掌握管片拼装前的准备工作;

2.掌握管片拼装的方式和顺序;

3.掌握管片拼装步骤;

4.掌握管片拼装注意事项。

能力目标:1.能够合理进行管片拼装前的准备工作及安全质量检查;

2.能够规范操作管片拼装机进行管片拼装;

3.能够进行管片拼装后质量检查。

素质目标:1.具备认真负责、严格把控质量且不留作业隐患的严谨态度;

2.具备规范作业和安全作业意识。

【工作场景与任务】

某地铁盾构施工区间,当前某中铁装备系列盾构机正常掘进一环,准备进行管片拼装作业。请遵循规范作业流程,操作管片吊机与管片拼装机进行管片拼装作业,并注意做好前期准备和过程中安全质量控制工作。

【知识准备】

一 管片吊机与管片输送小车(喂片机)操作

无管片输送小车时,管片从地面存放处由门式起重机吊运到编组列车上,由列车运送到盾构1号拖车,再由管片吊机直接吊运至拼装机下方,将管片旋转90°后放置在管片拼装机可抓取范围内,由管片拼装机进行拼装。

当使用管片输送小车运输时,管片从地面存放处由门式起重机吊运到编组列车上,由列车运送到盾构1号拖车,再由管片吊机直接吊运至盾构拼装机下方,将管片旋转90°后放置在管片输送小车上,然后由管片输送小车将管片输送到管片拼装机可抓取范围内,由管片拼装机进行拼装。

1.管片吊机操作

管片吊机位于盾构1号拖车处,负责将管片从盾构1号拖车运输到管片输送小车,它由一对电驱动吊链起重装置、一对电驱动行走装置和控制系统组成,起重装置和行走装置都有快、慢两档速度。管片吊机操作面板见图2-30,其操作控制说明见表2-18。

图2-30 管片吊机操作面板(有线/无线)

管片吊机操作控制说明 　　　　表2-18

编号	部件名称	功能	备注
1	紧急停止按钮	按下此按钮时管片吊机电源切断	
2	启动按钮	用于接通吊机控制电源	
3	行走电动机选择开关	当此开关旋在左位时只有左边的行走电动机工作,旋在右位时右边的行走电动机工作,在中间位时两个电动机同时工作	
4	起吊按钮	轻按此按扭时管片上升,上升速度为一挡;重按此按钮时上升速度为二挡	
5	下落按钮	轻按此按扭时管片下降,下降速度为一挡;重按此按钮时下降速度为二挡	
6	前行按钮	按此按扭时管片吊机前进	
7	后退按钮	按此按扭时管片吊机后退	
8	指示灯急停按钮	用来指示当前控制的吊机(左、右、左右)急停控制	
9	起升按钮	吊机起升	
10	下降按钮	吊机下降	
11	小车前行按钮	小车前进	
12	小车后行按钮	小车后退	
13、14	预留按钮	预留	
15	启动复位按钮	启动及复位急停	
16	转换按钮	左控制、右控制、左右控制转换	

2.管片输送小车(喂片机)操作

管片输送小车(喂片机)在盾构连接桥下方,它起着管片运输和中间储备的作用。盾构掘进时,管片输送小车(图2-31)由一根链条连接盾构盾体,随着盾构的掘进而前进。既可在管片输送小车控制盒上操作管片输送小车,也可在管片拼装机遥控器上操作管片输送小车。

图2-31 管片输送小车(图中白框)

管片输送小车控制器见图2-32,控制器功能说明见表2-19。

图2-32 管片输送小车控制器

管片输送小车控制器功能说明   表2-19

名称	功能
上升/下降	带灯按钮,上下移动管片输送小车的支撑板
前进/后退	带灯按钮,控制管片输送小车的前进或后退
小车拖拉/释放	带灯按钮,牵引或释放管片输送小车和盾壳之间的连接
后配套拖拉/释放	带灯按钮,牵拉或释放后配套和盾壳之间的连接
紧急停止	紧急停止按钮,关闭辅助系统的液压泵

管片拼装机操作

管片拼装机(图2-33)位于盾尾内部,用来安装单层管片衬砌。它的运动与施工现场的要求相适应,能将管片准确地放到恰当的位置上。

1. 管片拼装机启动前的准备

管片拼装机启动前首先需要开启响应液压泵。当拼装机液压泵指示灯为绿色慢速闪烁时,代表正在启动,当指示灯为绿色常亮时,代表泵机已经启动,管片拼装机控制说明见表2-20。

图2-33 管片拼装机

管片拼装机泵机控制说明   表2-20

按钮名称	功能	说明
管片拼装机	绿色按钮,打开或关闭管片拼装机的液压泵 绿灯闪烁(快):故障 绿灯闪烁(慢):泵启动过程中 绿灯常亮:正常运行	前提条件: 液压油箱中有足够的油(不低于最低液位) 液压油箱油温不高于上位机设置的极限值 管片拼装机急停系统正常

2. 管片拼装机操作步骤

管片拼装机控制是通过拼装机遥控器来实现的,具体操作步骤如下:

(1)确认遥控器紧急停止按钮未按下;

(2)确保管片拼装机遥控器面板右下角电量闪烁指示灯为绿色,如果显示为红色,表明电池电量不足,需及时更换周转电池;

(3)确保所有控制开关处于原始位置;

(4)按下遥控器右侧的"复位"(电铃)按钮;

(5)在主控制室琴台按下"复位"按钮;

(6)确认管片拼装机泵满足启动条件,在主控制室琴台启动管片拼装机泵;

(7)待泵完全启动,泵指示灯变为常亮即可操作。

管片拼装机遥控器控制面板见图2-34,控制面板说明见表2-21。

图2-34 管片拼装机遥控器控制面板

管片拼装机控制面板说明　　　　　表2-21

名称	功能	状态
蓝转/红转	选择开关,升降拼装机头部旋转到蓝色或红色油缸处	•过滤器和冷却泵处于工作状态 •处于管片拼装状态 •辅助液压泵工作 •无紧急停止功能 •管片拼装机泵工作
蓝倾/红倾	选择开关,旋转拼装机头部前/后倾斜	
小车拖/小车拉	选择开关,选择管片输送小车拖或拉	
小车进/小车退	选择开关,选择管片输送小车前进或后退	
小车上/小车下	选择开关,选择管片输送小车上升或下降	
红伸/红缩 蓝伸/蓝缩	操作杆,伸缩活动架	
前进/后退 左转/右转	操作杆,管片拼装机向前或向后运行 操作杆,管片拼装机顺时针旋转或逆时针旋转	
爪子开	按钮,两个按钮同时按下打开卡爪	
爪子关	按钮,关闭卡爪	
推进油缸伸出/回收	选择开关,选择推进油缸伸出或回收	
电铃/启动	按钮,遥控器操作	

　　右侧摇杆可以45°方向操作,以实现红、蓝缸同时伸缩,即向右上方向拨动摇杆可以实现红蓝缸同步伸出,向左下方向拨动摇杆实现红蓝缸同步缩回。

3. 管片拼装机旋转限位的复位

　　操作失误及设备断电等有可能导致限位功能紊乱,出现以上情况时恢复过程如下:

　　当抓举头处于上部时,需要按下上位机"管片拼装机限位失效"按钮,在限位失效的状态下,把管片拼装机抓举头转至正下方位置。由于此时限位处于失效的状态,执行此操作一定要注意不要转错方向。即:以抓举头在正下方为原始位置,之前如果是由左边转上去的,恢复时必须从左边转下来,反之亦然。如果旋转方向错乱,设备将会严重损坏。

　　当把抓举头恢复至正下方位置后,在上位机限位失效计时结束之前,按下复位按钮,PLC内部逻辑状态恢复初始状态。待上位机限位失效计时结束,限位功能恢复正常后方可继续操作管片拼装机。

🚂 管片拼装注意事项

　　在施工过程中盾构机主司机应清楚现在和将来的线路走向及工程地质情况,以及下一环要安装的管片所能够提供的偏移量、抵消的液压缸行程差等,以便在掘进过程中有明确的目标,从而按理论的管片组合施工方案来掘进。当盾构机掘进方向偏离中线较大时,土木工程师在管片选型时要和盾构机主司机共同研究,做到掘进操作和管片选型统一,以便更好地调整姿态。

1. 管片拼装机操作前的检查

　　若管片拼装机旋转电动机的配管损伤,有失控旋转而夹伤人的风险。必须注意日常检查,确认配管有没有损伤、漏油。

2.管片拼装机操作屏的检查(遥控器)

注意用干净的手操作管片拼装机操作盒。另外,要防止操作盒受潮、沾染污迹。

3.管片拼装机操作中注意事项

管片拼装机旋转时,有被旋转环、升降机架等旋转物夹住的风险,所以旋转过程中,人员切勿靠近。

管片拼装机操作中,如软管等被周边设备挂住而损伤,则有管片拼装机械手和管片落下伤人的风险,请注意保护软管,特别是超出旋转限度使用时,软管很有可能被拉断,请务必注意。

管片拼装机停止时,管片拼装机抓举头要停在正下方的位置。在管片吊起状态和抓举头转到上方的状态时,请勿长时间(3min 以上)放置,有坠落的风险。

4.管片抓举的注意事项

若管片抓举头未抓持到底,有管片落下,造成重大事故的风险,请将抓举头抓持到位并注意观察旋转时是否脱出。

5.安装管片时注意事项

组装管片上部时,为防物件落下伤及下方的作业者,作业时禁止作业者在下方行走。管片定位时,有将手脚夹在管片间的风险,请确认作业者的安全后再操作管片拼装机。组装管片时,推进液压油缸也会进行伸缩动作,作业者的手脚有被夹在突然动作的推进液压油缸和管片间的风险。管片拼装机和盾构推进液压油缸的操作者,需明确联络口令,确认作业者的安全。

【任务实施】

1.管片拼装前的准备

(1)确认推进液压油缸行程大于 2000mm;

(2)确认管片拼装设备能正常工作,液压及控制系统工作正常;

(3)所需要的安装工具及设备如风动扳手、紧固螺栓等准备齐全;

(4)确认由相关技术人员决定的管片类型及管片拼装的环向位置;

(5)检查运输进隧道内的管片类型是否符合要求;

(6)清理管片拼装区域的渣土、泥水、杂物等。

2.管片拼装方式

一般情况下,衬砌环采用错缝拼装,封顶块的位置在正上方或偏离上方 ±22.5°。管片拼装应从底部开始,然后自下而上左右交叉安装,最后插入封顶块管片成环。

3.管片拼装步骤

(1)无管片输送小车时,将管片按照正确顺序放置在拼装机抓取区域;

(2)管片输送小车选配且使用时,将管片按正确顺序放在管片输送小车上;

(3)依次启动过滤冷却泵、辅助泵、推进泵、管片拼装机泵;

(4)将盾构工作模式转换到管片拼装模式下;

(5)收回第一块管片拼装区的推进液压油缸;

（6）管片输送小车选配且使用时，管片输送小车将第一块管片输送到拼装机下方；

（7）管片拼装机抓牢管片后，通过调整大油缸、旋转电动机、抓举头翻转等将其准确放到最终位置；

（8）在需要安装螺栓的孔内穿上螺栓并戴上螺帽，但暂时不要拧紧；

（9）将相应的推进液压油缸伸出，顶紧已到位的管片，必须保证每个油缸至少有两个（对）油缸对称的顶紧管片；

（10）用风动扳手将螺栓紧固，风动扳手在风压下的输出扭矩要满足规定的扭矩要求；

（11）松开抓取头，进行下一块管片的安装；

（12）按照以上步骤依次安装除封顶块以外的管片，安装封顶块时要使封顶块从梯形头的大端向小端慢慢移动来进行定位；

（13）管片拼装完成后，应将管片拼装机的抓取头向下放置，并将盾构机切换到掘进模式；

（14）根据需要将本环管片的安装信息输入导向系统。

4. 管片拼装注意事项

（1）安装管片之前，应将盾尾杂物清理干净，否则将会损坏盾尾密封效果并影响管片拼装的质量；

（2）由于管片拼装作业区狭小、危险，操作人员必须熟悉安全操作规程，注意操作人员之间的相互协调，一定要保证人身和设备安全；

（3）管片拼装机工作时，严禁管片拼装机下站人，严禁非工作人员进入工作区；

（4）安装管片过程中，伸出推进液压油缸时，一定要把推进液压油缸压力适当减小，以避免在安装过程中推力过大而造成单片管片失稳或破坏管片；

（5）当正在安装的管片接近已安装好的管片时，要注意不能快速接近以免碰撞而破坏管片，接近后要利用转动与翻转装置进行微调，保证管片间连接平顺；

（6）安装管片过程中，要保证密封条完好，否则应更换；

（7）安装完成后应对已完成的管片质量进行检查，并进行记录。

【考核评价】

本任务主要向学生介绍管片运输及安装的方式，重点考查管片运输与安装前期准备、管片拼装操作及质量控制，见表 2-22。

管片拼装系统操作控制考核评价表　　　　　　　　表 2-22

评价项目	评价内容	评价标准	配分/分
知识目标	管片拼装前的准备工作	是否掌握管片拼装前的准备工作内容	10
	管片拼装方式和顺序	是否掌握管片拼装的方式与顺序	10
	管片拼装步骤	是否掌握管片拼装步骤	20
	管片拼装注意事项	是否掌握管片拼装注意事项	10
能力目标	管片拼装前准备工作及安全质量检查	能否合理开展管片拼装前准备工作及安全质量检查	10
	管片拼装	能否规范操作管片拼装机进行管片拼装并严格遵守作业安全规程	20
	管片拼装后质量检查	能否规范进行管片拼装后的质量检查	10

评价项目	评价内容	评价标准	配分/分
素质目标	认真负责、不留隐患	是否具备认真负责、严格把控质量且不留作业隐患的严谨态度	5
	规范作业、安全意识	是否具备规范作业和安全作业意识	5
合计/分			100

【知识拓展】

图 2-35　10 点位分布图

管片采用错缝安装时,为了确保前后环间连接缝错开,并且保持螺栓孔位对齐,通常选用 10 点和 16 点两种点位分布形式。以下以 10 点位为例,见图 2-35。

管片拼装点位为将圆周均匀分成 10 个点,即管片拼装的 10 个点位,和钟表的点位相近,相邻点位的旋转角度为 36°,分别是 1、2、3、4、5、6、7、8、9、10。由于是错缝拼装,所以相邻两块管片的点位不能相差 2 的整数倍。一般情况下,本着有利于隧道防水的要求,只使用上部 5 个点位。即 1、2、8、9、10 这 5 个点位。

管片划分点位的依据有两个:管片的分块形式和螺栓孔的布置。拼环时点位尽量采用 ABA(1 点、11 点)形式。如果盾构隧道管片要求错缝拼装,相邻两环管片不能通缝。管片拼装点位有很强的规律,可划分为两类,一类为 1 点、3 点、5 点、8 点、10 点;另一类为 11 点、2 点、4 点、7 点、9 点。同一类管片不能相连,例如 1 点后不能跟 3、5、8、10 这 4 个点位,只能跟 11、2、4、7、9 这 5 个点位。在成型隧道中,两联络通道之间的奇数管片是同一类,偶数管片是同一类。管片点位排布见图 2-36。

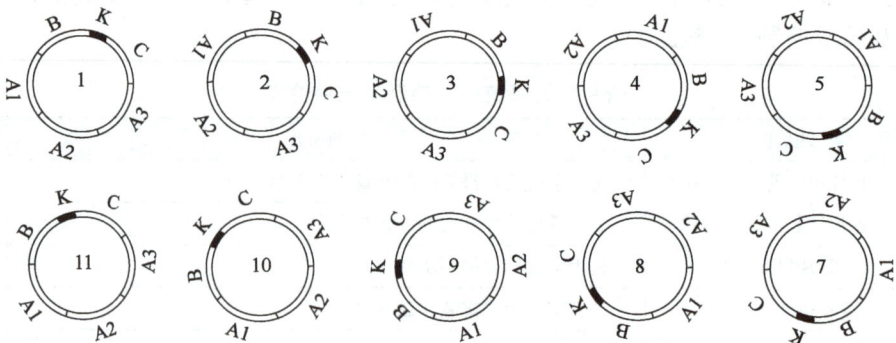

图 2-36　管片点位排布图(10 点位)

选管片的规律见表 2-23。

点位	1点	2点	3点	4点	5点	7点	8点	9点	10点	11点
1点	×	√	×	√	×	√	×	√	×	√
2点	√	×	√	×	√	×	√	×	√	×
3点	×	√	×	√	×	√	×	√	×	√
4点	√	×	√	×	√	×	√	×	√	×
5点	×	√	×	√	×	√	×	√	×	√
7点	√	×	√	×	√	×	√	×	√	×
8点	×	√	×	√	×	√	×	√	×	√
9点	√	×	√	×	√	×	√	×	√	×
10点	×	√	×	√	×	√	×	√	×	√
11点	√	×	√	×	√	×	√	×	√	×

注:竖列表示拼装好的管片;横行的√表示可选后续的管片,×表示不可选后续的管片。

管片的16点位排布原则与10点位类似,具体排布见图2-37。

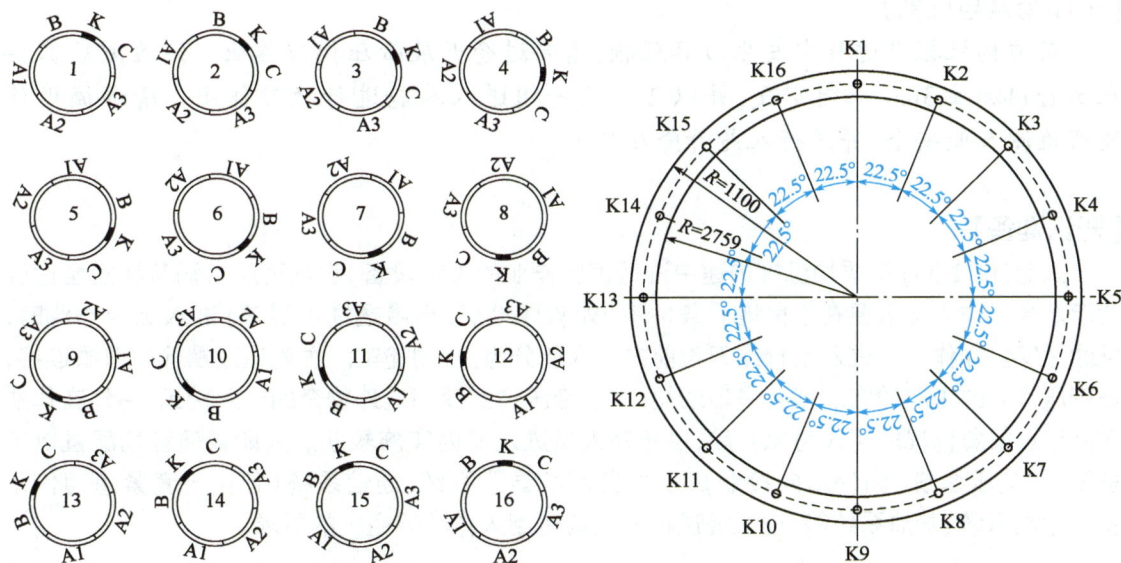

图2-37　管片点位排布图(16点位)

【强化训练】

请扫描下方二维码,打印并装订电子活页实训手册,完成实训任务八　管片拼装系统操作控制。

实训任务八　管片拼装系统操作控制

任务十 人舱系统操作控制

【学习目标】

知识目标:1.掌握人舱作业的基本安全要求;

2.掌握人舱工作压力调节方法;

3.掌握人舱升降压基本流程。

能力目标:1.能够正确识别人舱安全作业条件;

2.能够规范进行舱内升压操作;

3.能够规范进行舱内降压操作;

4.能够正确合理进行舱内压力计算及调节。

素质目标:1.具备规范作业、安全防范的意识;

2.具备严谨负责、科学作业的职业素养。

【工作场景与任务】

某盾构机掘进过程中发生刀具磨损,需要进仓开展带压换刀作业。经检测后需要在土仓内加注3bar压缩空气,并以2人为一组进入人舱进行换刀作业。请遵循规范流程检测人舱安全,并进行人舱升降压作业。

【知识准备】

人舱(图2-38)是盾构机掘进途中进行带压作业的关键设备,它具有压力调节和安全过渡功能。当工作人员需要在不良地质条件下(如软弱地层、高渗透性地层等)进入土仓作业时,可通过安全操作人舱进入土仓或刀盘前方。人舱分为主、副舱室。主舱通过螺栓与前盾连接,是带压作业的主要舱室。副舱是辅助舱,用于带压作业期间舱外物资的出入转运,另外在作业期间出现紧急情况时可作为急救舱,供舱外人员进入舱内实施救助。人舱各舱室均配置以下系统:加减压系统(内外双向控制)、压力监测和显示系统、通信系统(包括一套紧急通信系统)、消防系统、加热系统等;空气经过精密过滤达到人体呼吸空气的要求。

图2-38 盾构机人舱

为了检查刀盘和刀具,更换刀具,测试压力传感器和检查掌子面,人员必须定期进入开挖仓。在人员进舱前需要向开挖仓中加入压缩空气,调节压缩空气站使得开挖仓顶部的气压高于原有土压 0.1bar。人员进入人舱后,待开挖仓和压力室之间的压力基本相等,可小心地打开中隔板的小门。

1. 安全说明

开挖仓是危险区,在此区域工作时必须遵守所有安全规则:

(1) 停止刀盘和螺旋输送机运行并关闭螺旋输送机的后闸门,停止皮带输送机运行。

(2) 人员进入主舱并在人舱管理员的帮助下根据人舱操作规程规定适应开挖仓的压力比。

(3) 一定要先关闭螺旋输送机后闸门。如果螺旋输送机的后闸门没有关闭,则加入的空气有突然从螺旋输送机泄漏的风险。这将导致掌子面失去稳定(渣土坠落或涌水)。压力突然下降和掌子面丧失稳定性都可能导致严重的人员伤亡。

(4) 掌子面有部分坍塌的可能,操作时需小心观察渣土塌落情况,这一过程中必须始终密切关注掌子面的情况和水位的变化。

(5) 只有遵守所有安全规定并确保工作材料不坠落或滚走,才可能保证运输工具的安全。

(6) 所有要求的吊装工具都必须经过荷载测试以保证安全操作。

(7) 所有需要的平台和荷载工具都必须固定在中隔板或盾壳上。

(8) 所有人员必须系好安全带(尤其是在刀盘上工作时)并将安全带固定在提供的固定点上。

(9) 人舱过渡舱必须保持足够空间以便工作人员随时可以进入并作为紧急藏身处。管线、电缆或其他材料不能堵塞门。

(10) 必须定期检查电话和紧急电话设备是否能按照规定要求工作。

(11) 患有感冒或流感的人不能进入人舱,因为可能有耳膜破裂的风险。

(12) 人员进出人舱时必须穿干衣服。

(13) 所有人舱前部和内部的警示和信息标志都必须遵守,其他规定和限制也应遵守。

(14) 检查门密封和密封面是否干净和损坏,必要时更换密封。

(15) 使用人舱时,需测试记录仪能否正常工作。

2. 人舱操作规程

(1) 相关人员必须遵守我国有关压力舱升压和降压的规定及人舱管理员制定的规定。

(2) 人舱的操作应由受过训练的人舱管理员执行。所有人舱管理相关操作界面和显示元件均设于人舱外。

(3) 只有通过了压缩空气测试并经过相关培训的人员才可进入人舱。测试舱中配备了和人舱同样的设备(压力表、时钟、电话等)。

(4) 必须定期检查所有部件(显示仪表、记录仪、加热系统、钟、温度计、各种阀门)的功能。

3. 进仓作业的工作气压确定

一般在不发生漏气、爆炸的情况下,气压愈高,愈能提高掌子面的稳定性。但从作业效率和进仓作业者的健康方面考虑,则取低值较好。工作气压可由以下公式计算。

$$P_{初步设定} = P_{水平侧向力} + P_{水平轴向力} + P_{调整压力}$$

经过计算得出能稳定掌子面的最低气压 $P_{初步设定}$, $P_{初步设定}$ ×(掌子面稳定)安全系数 K 得到进仓作业工作气压 P_w。即

$$P_{\text{w}} = P_{\text{初步设定}} \times K$$

4. 压力仓工作压力的调试

压力仓的工作压力由盾构机的保压系统来确定,因此带压进仓之前保压系统的调试是非常重要的。保压系统一般由空压机组、管道、球阀、PID(Photo Ionization Detector,光离子化检测器)空气站、碟形控制阀、反馈回路等组成。PID 空气站用来进行仓内压力的控制,整个保压系统的控制采用了闭式、比例、积分、微分控制,能有效保障仓内恒定的工作气压。

5. 土仓作业

(1)人员在土仓作业期间由自动保压系统的恒压器向刀盘供气,保证土仓内气压保持在给定值。

(2)向土仓内接入单独的管路以供氧,同时必须定期检查流速计,以保证土仓的通风并排出废气。流速计安装在人舱外的卸压阀上。

(3)土仓内作业采用轮班制,需根据标准,在工作压力情况下从带压工作减压表中选择合适的工作时间,工作人员作业数小时为 1 班,每班 3 人或 4 人。作业人员在土仓内作业数小时后,通过降压程序离开加压仓。下一班人员按照以上作业程序进入主舱作业。

(4)作业过程中若需向土仓内运送物资,则启用准备仓。准备仓的操作和人舱类似。

(5)考虑作业人员安全,每人每天带压工作不宜超过 8h,但可根据工作量按照带压工作减压表适当调整工作时间。

【任务实施】

以 2 人为一组,设定 3bar 目标压力值,根据规范作业要求实现盾构人舱模拟升降压控制流程。

1. 加压操作程序

人舱的加减气压可按《空气潜水减压技术要求》(GB/T 12521—2008)所规定的原则进行,不得随意调整。

(1)作业人员进入主舱室。

(2)打开主舱上的双倍记录仪,并检查它是否能正常工作。

(3)关闭主舱的人舱门并确保它正确锁好。

(4)压力挡板上的卸压球阀关闭(在 EPB 模式下一般都是关闭的)。

(5)人舱管理员要通过电话始终与主舱中的人员保持联系。

(6)人舱管理员慢慢打开球阀,严格按照 20L/min 的流量增加主舱室的压力,直到达到操作压力值。作业人员也可以根据自己身体的实际状况,在人舱内操作球阀来增加主舱室压力,但流量不得超过 20L/min。

(7)加压过程中,打开主舱外的卸压球阀以保证主舱内一定的通风量。通风量必须保证至少 500L/min。

(8)主舱室内的人员可根据舱内温度调节加热系统。

(9)当主舱室的压力等于盾构土仓的压力时,主舱内人员缓慢打开主舱和土仓之间的卸压球阀。

(10)在主舱和土仓之间进行压力补偿后,作业人员打开压力挡板的门,进入土仓,按照检查刀盘及换刀作业程序进行工作,并详细填写刀盘检查情况及刀具磨损情况。

（11）加压完成后人舱管理员关闭记录仪。

2. 减压操作程序

减压程序一般分为主舱减压（人员舱减压）和辅舱减压（带压进舱附属设备减压），减压术语参照《空气潜水减压技术要求》（GB/T 12521—2008）的规定。

（1）主舱减压。

①工作人员进入主舱后，人舱管理员根据工作人员的工作时间和工作压力选择减压方案。

②关闭压力挡板上的小窗和压力补偿用压力挡板上的球阀。

③主舱内的人员通过电话与人舱管理员联系。

④人舱管理员打开记录仪。

⑤人舱管理员通过球阀开始逐渐降低主舱中的压力至第一停留期压力，同时观察流量表和流速计。

⑥人舱管理员通过球阀、卸压阀执行人舱的通风操作，但此时不应再升高压力。

⑦依次使用调节球阀、调节卸压阀给主舱通风，使得压力能稳定而缓慢地下降。在降压过程中流速计的值至少为每人 $0.5m^3/min$。

⑧当主舱的内压力达到第一停留期的压力时，人舱管理员通过调节球阀和卸压阀将压力保持在这一阶段值上，并记录时间。此外，人舱管理员还要定期检查流速计以检查人舱的通风情况。

⑨压力保持期内以上程序必须重复进行，直到周围的压力变为正常。在降压过程中工作人员可打开加热系统。推荐的温度范围为 15~28℃。

⑩第一停留期结束后，人舱管理员通过球阀开始逐渐降低主舱中的压力至第二停留期压力，操作方法和第一停留期减压方法相同。以此类推直至减压结束。此时，可打开主舱通往大气压室的门。

⑪人舱管理员关闭记录仪，将人舱程序参数（日期、时间、压力、人数等）输入人舱手册。

（2）辅舱减压。

①工作人员在人舱内经缓慢降压后，离开主舱直接进入单独的辅舱。人舱管理员根据工作人员的工作时间和工作压力选择减压方案。

②关闭辅舱舱门与压力挡板上的小窗和压力补偿用压力挡板上的球阀。

③辅舱内的人员通过电话与人舱管理员联系。

④人舱管理员通过球阀开始逐渐降低辅舱中的压力至第一停留期压力，同时观察流量表和流速计。

⑤人舱管理员通过球阀、卸压阀开始辅舱的通风，但此时不应再升高压力。

⑥依次使用调节球阀、调节卸压阀给舱通风，使得压力能稳定而缓慢地下降。在降压过程中流速计的值至少为每人 $0.5m^3/min$。

⑦当辅舱的内压力达到第一停留期的压力，人舱管理员通过调节球阀和卸压阀将压力保持在这一阶段值上，并同时记录时间。此外，人舱管理员还要定期检查流速计以检查人舱的通风情况。

⑧压力保持期内这一程序（指⑤⑥⑦步骤）必须重复进行直到周围的压力变为正常。在降压过程中工作人员可打开加热系统。推荐的温度范围为 15~28℃。

⑨第一停留期结束后，人舱管理员通过球阀开始逐渐降低辅舱中的压力至第二停留期压力，操作方法与第一停留期减压方法相同。以此类推直至减压结束。此时，可打开辅舱通往舱外的门，工作人员离开辅舱。

【考核评价】

本任务主要介绍人舱升降压的调节方式，重点考查入舱前安全检查、人舱升压及降压控制作业，具体见表2-24。

人舱系统操作控制考核评价表　　　　　　　　　　　　表2-24

评价项目	评价内容	评价标准	配分/分
知识目标	人舱作业的基本安全要求	是否掌握人舱作业的基本安全要求	10
	人舱工作压力调节方法	是否掌握人舱工作压力调节方法	10
	人舱升降压基本流程	是否掌握人舱升降压基本流程	10
能力目标	识别人舱安全作业条件	能否正确识别人舱安全作业条件	10
	舱内升压	能否规范进行舱内升压操作	15
	舱内降压	能否规范进行舱内降压操作	15
	舱内压力计算及调节	能否正确合理进行舱内压力计算及调节	20
素质目标	规范作业、安全防范	是否具备规范作业、安全防范的意识	5
	严谨负责、科学作业	是否具备严谨负责、科学作业的职业素养	5
合计/分			100

【有章应依】

带压进舱换刀作业需要注意的事项：

（1）建立健全安全质量责任制，进舱、检查刀盘及换刀、减压作业、运输严格按规程操作。

（2）进行必要的岗前培训，在作业人员上岗前，针对进舱、检查刀盘及换刀、减压作业的特点进行安全教育，树立起安全作业的意识。

（3）实行主要领导24h现场值班制度。

（4）保证现场材料供应，确保作业过程的有效运转。

（5）值班工程师现场24h值班，并在值班过程中做好带压进舱作业的各种记录，第二天及时上报公司。

（6）带压作业过程中，需加强对各种检测仪表、空压机、气路、电路的观测。如发现空压机故障，应立即启动另一台空压机；如发现停电，应立即启动内燃空压机；如发现管路漏气，应立即汇报并及时处理，以防意外情况发生。同时，需将监测结果及时上报值班领导。

（7）每班作业时，电工应加强用电管理，确保工地施工用电安全。

（8）人舱、自动保压系统由专人负责操作，同时做好各项记录。

（9）作业人员作业时应佩戴好个人防护用品，防止意外伤亡事故的发生。

（10）舱内严禁易燃易爆物品，严禁使用明火，防止爆炸事故。

任务十一　盾构机本地控制

【学习目标】

知识目标: 1. 掌握主控室控制与本地控制模式间的关系;
　　　　　　 2. 掌握皮带输送机、螺旋输送机、刀盘等常用系统本地控制界面及控制说明。

能力目标: 1. 能够正确完成主控室控制与本地控制室模式切换;
　　　　　　 2. 能够正确识别各系统本地控制盒面板;
　　　　　　 3. 能够正确操作各系统本地控制盒。

素质目标: 具备分工协作能力及担当精神。

【工作场景与任务】

以铁建重工系列盾构机为例,重点理解盾构机各系统本地控制模式与主控室控制模式间的关系,并能够正确切换控制模式。认知各系统本地控制面板并正确理解各面板控制说明。

【知识准备】

盾构机的操作大部分是在主控室内的控制台上完成的,但很多情况也不仅限于此。例如当刀盘、螺旋输送机等关键部件要进行清障或维修工作时,则需要在本地进行控制作业,并通过 PLC 连锁控制系统实现与主控室间的切换与制约,确保在现场控制作业时不会由主控室操作失误导致设备突然启动。本任务以铁建重工系列盾构机为例,重点介绍盾构机上各类设备本地控制盒及控制说明。

铁建重工系列常见皮带输送机、螺旋输送机、喂片机、人舱刀盘、注浆泵机、水管卷筒、污水泵机等盾构机控制子系统本地控制盒,安装于各个作业系统附近。通过钥匙实现"远程/本地"模式切换,其中"远程"是指在控制室内控制,"本地"是指在现场进行控制。当"本地就绪"的指示灯亮起时,说明本地控制有效,此时控制室对该系统暂时无法进行控制,确保在现场作业时待维修设备不会突然启动,造成事故。

1. 皮带输送机本地控制

皮带输送机本地控制盒见图 2-39,本地控制盒说明见表 2-25。

图 2-39　皮带输送机本地控制盒

按钮名称	功能	说明
急停	紧急停止当前动作的操作	紧急停止按钮被按下时,所有动作都无法执行
远程/本地模式	皮带输送机的远程/本地模式选择的操作	远程模式:在控制室操作皮带输送机 本地模式:在外部操作箱控制皮带输送机
本地就绪	本地工作就绪指示	在本地模式下,系统无故障、则指示灯亮
渣车满	渣车满的动作操作及渣车满状态指示	当检测到渣车装满以后,按下此按钮,则指示灯亮
渣车空	渣车空的动作操作及渣车空状态指示	在没有得到渣车满命令的情况下,此指示灯常亮
皮带控制启动/停止	皮带输送机的本地启动/停止操作及运行状态指示	软启动器无故障 紧急开关没有接通 速度监测传感器无故障 操作模式处在PBC模式下 渣车没有装满 运行后实现自锁
皮带清洗启动/停止	皮带输送机的本地启动/停止操作及故障状态指示	启动/停止皮带输送机冲洗气动球阀

2. 喂片机本地控制

喂片机本地控制盒见图2-40,具体说明见表2-26。

图2-40 喂片机本地控制盒

按钮名称	功能	说明
顶升油缸上升/下降	喂片机的上升/下降操作及动作运行指示	顶推油泵运行 喂片机由控制台控制 喂片机下降、前进、后退没有动作
进给油缸前进/后退	喂片机的前进/后退操作及动作运行指示	顶推油泵运行 喂片机由控制台控制 喂片机上升、下降、后退没有动作
拖拉油缸伸出/缩回	喂片机的拖拉油缸伸出/缩回操作及动作运行指示	顶推油泵运行 喂片机由控制台控制 喂片机拖拉油缸伸出没有动作
急停	紧急停止当前动作的操作	
远程/本地	喂片机的远程/本地模式切换选择操作	远程：遥控操作 本地：现场操作
连接桥油缸伸出/缩回	连接桥拖拉油缸伸出/缩回操作及动作运行指示	顶推油泵运行 连接桥油缸缩回限位没有接通 连接桥压力没有大于高限 喂片机由控制台操作 连接桥油缸伸出没有动作
本地就绪	本地就绪指示	在本地模式下，系统无故障，则指示灯亮

3. 螺旋输送机本地控制

螺旋输送机本地控制盒见图2-41，具体说明见表2-27。

图2-41　螺旋输送机本地控制盒

按钮名称	功能	说明
急停	紧急停止当前动作的操作	
液压泵启动	液压泵运行指示	
远程/本地	螺旋输送机的远程/本地模式选择的操作	远程模式:在控制室操作螺旋输送机 本地模式:在外部操作箱控制螺旋输送机
正转/反转	螺旋输送机的正转/反转动作操作及运行状态指示	螺旋输送机处于 PSC(Pressure Safety Control,压力安全控制)操作模式 螺旋输送机主泵处于运行状态 螺旋输送机油脂脉冲正常 泄漏油温度正常 液压系统压力正常 后闸门开度正常 皮带输送机处于运行状态/旁通状态 螺旋输送机土压正常 没有工作时处于反转状态 点动控制,按住才能转
螺旋机伸/缩	螺旋输送机的伸出/缩回动作操作及运行状态指示	螺旋输送机处于 PSC 操作模式 顶推油泵运行 螺旋输送机缩没有动作 螺旋输送机前闸门开到位 伸出限位开关没有工作
前闸门打开/关闭	螺旋输送机的前闸门打开/关闭动作操作及运行状态指示	螺旋输送机处于 PSC 操作模式 顶推油泵运行 前闸门关没有动作 左侧或者右侧前闸门开限位开关没有工作
后上闸门打开/关闭	螺旋输送机的后上闸门打开/关闭动作操作及运行状态指示	螺旋输送机处于 PSC 操作模式 顶推油泵运行 后上闸门关没有动作 后上闸门开到限位开关没有工作
后下闸门打开/关闭	螺旋输送机的后下闸门打开/关闭动作操作及运行状态指示	螺旋输送机处于 PSC 操作模式 顶推油泵运行 后下闸门关没有动作 后下闸门开到位限位开关没有工作

盾构构造与操作维护(第 2 版)

4.人舱刀盘本地控制

人舱刀盘本地控制盒见图 2-42,具体说明见表 2-28。

图 2-42　人舱刀盘本地控制盒

人舱刀盘本地控制盒说明　　　　表 2-28

按钮名称	功能	说明
急停	紧急停止当前动作的操作	
本地/远程	刀盘本地/远程模式选择的操作	本地模式:在人舱内控制刀盘 远程模式:在控制室操作刀盘
本地就绪	本地就绪指示	在本地模式下,系统无故障,则指示灯亮
刀盘旋转左旋/右旋	刀盘左旋/右旋的动作操作及运行状态指示	变频器准备就绪 刀盘驱动系统与主 PLC 通信正常 刀盘冷却润滑密封正常 变频器就绪 盾构机翻转角度没有超限 刀盘旋转右旋不工作

注:此处启动刀盘为点动,一般用于换刀作业。

5.同步注浆本地控制

同步注浆本地控制盒见图 2-43,具体说明见表 2-29。

图 2-43　同步注浆本地控制盒

同步注浆本地操作说明　　　　　　　　　　　　　　　　　表 2-29

按钮名称	功能	说明
1 号泵启动/停止	注浆泵启动/停止(运行/故障指示)的操作	管片拼装机液压泵处于运行状态 注浆/清洗模式选择在注浆模式 如果通道压力大于设置最大压力值,则被复位 注:点击一下启动,再点击一下停止
1 号(1 号~4 号)注浆泵加速	注浆泵速度调节加速操作	每按一次"加速"按钮,注浆速度增加 1%。一直按住此按钮,同时按一次 1 号泵"减速"按钮,注浆速度增加 10%。 当注浆速度增加到 100%后,还执行上述操作,注浆速度维持 100%不变

按钮名称	功能	说明
1号(1号~4号)注浆泵减速	注浆泵速度调节减速操作	每按一次"减速"按钮，注浆速度减少1%。一直按住此按钮，同时按一次1号泵"加速"按钮，注浆速度减少10%。当注浆速度减小到0后，还执行上述操作，注浆速度维持0不变
砂浆搅拌电动机正转/反转/停止	砂浆搅拌电动机正转/反转/停止操作及运行状态指示	
注浆泵启动/停止	注浆泵的启动/停止操作及运行状态指示	
注浆选择手动/自动	注浆模式的手动/自动模式选择	手动模式下，开启本路开关后，当该路压力超限后，该路注浆将停止自动模式下，当压力低于启动值时，原来选择该路启动的会再次自动启动
1号(1号~4号)泵启动(清洗选择)	注浆泵的清洗选择启动/运行指示	管片拼装机液压泵处于运行状态
反泵	注浆模式下，执行反泵操作	
急停	紧急停止当前动作的操作	

6.水管卷筒本地控制

水管卷筒本地控制盒见图2-44，具体说明见表2-30。

图2-44　水管卷筒本地控制盒

按钮名称	功能	说明
急停	紧急停止当前动作的操作	
水管展开/收回	水管展开/收回的动作操作及运行状态指示	

7.污水泵本地控制

污水泵本地控制盒见图 2-45,具体说明见表 2-31。

图 2-45　污水泵本地控制盒

污水泵本地控制盒说明　　　　　　　　　　　　　　　表 2-31

按钮名称	功能	说明
急停	紧急停止当前动作的操作	
运行	运行状态指示	
停止	停止状态指示	
手动/自动	手动/自动模式的切换选择	污水达到高液位,泵自动开启,达到低液位,泵自动停止,在低液位和高液位之间,用户可根据情况手动启停泵
启动	手动启动污水泵	点动控制

【任务实施】

(1)识别各控制系统本地控制盒位置及面板。

(2)通过钥匙开关实现各控制系统本地与远程模式切换。

(3)"本地模式"下启动各控制系统。

(4)"本地模式"下停止各控制系统。

【考核评价】

本任务主要介绍盾构机各系统本地控制模式下的操作界面和控制说明,重点考查学生对盾构本地控制模式切换及控制面板说明的掌握情况,具体见表2-32。

盾构机本地控制考核评价表   表2-32

评价项目	评价内容	评价标准	配分/分
知识目标	主控室控制与本地控制模式的关系	是否正确掌握主控室控制与本地控制模式间的关系	5
	本地控制界面及控制说明	是否正确掌握皮带输送机、螺旋输送机、刀盘等常用系统本地控制界面及控制说明	10
能力目标	正确完成主控室控制与本地控制室模式切换	能否正确完成主控室控制与本地控制室模式切换	10
	正确识别各系统本地控制盒面板并进行控制操作	能否正确识别各系统本地控制盒面板并进行控制操作	70
素质目标	分工协作、有担当	是否具备分工协作的能力及担当精神	5
合计/分			100

【强化训练】

请扫描下方二维码,打印并装订电子活页实训手册,完成实训任务九　盾构机本地控制。

实训任务九　盾构机本地控制

盾构机姿态控制

【学习目标】

知识目标:1.熟悉盾构机导向系统界面的基本参数及含义;

2.掌握盾构机姿态控制的基本原理;

3.掌握盾构机掘进纠偏操作基本知识。

能力目标:1.能识读上位机、导向系统界面控制参数;

2.能判断盾构机当前姿态是否需实施纠偏;

3.能按流程对盾构机姿态进行调整并纠偏。

素质目标:1.培养规范作业的意识;

2.培养科学分析问题的能力;

3.培养崇德崇学、向上向善的职业道德。

【工作场景与任务】

某软弱地层,一台土压平衡盾构机由直线段进入缓和曲线段掘进,导向系统界面如图3-1所示。其中,水平姿态为盾体前4mm,后-32mm,水平趋向8mm/m;垂直姿态为盾体前25mm,后5mm,垂直趋向4mm/m;盾体偏航角83mm/m、仰俯角11mm/m、滚动角-2mm/m。请问:这种情况下盾构机应该进行哪些方面的调整与纠偏?

图3-1　盾构导向系统界面(以VMT为例)

一 盾构机姿态控制界面

盾构导向系统的基本功能是引导盾构机沿着隧道设计轴线向前掘进,当盾构机偏离隧道设计轴线时,还可以引导操作人员进行盾构的姿态调整及纠偏。所以,导向系统是盾构机的"眼睛",是盾构掘进必不可少的"导航灯塔"。

微课视频:盾构机导向系统介绍

不同品牌的导向系统控制界面各不相同,以 VMT 为例,其界面如图 3-1 所示。界面的正中央是一个十字坐标系,横坐标代表水平方向,纵坐标代表垂直方向,纵横坐标的交点为隧道设计中心,单位皆为 mm。小飞机代表盾构机盾头所处的位置,飞机前端中心为盾构前端即切口环中心的位置,飞机后端中心为盾尾中心的位置,飞机的方向表示当前盾构机的掘进姿态。从图中可以看到,盾构当前位置偏向隧道设计轴线的左侧,正仰头向右上掘进。

界面的上方为盾首与盾尾的水平与垂直偏差、趋向及里程等参数,左侧为盾构机体滚动角、仰俯角、激光靶偏航角等。其中里程数"8232.39"为掘进总长度,单位为 m;"3.79"为当前已掘进长度,单位为 m;"–"表示当前盾构机向着里程减少的方向掘进,其余 9 个数据皆为盾构机的姿态参数。

二 盾构机姿态参数与理想姿态

盾构机姿态包括水平姿态、垂直姿态、仰俯及扭滚姿态等。其中水平姿态参数有水平偏差、水平趋向及偏航角等,垂直姿态参数有垂直偏差与垂直趋向等,仰俯姿态参数为仰俯角,扭滚姿态参数为滚动角。

1. 水平偏差、水平趋向及偏航角

盾首(前点)水平偏差是指盾构机的(切口环)轴线与隧道设计轴线(y 轴)的水平距离,左偏为负、右偏为正,单位为 mm。

盾尾(后点)水平偏差是指盾构机盾体尾部的(激光靶部位)轴线与隧道设计中线(y 轴)的水平距离,左偏为负、右偏为正,单位为 mm。俯视图如图 3-2 所示。

水平趋向是指按照当前盾构机偏差的情况掘进,每掘进 1m 产生的水平偏移量,单位为 mm/m。

图 3-2 盾构机在隧道内的俯视图

偏航角是指盾构机轴线偏离隧道设计中线割线的夹角,偏右为正,偏左为负,单位为 mm/m。偏航角(俯视)示意图如图 3-3 所示。

图 3-3　偏航角（俯视）示意图

2. 垂直偏差与垂直趋向

盾首（前点）垂直偏差是指盾构机的（切口环）轴线与隧道设计中线（x 轴）的垂直距离，上偏为正、下偏为负，单位为 mm。

盾尾（后点）垂直偏差是指盾构机盾体尾部的（激光靶部位）轴线与隧道设计中线（x 轴）的垂直距离，上偏为正、下偏为负，单位为 mm。侧视图如图 3-4 所示。

垂直趋向是指按照当前盾构机偏差情况掘进，每掘进 1m 产生的垂直偏移量，单位为 mm/m。

图 3-4　盾构机在隧道内的侧视图

3. 仰俯角

盾构机轴线与隧道设计中线割线的夹角称为仰俯角，以单位高程偏差量表示，单位为 mm/m；上仰为正，下俯为负。仰俯角（侧视）示意图如图 3-5 所示。

4. 滚动角

盾构机切削土体的反作用力导致盾体滚动，盾体垂直轴线与铅垂线发生偏转的夹角称为滚动角，用盾体滚动偏差量表示，单位为 mm/m；左滚偏差为负，右滚偏差为正。滚动角示意（正视）图如图 3-6 所示。

图 3-5 仰俯角（侧视）示意图

5. 方位角

方位角是指盾构轴线与坐标系正北方向的夹角，测量方法是由坐标纵轴方向的正北端起，顺时针量到盾构机轴线，如图 3-7 所示。盾构轴线是指切口中心与盾尾中心的连线。

图 3-6 滚动角（正视）示意图

图 3-7 盾构方位角

导向界面显示的名称常用角度表示（偏航角、仰俯角、滚动角），而它们的单位却用偏差变化量 mm/m 表示，采取这一看似矛盾的表示方式，原因是：若采用滚动角度计算，操作人员需先计算盾体周长，再以周长乘 1/360 的度数得到环向位移量，进而用环向位移量导出盾体滚动的角度；偏航角、仰俯角的计算则更为烦琐，不利于施工现场应用；而用偏差变化量表示，操作人员可根据该姿态每掘进 1m 的变化量快速判断。因偏差变化量比角度计算简单直接，而且角度用偏差变化量表示又与水平、垂直趋向变化量的单位实现了统一，一个系统采用同一种表示方式更利于掌握，所以导向系统设计人员将角度转化为以长度为单位的偏差变化量。

图 3-8 三线重合示意图

6. 盾构掘进理想姿态

如图 3-8 所示,在半径为 R 的隧道中有一半径为 r 的盾构机,S 为隧道设计轴线,D 为盾构机轴线,G 为管片轴线。盾构机掘进的理想姿态是三线重合。事实上,由于盾构机是刚体,无法实现圆滑调整,所以盾构机掘进总是围绕隧道设计轴线呈蛇形运动,很难达到三条线完全重合,三线之间往往会存在一定偏差(δ_1、δ_2、δ_L、δ_h、δ_{min} 表示各种偏差)。操作人员的一般做法是尽量控制盾构机坐标趋近隧道设计坐标,同时使管片轴线与盾构机轴线重合,力求将三线之间的偏差控制在一定的允许范围内。

三　盾构机姿态控制的基本原理

盾构机姿态控制是通过推进液压油缸分区控制实现的。为了便于调整盾构机掘进方向,盾构机推进液压油缸采用分区控制,分别划分为 A、B、C、D 四个区域,油缸分区布置如图 3-9、图 3-10 所示。通过合理选择各分区推进液压油缸压力与刀盘的转向,可调整盾构机的偏航角、仰俯角等姿态参数,实现盾构机向上、下、左、右四个方向掘进的调向以及纠偏,使盾构机始终沿着隧道设计轴线掘进。

四　盾构姿态的调整

盾构掘进方向控制的目标是根据隧道的设计线形(平面线形要素、纵坡坡率、线路走向统称为隧道设计中线),通过调整盾构机推进油缸的分区油压,对盾体偏航角、仰俯角、滚动角进行有效控制,使盾构机的空间位置和姿态始终趋近设计轴线数值,从而将盾构机的姿态偏差控制在最小值。

微课视频:
盾构机掘进
姿态控制

图 3-9　推进液压油缸分区布置图

图 3-10　被动铰接油缸分区布置图

盾构构造与操作维护(第2版)

1. 水平偏差、垂直偏差、仰俯角、偏航角的调整

盾构机掘进时，操作人员始终以导向界面显示为依据，以隧道设计轴线为基准，当发现盾构机掘进姿态即将偏离控制范围时，可分别对 A、B、C、D 等区域油压旋钮进行调整，完成盾构机的姿态与方向调整。推进液压油缸方向控制区如图 3-11 所示，如旋钮 D、B 可实现盾构机向右的偏航角调整及纠偏，旋钮 C、A 实现盾构机向上的仰俯角调整及纠偏，其他调整与纠偏则反之。

2. 滚动角的调整

当发现盾构机滚动角接近极限值时，通过调整刀盘旋转方向，利用刀盘旋转的反作用力，使盾体向相反方向滚动。刀盘控制区如图 3-12 所示。刀盘换向时，先停止刀盘旋转，选择刀盘旋转方向，再启动刀盘旋转，缓慢将刀盘转速旋钮调整到合适的转速。

图 3-11　推进液压油缸方向控制区

图 3-12　刀盘控制区

五　姿态控制标准

隧道偏差允许范围如表 3-1 所示。

隧道偏差允许范围　　　　　　　　　　　　　　　　表 3-1

项目	最大允许偏差/mm					
	地铁隧道	公路隧道	铁路隧道	水务隧道	市政隧道(排水、电力)	油气隧道
隧道设计中线平面位置	±50	±75	±70	±100	±100	±100
隧道设计中线垂直位置	±50	±75	±70	±100	±100(隧道底线)	±100

1. 地铁隧道施工允许偏差

盾构机姿态的最大偏差范围为水平、高程最大允许偏差在 ±50mm 范围内(行业规范)。

盾体滚动角控制在 ±8mm/m（设备设计规定），其中"m"是盾体直径单位。

图 3-13　盾构方向控制示意图

2. 施工管控标准

施工管控标准为最大允许偏差的 60%（企业要求）。水平和高程的管控范围为 ±30mm，操作手控制范围为 ±20mm；滚动角的管控范围小于 ±5mm/m，操作手控制范围为 ±3mm/m。

地铁隧道工程允许偏差范围、施工企业管理偏差范围及操作手控制偏差范围三者之间的关系见图 3-13。

当盾构机水平位置或高程位置偏离隧道设计中线 ±20mm（操作控制范围）时，就要进行盾构机姿态的纠偏，每一环盾构机的水平方向纠偏不超过 ±8mm，垂直方向纠偏不超过 ±5mm；做到"早纠，勤纠，缓纠"，杜绝"急纠、猛纠"。

同时规定，直线段，每一环推进液压油缸行程差不大于 20mm；曲线段，每一环推进液压油缸行程差不大于 10mm。铰接油缸行程差管理控制在 30mm 范围，操作控制在 20mm 范围内。

盾构机姿态控制允许范围见表 3-2。

盾构机姿态控制允许范围　　　　　　　　表 3-2

姿态类型	姿态内容	参数	备注
掘进姿态	姿态允许控制范围	±50mm 以内	超出此范围属于施工事故
	姿态管理控制范围	±30mm 以内	施工安全管理的富余量
	姿态操作控制范围	±20mm 以内	超出该范围需及时进行纠偏
盾构机姿态	盾构机允许控制滚动角	±8mm/m 以内	其中"m"是盾体直径单位
	盾构机操作控制滚动角	±5mm/m 以内	同上
	盾构机仰俯角	+3mm/m 以上	始终保持上仰，根据地层调整
	盾构机允许控制偏航角	±10mm/m 以内	每环
	盾构机操作控制偏航角	±5mm/m 以内	每环
姿态纠偏	盾构机水平纠偏偏移量	±8mm/m 以内	每环
	盾构机垂直纠偏偏移量	±5mm/m 以内	每环
盾构管片姿态控制	推进液压油缸行程差（直线）	20mm 以内	每环
	推进液压油缸行程差（曲线）	10mm 以内	每环
	铰接油缸行程差（允许）	30mm 以内	满足盾尾间隙调控
	铰接油缸行程差（控制）	20mm 以内	满足盾尾间隙调控
	盾尾间隙接近（保持管片与加强环距离 10mm）	55mm 时（最小处）	以盾尾间隙进行管片选型
	盾尾间隙大于（根据盾尾间隙设计调整）	65mm 时（最小处）	以管片中线趋向进行管片选型

3. 姿态控制的基本原则

基于对盾构机掘进姿态控制的要求，盾构机姿态控制的原则为：

盾构构造与操作维护（第2版）

（1）偏离量增加之前及早纠正；

（2）宜"早纠、勤纠、缓纠"，杜绝"急纠、猛纠"；

（3）纠偏量应控制在允许范围内，禁止超出允许范围的纠偏量；

（4）推进时，应使管片受力均匀，不承受推进偏心力，避免盾尾内部剐蹭。

<table>
<tr><td>微课视频：
直线段掘进姿态控制</td><td>微课视频：
平面曲线段
掘进姿态控制</td><td>实训视频：
直线段姿态分析
与参数判断</td></tr>
</table>

六 不同工况下姿态控制要点

1. 直线段姿态控制

一般情况下，当盾构机在直线段掘进时，左右推进液压油缸行程差值不会很大，因此直线段盾构机掘进姿态控制比较简单，只考虑推进液压油缸行程差与盾构机姿态的关系，无须考虑轴线变化，盾构机的掘进与控制操作要点如下。

在土质比较均匀以及盾构机姿态良好的情况下，保持盾构机 A 区推进油压小，C 区推进油压大（盾构机始终保持抬头姿态），B 区、D 区推进油压适中且基本相同，区域推进油压调整好后，仅需调整盾构机推进速度旋钮实施掘进，推进液压油缸的行程差变化不会很大，盾构机能保持良好的姿态掘进。

直线段掘进时，尽量将切口环轴线与隧道设计中线偏移量控制在 ±10mm，最大不超过 ±20mm；左右两侧的推力应始终保持一致，盾构机保持一定的上仰姿态，并根据实际情况进行调整。纠偏时，可通过适当调整对应两组推进液压油缸油压差，实现向上、下、左、右四个方向的调整。比如盾构机向右侧调整时，可适当增加左侧推进液压油缸压力，减少右侧推进液压油缸压力，实现盾构机向右侧调整纠偏，反之亦然，但需注意每环水平纠偏量不得超过 ±8mm，垂直纠偏量不超过 ±5mm。

油缸行程差值最大不应超过 20mm，若出现行程差过大，应该选择转弯环拼装修补行程差：将转弯环最大的楔形量补充到最长行程的油缸位置，通过转弯环的调整，保持左右与上下侧推进液压油缸行程差在 20mm 以内。同时，合理调整铰接与盾尾间隙，将铰接油缸行程差控制在 20mm 范围内，这有利于避免掘进时管片因盾尾剐蹭而损坏。此外，应养成经常伸、缩被动铰接油缸的习惯，使盾尾与管片间隙自动耦合。

每一环刀盘要进行 N 次换向，刀盘换向可调整盾体朝相反方向滚动，保证盾体滚动量控制在 ±5mm/m，特殊情况下不得超过设计允许滚动量 ±8mm/m。

当地层软硬不均，常规调整已无法达到预期效果时，可适当降低掘进速度，合理分配各区域推进液压油缸压力，加大较软一侧推进液压油缸油压，同时减少较硬一侧推进液压油缸油压，必要时可适当屏蔽一部分油缸，以达到调整姿态的目的。效果不佳时则需要考虑使用超挖刀，扩挖较硬的一侧掌子面，从而达到调整姿态的目的，超挖见图 3-14。条件允许的情况下，可考虑开仓检查刀具，若刀具异常磨损，应及时进行更换。

图 3-14 超挖图(数字为管片编号)

2. 曲线段姿态控制

盾构机由前盾、中盾、尾盾和后配套辅助系统组成,主机(前盾、中盾)组成直桶形刚性结构,在圆曲线段掘进时,不能很好地拟合隧道设计曲线,因此,圆曲线段的姿态控制难度要远大于直线段的姿态控制。隧道设计曲线半径越小,每环的纠偏量就越大,盾构机姿态控制难度就越大。在施工中仅仅调整盾构机轴线和管片中线重合,而没有调整管片姿态的话,会造成盾构机轴线和管片中线逐步偏离隧道设计中线。针对曲线段隧道,应根据实际情况选择左转弯环或者右转弯环管片。左、右转弯环管片拼装位置的选择,除应遵循直线段标准管片的安装原则外,还应考虑曲线段本身引起的管片纠偏量。

在曲线段施工中,需通过直线形标准管片和转弯环管片的不同组合来拟合隧道设计的曲线半径。同时,盾构机在圆曲线段掘进时,若盾尾间隙太小,直线形标准管片易被盾尾加强环挤压而破损,严重时会出现开裂、错台、漏水。通常,应结合盾构机曲线掘进的方向姿态,将转弯环管片的最大楔形量放在盾尾间隙最小的一侧,以调节盾尾间隙。

曲线段推进液压油缸分区控制技术:曲线段姿态控制需尽量让管片端面垂直于盾构机轴线。当推进液压油缸各分区的行程有差异,即表明管片端面不垂直于盾构机轴线。曲线段推进液压油缸行程差不得大于 10mm,当推进油缸行程差值过大时,推进油缸的推力就会在管片径向产生较大的分力,从而影响已拼好的管片以及盾构机推进姿态。通常以转弯环最大的楔形量补充在推进油缸行程最大的一侧,以减小推进油缸行程差,始终保持管片端面垂直于盾构机轴线。

曲线掘进时,盾构机姿态往往向曲线外侧偏移,因此,一般情况下,将盾构机姿态控制向设计曲线内侧偏移一定量,以补充管片姿态往曲线外侧的偏移量,并根据偏移量大小的不同,选择补充范围,从而保证成型管片在隧道设计中线上。

在曲线段掘进过程中,盾构机轴线与隧道设计中线的水平偏差量控制在 ±20mm 范围;垂直偏差量控制在 ±10mm 范围,最大偏差量不得超过 ±20mm。同时偏航角应控制在 ±5mm/m,最大不超过 ±10mm/m。掘进时左右两侧的推进液压油缸压力会存在一定差值,应根据刀盘的受力情况进行调整;推进液压油缸行程差或转弯环超前量(楔形量)的最大偏差不应超过 10mm。此外,应按照隧道设计曲线段的趋向进行管片选型拼装,并调整好管片环面平整度,防止管片拼装出现喇叭口。

3. 其他工况下的姿态控制

(1)前盾栽头

此现象一般多出现在软土、淤泥质地层。当土体本身强度不高,盾构机因刀盘、前盾质量相对较重,易出现栽头现象;掘进时仰俯角未能及时进行上仰姿态调整,也可能导致栽头;在下坡变为上坡的变坡段时,未能及时根据情况调整盾构机高程趋向,盾构机极易栽头;设备故障或操作失误,盾构机下部推进液压油缸油压过小,也会引发盾构机栽头;前方突遇溶洞,也易导致盾构机栽头。无论何种地层,盾构机应始终保持上仰姿态掘进,地层越软,上仰姿态应越大,以防止栽头现象。

（2）前盾上漂

此现象多发生于上软下硬地层。由于土体下部较硬，上部较软，盾构机向上部软弱地层偏移，从而造成盾构机前盾上漂抬升；掘进时仰俯角未能根据隧道中线进行及时调整，比如在上坡变为下坡的变坡段，如果未能及时根据情况调整盾构机垂直姿态趋向，盾构机前盾极易上漂；设备故障或操作失误，上部推进液压油缸油压过小，也会引发盾构机前盾上漂。出现此现象时，需要适当调大上部油缸压力或者减小下部油缸压力，将上漂姿态向下压，俗称压头。

（3）管片与盾尾上浮

此现象多发生于富水地层的下坡段。地下水沿隧道后方管片壁的注浆裂隙通道向前灌，水头越高浮力越大，当管片拼装完成脱离盾尾后，因缺少了盾尾的束缚，在地下水浮力和浆液浮力双重作用下上浮，最终导致盾尾随管片上浮而抬升；同时，在盾构机的压头操作过程中，压头趋向过大，同样会导致盾尾抬升。

若管片上浮偏移量达 +50mm 时，盾构机掘进姿态可向隧道设计中线以下调整到 −60 ～ −40mm，使上浮偏移量刚好保持成型管片最终在隧道设计中线上，此时需及时进行管片环向分段二次双液注浆，封堵成型隧道后方水头压力的通道，同时减小盾构机压头趋向。

（4）上坡段变坡法掘进

在每一环掘进过程中，采用不同的掘进坡度进行推进，最终达到隧道设计的纵坡的要求。根据管片与盾构机的相对位置，采用"先抬后压或先压后抬"的措施提高盾构机高程或降低盾构机高程，掘进结束时将盾构机坡度调整至与隧道设计中线的坡度相近。该方法的优点是盾构机四周间隙不受盾构机与管片间折角的影响，便于管片拼装；缺点是盾构机坡度变化较大，加大了对周围土体的扰动，注浆量有所增加。

（5）上坡段稳坡法掘进

每一环采用一个纵坡进行掘进，以符合纠坡要求，对土体扰动比较小；可根据上一环坡度稳坡连续掘进，结合掘进坡度与盾构机高程的变化关系确定当前环的掘进坡度。该方法的缺点是：盾构机稳坡法掘进过程中，特别是在软土地层，盾构机与隧道间往往会存在一个夹角，盾构机掘进结束后，盾构机轴线与管片中线间的夹角会影响管片的四周间隙，进而影响管片的拼装。

（6）推进液压油缸油压差值与行程差值控制

在小曲率半径掘进过程中，调整左右推进液压油缸油压的差值是完成左右纠偏的主要方法，在具体的纠偏过程中，可根据左右推进液压油缸的行程差判断盾构机现状是否满足纠偏量要求（根据上一环的参数报表判断推进液压油缸左右行程差与当前掘进环的中线变化）。当盾构机切口环刚由直线段进入曲线段（或从缓和曲线段进入圆曲线段）时，由于盾尾管片还未进行曲线段管片的拼装，即管片还未作超前量调整，需通过增加左右侧推进液压油缸的行程差，使盾构机正好处于缓和曲线段设计中线的切线位置；而在同一曲线段掘进时，管片的超前量调整正好起到调整盾构机掘进方向的作用，若盾构机姿态与管片姿态良好，保持原有的推进液压油缸行程差值即能使盾构机保持良好姿态。

（7）刀具磨损

刀具磨损严重易造成刀盘局部欠挖，从而导致盾构机姿态发生偏移或开挖直径不够，严重时盾构机可能出现"卡盾"现象。因此，应定期检查盾构机刀具磨损情况，特别是边缘刀具的磨损，保证刀盘的开挖直径足够大。

参照工作场景与任务内容,结合学习的盾构机姿态调整知识,针对盾构机在软弱地层、缓和圆曲线段掘进的情况,根据导向系统界面显示分析哪些参数偏离姿态控制范围,纠偏步骤如下:

步骤1:根据导向界面显示判断,盾构机超出姿态控制范围的参数有:仰俯角 11mm/m,垂直姿态前点 25mm,偏航角 83mm/m,水平姿态后点 −32mm,因此需及时采取调整措施,将这四个参数调整到控制范围以内,实现盾构机的纠偏调整。

步骤2:仰俯角 11mm/m 满足仰俯角控制始终保持在 +3mm/m 以上的要求,垂直姿态前点 25mm 已超出姿态控制范围 ±20mm 的要求,垂直趋向 4mm/m 满足垂直偏移量 ±5mm/m 的要求;且盾构机又在软弱地层掘进,2/3 的姿态参数满足姿态控制要求,综合判断仰俯角无须调整,保持现仰俯姿态掘进,适当减小掘进速度,利用主机自重使盾体垂直姿态前点 25mm 自然下沉到 ±20mm 控制范围。掘进中,当垂直趋向超过 ±5mm/m 时,调大 A 组旋钮,增加 A 区(上部)推进液压油缸压力,将盾体垂直趋向控制在 ±5mm/m。

步骤3:偏航角 83mm/m 远远超出允许范围 ±10mm/m 的要求,水平姿态后点 −32mm 已超出姿态管理范围 ±30mm 的要求,水平趋向 8mm/m 已接近水平偏移量 ±8mm/m 的要求,两个姿态参数已超限,综合判断对偏航角、水平姿态进行调整纠偏。盾构机掘进在右转缓和曲线段,适当调大 B 组旋钮,增加 B 区(右侧)推进液压油缸压力,水平趋向保持正值姿态掘进,并向 ±8mm/m 数值以下调整,缓慢地将偏航角 83mm/m、水平姿态后点 −32mm 纠正到控制范围以内,保持盾构机姿态向右转缓和曲线中线方向掘进。

步骤4:滚动角 −2mm/m 满足滚动角控制范围在 ±5mm/m 的要求,掘进中,密切关注滚动角变化情况,发现滚动角接近 ±5mm/m 时,调整刀盘旋转方向,利用刀盘旋转的反作用力控制盾体滚动角。

【考核评价】

通过本任务内容学习,主要考查学生对水平、垂直姿态,偏航角、仰俯角、滚动角控制的理解是否全面,水平、垂直姿态,偏航角、仰俯角、滚动角调整作业的流程是否规范。盾构姿态控制考核评价如表3-3所示。

盾构姿态控制考核评价表   表3-3

评价项目	评价内容	评价标准	配分/分
知识目标	盾构机导向显示界面	是否掌握盾构机导向显示界面的基本参数含义	15
	上位机推进、铰接界面	是否掌握盾构机上位机推进、铰接界面的基本参数含义	15
	刀盘、推进操作琴台	是否掌握盾构机刀盘、推进操作琴台功能的意义	15
能力目标	查看导向界面数据	是否能够判断哪些数据合适,哪些数据超限	15
	按仰俯角完成垂直姿态指引	是否能够熟练完成盾构机垂直姿态的纠偏调整	15
	按偏航角完成水平姿态指引	是否能够熟练完成盾构机水平姿态的纠偏调整	15
素质目标	规范作业	水平、垂直姿态控制操作流程是否规范	5
	科学分析	水平、垂直姿态控制操作流程是否科学合理	5
合计/分			100

 一 盾构机始发姿态控制技术

1. 直线始发

盾构机直线始发进入洞门、脱离始发架的承载和导向后，因主机自重常出现栽头现象，影响已拼装负环管片的稳定，所以安装始发架时，需将始发架前端抬高 10 ～ 15mm，防止盾构机栽头。同时，在加固区范围内稍微抬高盾构机上仰姿态，防止盾构机推出加固区后，因土层的软硬程度不同而栽头。

盾构机始发时，端头加固区的正面土体强度较大，往往造成推进液压油缸推力过高，加大了反力架承受的荷载。为了防止反力架变形过大导致管片失稳或崩塌，反力架应保持受力均衡，并严格控制盾构机推力的大小。

反力架平面与始发架中心轴线应垂直，始发架中心轴线与盾构机中心轴线水平偏差控制在 ±10mm，垂直偏差控制在 ±5mm。盾构机始发采取的措施有：盾体防滚动装置、始发架防偏移装置、负环管片稳定(三角木、钢丝绳)装置，并严格控制洞门漏浆漏水。

2. 曲线始发

曲线始发通常有两种方式，即切线始发和割线始发。曲线始发示意如图 3-15 所示。曲线半径较大时采取切线始发，曲线半径较小时采取割线始发。

图 3-15　曲线始发示意图

由于始发架刚性导向的作用，盾构机始发姿态在始发架上无法调整，只有当盾尾全部脱离始发架进入洞门，并完成洞门封闭堵水作业后，才可进行盾构机姿态调整。如果曲线半径过小，盾构机进洞后前端姿态易发生超限，姿态超限示意如图 3-16 所示。

盾构机始发时，既要保证其进洞的姿态，又要为其预设转弯的趋向，使得盾构机完全进洞后能平滑地沿着隧道设计中线掘进。因此在始发架定位时，要求前端抬高 10 ～ 15mm 的同时，还要保持始发架前端中线与隧道中线对齐，将始发架的后端往曲线外侧偏移一定的距离。始发架调整示意如图 3-17 所示。

 二 盾构机到达姿态控制技术

(1)盾构机掘进至最后 50 ～ 100m 时(到达段)，复核导向系统是否正确，确保贯通测量准确无误。根据掘进段姿态控制经验，盾构机贯通前 100m 时，应及时修正姿态，确保顺利到达。到达段掘进参数见表 3-4。

图3-16　姿态超限示意图

图3-17　始发架调整示意图

到达段掘进参数　　　　　　　　　　　　表 3-4

编号	参数	控制范围	备注
1	土仓压力(bar)	1.2~1.5	根据地表监测结果及出渣量调整
2	刀盘转速(r/min)	1.5~1.7	
3	推力(kN)	12000~15000	根据掘进速度及刀盘扭矩调整
4	盾构机水平姿态(mm)	前±5 后±5	按照测量结果及时调整
5	盾构机垂直姿态(mm)	前-10 后-20	
6	盾构机姿态垂直趋向(mm/m)	+3	始终保持上仰姿态
7	掘进速度(mm/min)	30~40	
8	每环出土量(m³)	60~65	理论出土量的98%
9	注浆量(m³)	6~6.5	理论注浆量的130%

提高贯通前的人工测量频率,复检盾构机所处的方位,确保盾构机高程高出接收架的轨道面 20~30mm;盾构机进入加固区后适当增大同步注浆量与水泥的用量,水泥量增加至 $100kg/m^3$,注浆系数1.3;盾尾末端2环管片采用二次双液注浆。

(2)盾构机掘进到地下连续墙前3m时,采用全土压模式掘进,主要掘进参数见表3-5。

主要掘进参数(一)　　　　　　　　　　表 3-5

编号	参数	控制范围	备注
1	土仓压力(bar)	1.0~1.2	根据地表监测结果及出渣量调整
2	刀盘转速(r/min)	1.0~1.2	
3	推力(kN)	≤10000	根据切削地下连续墙参数变化调整
4	扭矩波动(bar)	15~20	异常时及时分析判断

盾构构造与操作维护(第2版)

编号	参数	控制范围	备注
5	盾构机水平姿态（mm）	前0后0	按照接收架安装测量结果调整
6	盾构机垂直姿态（mm）	前20后10	
7	盾构机姿态垂直趋势（mm/m）	+3	始终保持上仰姿态
8	掘进速度（mm/min）	≤20	
9	每环出土量（m³）	60～65	
10	注浆量（m³）	6～6.5	根据密封效果和测量情况及时调整

（3）盾构机掘进进入地下连续墙时，采用小推力、低转速及空仓敞开掘进模式缓慢进行掘进，主要掘进参数见表3-6。

主要掘进参数（二）　　　　　　　　　　　　　　　表3-6

编号	参数	控制范围	备注
1	土仓压力（bar）	0.5～1.0	根据地表监测结果及出渣量调整
2	刀盘转速（r/min）	1.0～1.2	
3	推力（kN）	≤8000	根据切削地下连续墙参数变化调整
4	扭矩波动（bar）	15～20	异常时及时分析判断
5	盾构机水平姿态（mm）	前0后0	刀盘破洞后根据盾构机实际姿态调整并加固接收架
6	盾构机垂直姿态（mm）	前20后10	
7	盾构机姿态垂直趋势（mm/m）	+3	始终保持上仰姿态
8	掘进速度（mm/min）	≤10	
9	每环出土量（m³）	60～65	考虑清仓出土
10	注浆量（m³）	6～6.5	根据密封效果和测量情况及时调整

（4）防止到达段管片止水带接触压力不足导致隧道渗漏水。盾构机在进入端头区域时要降低掘进速度，为避免推力过大导致端头墙突然贯通造成端头失稳，盾构机推力相应减小。

盾构机推力的减小使得在靠近端头区域20环左右的管片止水带无法被较好压紧，处于欠压状态，导致管片环间出现渗浆漏水现象，在管片止水带上加贴遇水膨胀止水条的同时，管片螺栓要进行三次紧固，第一次在管片安装时，第二次在下一环掘进1000mm时，第三次在掘进完成收回推进液压油缸前，并在管片的纵向螺栓上焊接拉杆，如图3-18、图3-19所示。

图3-18　管片纵向扁钢拉杆连接

图3-19　管片纵向槽钢拉杆连接

盾构机步上接收架后,为保持管片间的压紧力,需为盾构机步进提供一定的反作用力。

【强化训练】

请扫描下方二维码,打印并装订电子活页实训手册,完成实训任务十 盾构机姿态控制。

实训任务十 盾构机姿态控制

盾构构造与操作维护(第2版)

项目四

盾构机的维护

任务一　刀盘刀具维护

【学习目标】

知识目标:1.熟悉刀盘维护的内容;
　　　　　2.熟悉刀具维护的内容。

能力目标:能进行简单的刀盘刀具维护。

素质目标:具有团队协作、吃苦耐劳和精益求精的精神。

【工作场景与任务】

　　某区间隧道采用盾构法施工,盾构穿越地层以砂卵石为主,掘进过程中发现推力大、掘进速度慢等现象,通过开仓检查发现部分刀具磨损严重,并进行了更换。隧道贯通后发现刀盘也存在一定的磨损,需要进行维修。盾构机运行期间应如何对刀盘与刀具开展维护工作?

【知识准备】

一　刀盘

　　刀盘是盾构的主要工作部件,它的主要作用是切削掌子面,并搅拌渣土。刀盘四周和边缘部分堆焊有耐磨条和耐磨格栅。刀盘经由牛腿、法兰盘和主轴承连接在一起,由4个牛腿承受推进力和径向荷载,以及驱动马达提供的扭矩。在刀盘的开口边缘和主、副刀梁上安装有刀具。由于盾构在施工过程中会遇到各种不同的地层,如淤泥、黏土、砂层、软岩、硬岩等,因此作为盾构关键部件之一的刀盘,工作环境恶劣、受力复杂。一旦出现故障,维修处理困难,在掘进过程中必要时需进入开挖仓对刀盘进行维护与保养。

二　刀具

　　刀具是盾构掘进系统的主要部件,必须根据地质条件对刀具的运转状况进行检查。在刀具严重磨损或损坏的情况下进行推进,刀盘会严重损坏。在掘进过程中,地质条件的变化导致刀具的耐用度不同。在一项工程开工以后,应根据在初期掘进过程中制订的换刀计划和掘进参数,预测刀具的磨损情况。也就是利用盾构机上配备的数据采集装置采集与刀具磨损相关的参数进行分析,并通过分析掘进速度或刀盘总扭矩的理论值与当前实际值之间的偏差来判断刀具的磨损情况。为确保施工安全,应在换刀计划内找出一个能反映刀具变化的合理周期进行刀具检查,以便在施工过程中及时发现刀具的磨损问题。对还没有达到换刀计划周期,但已经出现磨损或失效的刀具,应及时更换。

刀具的保养要点:

(1)必要时进入开挖仓检查刀具的磨损情况,根据地质情况决定是否换刀。

(2)检查盘形滚刀的滚动情况和刀圈的磨损量。应使用专用盘形滚刀磨损量检测板检查。

(3)在换装刀具过程中检查盘形滚刀紧固螺栓的扭矩。

(4)检查切刀的数量和磨损情况,若有丢失、脱落,须立即补齐。

(5)检查齿刀的切削齿是否有剥落或过度磨损,必要时更换。

(6)刀具检查按照以下标准执行。

①安装刀具为齿刀时,检查齿刀是否有刃口蹦刃、刃口磨损情况,当刃口磨损至刀具基体时,则应更换。

②安装刀具为滚刀时,需检查周边滚刀磨损量,当磨损量达到35mm时,必须更换;但如果前部地层不能确定能否进入土仓换刀,而根据刀具磨损进度预计换刀点,磨损量在20mm左右的刀具也需更换,拆卸下的旧刀具仍可装于正面区域。

③安装刀具为切刀时,检查切刀磨损情况,对于掉齿或刃齿磨损至基体的刀具必须更换。对掉落的切刀必须安装新切刀。

(7)检查所有安装刀具螺栓紧固情况,松动时紧固。

(8)在间隔一个月的刀盘检查中,所有螺栓必须用风动扳手紧固一次。

(9)所有刀具安装件必须用水、钢刷清洁吹干后才可安装。

【任务实施】

一 刀盘的维护

步骤1:必要时进入开挖仓检查刀盘各部分的磨损情况,检查耐磨条和耐磨格栅是否过度磨损,必要时可进行补焊;

步骤2:检查刀盘内搅拌棒的磨损情况,以及被动搅拌棒上的泡沫孔是否堵塞;

步骤3:有条件的情况下检查刀盘面板、各焊接部位是否有裂纹产生。

二 刀具检查与更换

步骤1:在人闸内操作刀盘,清洗刀具和刀座,测量刀具刀刃的高度,并完全记录在案。如果与理论高度间的误差超过设定值,将更换刀具。此外,考虑到本次换刀之后所遇到的地层需要用完好的刀具进行开挖,因此,对于已有一定量的磨损的刀具,也需及时更换。

步骤2:将刀盘需更换刀具的部位旋转到刀盘中心右方(左装刀则旋转至左方)。

步骤3:在更换刀具部位上方前体上焊接吊装刀具用的吊耳。

步骤4:在刀盘更换刀具部位下方焊接支架,搭建人站操作小平台。

步骤5:将刀具及刀座清洗干净。

步骤6:取刀,利用葫芦将刀具挂好,用风动工具松开刀具螺栓,然后取出刀具,从人闸内转运到盾构机内。

步骤7:装刀,将须更换的刀具运送进土仓,按拆刀的相反步骤将刀具装好、拧紧至设计扭矩值。

【考核评价】

通过学习本任务内容,对刀盘刀具的维护操作及检查更换进行考核,考查学生有关刀盘刀具的维护及检查更换内容理解是否正确,作业流程是否规范,掌握是否熟练,操作结果是否达标,具体见表4-1。

刀盘刀具维护与保养考核评价表   表4-1

评价项目	评价内容	评价标准	配分/分
知识目标	刀盘检查要点	能否正确描述刀盘检查要点	5
	刀具的保养要点	能否正确描述刀具的保养要点	20
	刀具磨损检查内容	能否正确描述刀具磨损检查内容	15
	刀圈的更换标准	能否正确描述刀圈的更换标准	10
能力目标	刀盘维护	能否正确进行刀盘检查操作	20
	刀具检查与更换	能否按步骤正确进行刀具检查与更换	20
素质目标	规范作业	刀盘检查按规范操作	5
	科学分析	分析刀具磨损程度对掘进的影响	5
合计/分			100

【知识拓展】

一 增强刀盘刀具耐磨性能的方法

一般可采用适宜的材料与合理的工艺来提高刀盘及刀具的耐磨性,具体有如下几点:

(1)刀盘的面板焊接网状耐磨条;

(2)刀盘的外圈焊接高强度的耐磨板;

(3)对刀盘开口部位的表面进行耐磨处理;

(4)刀具均采用高耐磨的合金钢碳化钨刀具;

(5)在搅拌棒的表面堆焊网状耐磨条,网状耐磨条的网眼尺寸一般为80mm×80mm,耐磨条的高度约为5mm,宽度为10mm。

二 刀具配置注意事项

刀具的布置方式需要充分考虑工程地质情况。对于不同的工程地质条件,采用不同的刀具配置方案,以获得良好的切削效果和掘进速度。根据地质条件,地层可以大致分为四种:软弱土地层,砂层、砂卵石地层,风化岩及软硬不均地层,单纯的纯硬岩地层。

软弱土地层,如南京、上海、杭州等地,其以淤泥、黏土和粉质黏土为主。软弱土地层一般只需配置切削型刀具,如切刀、周边刮刀、中心鱼尾刀、先行刀和超挖刀。切刀安装在开口槽的两侧,覆盖整个进渣口的长度。刮刀安装在刀盘边缘。由于刀盘需要正反旋转,因此切刀也在正反方向布置。为了提高切刀的可靠性,在每个轨迹上至少布置2把切刀。由于在周边工作量相对较大,磨损后对盾构机切口环尺寸影响较大,故一般在正反方向各布置8把周边刮刀。考虑到刀盘的受力均匀性,刀具布置应具有对称性。刀具采用螺栓固定以便于更换。在切刀或刮刀的刃口和刃口背面镶嵌有合金和耐磨材料,以延长刀具的使用寿命。切刀的破岩能力为20MPa,可以顺利地通过进出洞端头的加固地层。

砂层、砂卵石地层，如北京、成都等地，其以砂、砂卵石地层为主，如遇到粒径较大的砾石或漂石，应配置滚刀进行破碎。

在砂层、砂卵石地层施工时，应设置（宽幅）切刀、周边刮刀、先行刀（重型撕裂刀）、中心鱼尾刀、仿形刀、滚刀等刀具。其中切刀是主刀具，用于开挖面为大部分断面的开挖；周边刮刀也称保径刀，用于切削外周的土体，保证开挖断面的直径；先行刀在开挖面沿径向分层切削，预先疏松土体，降低切刀的冲击荷载，减少切削力矩，同时用于破碎强度较低和粒径较小的卵石和砾石；中心鱼尾刀用于开挖面中心断面的开挖，起到定心和疏松部分土体的作用；仿形刀用于曲线开挖和纠偏；滚刀用于破碎粒径较大的砾石或漂石。

风化岩及软硬不均地层，如广州、深圳、大连，多为上软下硬、地质不均的复合地层，其局部岩石的单轴抗压强度较高（150~200MPa），除配置切削型刀具（包括宽幅切刀、先行刀）外，还需配置滚刀，因而刀盘结构相对复杂。对于岩层，首先通过滚刀进行破岩，滚刀的超前量应大于切刀的超前量，且在滚刀磨损后仍能避免切刀进行破岩，确保切刀的使用寿命。在曲线半径小的隧道掘进时，为了保证盾构机的调向和避免盾壳被卡死，需要有较大的开挖直径，因此刀盘上需配置滚刀型的仿形刀（或超挖刀）。

复杂地层刀具配置案例：

北京地铁9号线06标段，单线盾构隧道长1238m，地层主要为卵石层、圆砾层、强风化~中风化砾岩层、强风化黏土岩层，局部为粉质黏土层和细砂层。开挖面围岩不稳定，黏土岩和强风化砾岩的单轴抗压强度为0.3~2.0MPa，为极软岩。根据详勘报告推测，大于400mm粒径卵石含量为15%~40%，隧道附近基坑内有1500mm×2000mm漂石，不排除有粒径更大的漂石存在，且随机分布。随机取样卵石和砾石的单轴抗压强度为120~187MPa，石英和长石含量为70%~95%。

针对本标段的地层，设计人员在刀具配置方面提出了新的设计理念和思路。为了使刀具能够充分发挥作用，盾构机设计使用了3130mm大直径轴承，配备了1200kW的驱动力，使刀盘的脱困扭矩为7740kN·m，转速可达0~3.2r/min，同时在刀盘面板和周边焊接碳化铬超硬耐磨板和耐磨网。

刀具布置方面（初步预案），开口槽密排宽幅切刀100把（带耐磨合金头）；面板上配备大横断面高耐磨双层碳化钨重型撕裂刀（先行刀）31把；刀盘外周和边缘位置配备双刃滚刀10把，中心锥形刀1把。滚刀和重型撕裂刀采用刀盘背装式，可通过刀盘内的刀箱方便地进行拆卸、互换。

该工程首先提出了"锤击"破碎大粒径漂石的理念，即利用刀盘高速旋转产生的冲击惯性能量，通过大横断面重型撕裂刀将漂石在刀盘前"锤击"破碎。该工程的成功贯通为富含大粒径漂石地层的盾构施工提供了新的思路。

【强化训练】

请扫描下方二维码，打印并装订电子活页实训手册，完成实训任务十一　刀盘刀具维护。

实训任务十一　刀盘刀具维护

任务二　主驱动维护

【学习目标】

知识目标: 1. 熟悉主驱动的正常工作条件;

2. 掌握主驱动各部件的保养要求;

3. 掌握主驱动保养工作内容。

能力目标: 1. 能够进行主驱动状态检查;

2. 能够确认主驱动保养工作的完成程度;

3. 能够对主驱动各部件实施正确、全面的保养。

素质目标: 1. 培养规范操作的意识;

2. 培养遵守规章制度的意识。

【工作场景与任务】

主驱动装置是盾构机动力输出的中心,并且支撑着刀盘。施工过程中,主驱动装置的损坏对整个项目影响显著,其地下维修或更换也十分困难,因此,盾构机主驱动的日常保养是不可忽视的重要环节。在土压平衡盾构机使用过程中应如何做好主驱动系统的维护,进而延长其使用寿命呢?

微课视频:盾构机
主机维护

【知识准备】

在盾构机结构中,主驱动系统可以看作盾构机的心脏,因此在日常维护过程中,要重点关注对盾构机主驱动的维护管理,要安排专门的机电工程师进行看管,且要制定完善的维护计划。还要加强对盾构机配件的存放管理,提高盾构机主要部件的维修水平,以维修为主,以替换为辅,这样可以大大提高盾构机的使用性价比。

主驱动密封维护

盾构机作为一种较为高端的施工机械,其运行主要依靠主驱动系统。在对主驱动系统进行维护时,要关注主驱动的密封是否良好。由实践经验可知,盾构机使用一段时间会出现沟槽。这主要是因为长时间的使用,使得主驱动的 VD 形密封唇口及渣土与密封衬套摩擦时长增加,从而导致唇形密封在衬套圆周方向磨出沟槽。沟槽的深浅不一,在对其进行处理时,要注意沟槽对主驱动密封性的影响,如果不能及时地控制和处理沟槽,严重的话会导致主轴承腔室齿轮油泄漏或是进入渣土,并最终对主驱动造成损害,影响盾构机的正常运行。

根据对主驱动密封失效的原因分析,为保证密封达到设计的使用寿命,操作和保养人员必须加强密封状态的监测工作。通过配置完善的主驱动密封状态监测系统,对油脂注入量、油温、泄漏实时监测,定期进行油样分析,通过分析油质杂质情况判断主驱动轴承、密封面等关键部位的磨损情况,并优化温度传感器的设置位置和数量,使反馈的信息真实、可靠。同时需要定期检查或更换润滑、密封油脂。盾构机完成调试和试掘进阶段后要及时更换齿轮油,或者加强对齿轮油品的检测,检测齿轮油中的杂质或金属磨粒是否超标,及时更换或添加齿轮油。

二 润滑油维护

维护人员每班应观察润滑油液位两三次,记录液位,做好交接班记录,发现报警或液位下降,应立即停机检查,消除故障后方可启动。操作人员应注意观察密封油脂流量和压力,在不影响推进参数情况下,尽量降低土仓压力。油脂流量和压力不达标时,切忌屏蔽报警信号,防止仓内杂质进入主驱动。维护与修保人员常规保养结束后,要做到多"听"多"摸",听主驱动是否有异响,有无机械撞击和高强度摩擦声。摸减速机和电动机温度是否正常,摸主驱动传动有无振动迹象等。如有上述现象,应停机检查,排查故障。

三 主轴承日常维护

(1)每天坚持观察主轴承齿轮油油位,并做好记录。

(2)检查主轴承齿轮油温度,若温度不正常,须立即停机并查找原因。

(3)检查主轴承密封(HBW)油脂分配器动作是否正常,观察油脂分配电动机上的脉冲传感器的发光二极管闪烁次数,以实际设定为准。在检查刀盘刀具时,进入开挖仓实际检查主轴承密封油脂的溢出情况,正常应有黑色 HBW 油脂从密封处溢出。

(4)检查主轴承齿轮油分配器工作是否正常,观察齿轮油分配电动机上的脉冲传感器的发光二极管的闪烁次数,以实际设置为准。

(5)检查主轴承外圈润滑脂注入情况,观察蓝色油脂分配器工作是否正常,溢流阀是否有油脂溢出。若有油脂溢出,则表明管路堵塞,要及时清理。

(6)每天给主轴承内圈密封手动注润滑脂,每点每次 3~5 下,并检查内圈密封的工作情况。

(7)定期提取主轴承齿轮油并送检,根据检查报告决定是否需要更换齿轮油。更换齿轮油的同时必须更换滤芯。

(8)定期检查齿轮油滤芯,并根据压差开关反映的情况判断是否需要更换滤芯。

(9)定期检查主轴承与刀盘螺栓连接的紧固情况。

四 减速机日常维护

(1)检查减速箱油位,若油位过低应先找出漏油故障,消除故障后补充齿轮油。

(2)检查减速箱温度是否在正常范围内,观察冷却水的流动情况(观察减速机上的水轮指示器)。

(3)检查减速箱的温度开关,定期清理上面的污垢。

(4)第一次工作 50h 后更换所有齿轮油。

五 主驱动电动机/液压马达的维护

(1)检查电动机/液压马达的工作温度和泄漏油温度。

(2)定期检测液压马达的工作压力。

(3)定期检查电动机的转速传感器和刹车片移动传感器,紧固其接头及连线。

【任务实施】

参照任务内容,针对主驱动实物,检查主驱动运行状态,确认主驱动保养工作的完成程度,对主驱动各部件实施正确、全面的保养:

步骤1:检查主驱动运行状态。

观察驱动箱的整体外观;检查主驱动传动有无异常振动或噪声;检查各部件保养情况。

步骤2:确认主驱动保养工作内容。

检查各部件状态;确认保养工作范围。

步骤3:实施保养。

根据日常保养制度并结合实际情况,对主驱动实施保养。

步骤4:记录汇总。

根据保养工作实施情况做好详细记录,并做好保养记录的保存备案。

【考核评价】

通过学习本任务内容,对主驱动维护的相关知识进行考核,考查学生对有关主驱动维护工作的理解是否正确,知识掌握是否全面,细节理解程度是否达标,具体见表4-2。

主驱动维护与保养考核评价表   表4-2

评价项目	评价内容	评价标准	配分/分
知识目标	主驱动主要部件描述	能否正确描述主驱动各个主要部件及功能	5
	主驱动工作条件描述	能否正确描述主驱动正常工作的条件	5
	主驱动各部件保养工作内容描述	能否正确描述主驱动各部件的相关保养工作内容	10
	主驱动保养工作实施描述	能否正确描述主驱动保养工作的实施方式及细节	10
	主驱动日常保养工作记录描述	能否正确描述主驱动保养记录的内容及意义	10
能力目标	掌握主驱动保养工作的评价标准	能否正确说明主驱动保养工作的要求及评价标准	15
	掌握主驱动保养范围及内容	能否正确说明主驱动各部件的保养要求和相关工作范围	15
	掌握主驱动保养工作的实施方法	能否正确说明主驱动保养的具体实施方法	20
素质目标	规范作业	主驱动保养相关工作是否全面,保养方法是否正确	5
	科学分析	分析主驱动保养是否全面完成,讨论日常保养对主驱动运行的影响	5
合计/分			100

【维护好习惯】

对盾构机液压系统进行维护,应该重点关注液压元件的磨损情况,找出液压元件磨损的具体原因。结合相关的工程案例可知,最常见的原因在于油污染。一旦出现油污染,整个液压系统的工作性能都会受到影响。除油污染之外,固体颗粒污染也会导致盾构机的液压系统出现故障。对于维护人员而言,应该将液压系统污染的原因作为重要的工作突破口,且要熟悉盾构机的掘进施工流程,全面提升液压系统的维护水平。在选择相应的污染处理方法时,应该明确措施的目的,即减少液压污染导致的停机时间,从而最大限度保证盾构机中设备完好。

在盾构机的工作过程中,操作人员要密切关注液压油的温度,过高的油温会对液压系统中的工作元件造成损害。在盾构机实际的施工过程中,应该将温度控制在65℃以下,且要时刻监视液压系统中的冷却器的性能,确保其正常发挥功效。此外,液压系统的维护人员还应该严格控制整个液压系统中的油量,同时要定期更换液压油,更换时要确保排空油箱中的全部旧液压油。在此基础上,做好滤油器的检查,确保滤油器的净化值符合施工要求。对液压系统进行维护时,操作人员要合理地控制液压系统的过滤比,尽可能地过滤外界的污染颗粒,降低液压系统的污染度。

盾构机维护人员应该充分地了解气动部件的管理手册,掌握气动元件的结构以及工作原理和操作时的注意事项。在启动气动部件之前,应该确保其使用条件和工程环境符合要求。在气动部件的使用过程中,要定期对元件进行检查,以了解元件的使用寿命和使用条件,同时要了解元件的日常维护需求。在实施气动部件的维护工作时,要关注冷凝水的排放问题,同时要检查相应的工作系统,如空压机、储气罐等。若设备处于停机状态,在停机时要及时地排放冷却水,同时要做好相关的检查,即检查自动排水器,观察其工作状态是否正常。对于分水滤清器而言,要关注其水杯中的存水量,避免过度存水。若需要提供冷却水,操作人员要检查提供冷却水过程中的声音状态和热度状态,避免出现声音异常和过度发热。此外,还要对油雾器进行检查,确保其中不存在灰尘和水分,提高油品纯度,确保油品具有均匀的色泽,同时确保油量合理。

盾构机自动化的实现需要多个系统的配合与控制,通过 PLC、变频器、液压系统等可以实现隧道掘进的不同环节的工程自动化。盾构机在具体施工时,主要的施工过程有注浆、推进等,而施工环节则涉及管片运送、拼装以及箱涵安装等。在盾构机施工过程中,传感器可以实现对各个环节的监控,操作人员可以通过 PLC 上的操控按钮实现人机对话,进一步提高盾构机的自动化水平。对电气系统进行保养,操作人员需要及时检查控制柜中的冷却系统的工作状态,还要检查不同电气系统的连接情况。若系统中存在容易进水的部位,则要检查其传感器是否受到良好的保护。

对盾构机的主要部件进行日常维护,需要操作人员对盾构机的主要部件有足够的了解,且要根据实际工作中的常见设备故障进行主要部件的针对性维护。盾构机的操作人员应该具备现代化的机械管理意识和管理手段,建立完善的盾构机主要部件的日常维护管理制度,为盾构机设备的正常运行提供技术支持。

【强化训练】

请扫描下方二维码,打印并装订电子活页实训手册,完成实训任务十二 主驱动的维护。

实训任务十二 主驱动的维护

任务三 渣土输送系统维护

【学习目标】

知识目标:了解渣土输送系统维护的内容。

能力目标：能对渣土输送系统进行基本的维护。

素质目标：培养规范作业意识及严谨的工作态度。

【工作场景与任务】

某区间隧道采用盾构法施工，土压平衡盾构机掘进到 1213 环时，螺旋输送机出现异响并伴有较大振动现象，操作人员立即停机并上报项目部，项目部技术人员初步判断为螺旋输送机的减速机故障。那么，在使用渣土输送系统前如何开展对螺旋输送机和皮带输送机的检查及维护工作？

【知识准备】

一　渣土输送系统组成与功能

微课视频：盾构机后配套维护

土压平衡盾构机渣土输送系统通常由螺旋输送机和皮带输送机两部分组成。

螺旋输送机的主要功能是：①从有压力的密封土仓内将开挖下的泥土排出土仓。②泥土在螺旋输送机内形成密封土塞，阻止泥土中水的流出，保持密封仓内土压稳定。③通过改变螺旋输送机转速，调节排土量，即调节密封土仓内土压力值，使其与开挖面水土压力保持动态平衡。

皮带输送机主要是用来运输螺旋输送机输送过来的渣土。

二　渣土输送系统维护内容

根据相关企业执行的盾构机维护（修）规范，渣土输送系统维护分为以下几种。

（一）螺旋输送机

维护与保养螺旋输送机时，首先必须停机，并将"运行/维护"开关拨到"维护"位置，确保设备在维护结束前不会再开机。图 4-1 所示为螺旋输送机控制面板。

图 4-1　螺旋输送机控制面板

1. 日常维护

（1）检查螺旋输送机油泵有无漏油现象，若漏油，应立即进行处理，并清洁。

（2）检查螺旋输送机驱动及液压管路有无漏油现象，若漏油，应立即进行处理，并清洁。图 4-2 所示为螺旋输送机液压马达。

（3）检查螺旋输送机油泵电动机温度是否过高，如果温度过高，应立即查明原因并进行处理。

2. 周维护

（1）检查变速箱油位，如图 4-3 所示，如果变速箱油位低于三分之二，需要添加齿轮油。

图 4-2　螺旋输送机液压马达

图 4-3　螺旋输送机变速箱油位检查

（2）检查轴承、闸门、伸缩缸（图 4-4）的润滑情况，及时添加润滑脂。

3. 月维护

（1）检查螺旋片磨损情况，如果磨损严重，应及时补焊耐磨层，图 4-5 和图 4-6 分别为螺旋输送机叶片磨损前和磨损后的情况。

（2）用超声探测仪检查螺旋管厚度，记录检测数据并报机电部。

（3）清洁液压马达电路灰尘，如图 4-7 所示。

图 4-4　螺旋输送机闸门、伸缩缸

图 4-5　螺旋片磨损前

图 4-6　螺旋片磨损后

图 4-7　螺旋输送机液压马达电路

（二）皮带输送机

维护皮带输送机时，首先必须停机，并将"运行/维护"开关拨到"维护"位置，确保设备在维护结束前不会再开机。图 4-8 所示为皮带输送机控制面板。

图 4-8　皮带输送机控制面板

1. 周维护

（1）检查各滚子和边缘引导装置的滚动情况，若滚动情况不佳，应及时清洗、打油。图 4-9 所示为皮带输送机的组成图。

图 4-9　皮带输送机的组成图

（2）检查皮带的磨损情况，若皮带磨损严重，应及时更换皮带。

（3）检查皮带是否走偏，若皮带走偏，应及时调正，如图4-10所示。

图4-10　皮带输送机皮带跑偏检查

2.月维护

（1）检查变速箱油位，如果变速箱油位过低，应添加齿轮油。

（2）检查轴承润滑情况，添加润滑脂。

（3）检查皮带松紧情况，必要时增加皮带张力。

（4）清洁电路、电动机。

（5）检查电路接线端子有无松动，若松动，应紧固。

（6）检查断路器、接触器、继电器触点烧蚀情况，若烧蚀明显，应用细砂打磨平；若严重烧蚀，应更换触点。

3.半年维护

检查和清洁所有零件。

【任务实施】

根据任务内容，以土压平衡盾构机为例，对渣土输送系统进行维护。

一　螺旋输送机

步骤1：检查螺旋输送机运行过程中是否存在异响、振动、发热等异常。

步骤2：检查减速机的油位是否正常。

步骤3：检查减速机的油液颜色是否正常。

步骤4：检查闸门的动作是否正常。

步骤5：检查液压马达运行声音是否正常。

步骤6：检查液压马达运行温度是否正常。

步骤7：测试闸门的紧急关闭功能是否正常。

步骤8：检查闸门密封是否磨损。

步骤9：检查各处螺栓连接是否正常。

皮带输送机

步骤1：检查并清理主动轮、被动轮、压轮、刮泥板积土。
步骤2：检查皮带主动轮橡胶刮泥板的松紧程度、有无皮带跑偏现象。
步骤3：检查主动轮、被动轮、压轮轴承加注黄油情况。
步骤4：检查皮带输送机驱动联轴器。
步骤5：检查皮带输送机驱动部电动机加注黄油情况、齿轮箱液位。
步骤6：检查皮带输送机防护设置功能。

【考核评价】

通过学习本任务内容，对渣土输送系统使用前后的维护进行考核，考查学生对渣土输送系统维护内容理解是否正确，作业流程是否规范，掌握是否熟练，操作结果是否达标，具体见表4-3。

渣土输送系统维护与保养考核评价表　　　　　表4-3

评价项目	评价内容	评价标准	配分/分
知识目标	渣土输送系统的组成及功能	能否正确描述渣土输送系统的组成及功能	10
	螺旋输送机维护内容	能否正确描述螺旋输送机维护内容	20
	皮带输送机维护内容	能否正确描述皮带输送机维护内容	20
能力目标	螺旋输送机的维护	能否正确进行螺旋输送机的维护	20
	皮带输送机的维护	能否正确进行皮带输送机的操作维护	20
素质目标	规范作业	渣土输送系统维护操作步骤是否规范	5
	科学合理	渣土输送系统维护操作步骤是否科学合理	5
合计/分			100

【维护好习惯】

某区间隧道采用盾构法施工，在掘进过程中发现推进液压油泵异响，经检查发现油泵磨损严重，更换油泵后异响消除，但在盾构机推进15环后出现螺旋输送机无力，操作台螺旋输送机速度调整按钮不起作用，速度时快时慢，后来又发现推进液压油缸的推进压力无法调整，这样又影响了盾构机的姿态调整，所以只能停止推进，做进一步检查维修。

经过分析检查，得出这台盾构机先是推进液压油泵异响，螺旋输送机速度无法控制，再到推进压力不能调整等，这些现象有一个共性特征——出问题的都是液压系统。这样，检查的范围就大大缩小了，最后判断可能是液压油太脏。

液压油的检测报告显示，油的污染严重超标，那么这么多的油泥是从哪来的？只能来自螺旋输送机，因为推进液压油缸及拼装机等附近没有泥。进一步检查发现螺旋输送机的齿轮箱里也都是泥，螺杆的密封不好导致泥挤到齿轮箱里，螺旋输送机的电动机是装在齿轮箱上，这样油泥由齿轮箱进入电动机，再由电动机的泄油管流到了油箱。针对这种情况我们怎样实施螺旋输送机日常的维护呢？

维护人员应在日常及时检测油样、油路、齿轮箱、管路，以免出渣时太多泥土进入螺旋输送机，导致螺旋输送机停止转动，从而影响整个施工进度。

【强化训练】

请扫描下方二维码,打印并装订电子活页实训手册,完成实训任务十三　渣土输送系统维护。

实训任务十三　渣土输送系统维护

任务四　推进系统维护

【学习目标】

知识目标:了解推进系统维护的内容。

能力目标:能进行简单的推进系统维护。

素质目标:1.具备防范风险意识;

2.养成规范操作的习惯。

【工作场景与任务】

某区间隧道采用盾构法施工,为保证盾构机推进系统设备处于良好技术状态,缩短故障停机时间,确保正常生产,贯彻"养修并重,预防为主"的原则,对盾构推进系统设备定期进行维护。

【知识准备】

盾构的推进系统由推进油缸、铰接油缸、液压泵、控制阀件和液压管路组成。液压系统带动推进油缸的伸缩,驱使盾构在地层中向前掘进。目前常用推进油缸分为四组,即分为上下左右4个区域,在掘进时便于控制。通过改变各区油缸的伸出速度和伸出长度来控制盾构掘进的方向。每组推进油缸中部配置一个行程传感器,用来实时测量油缸速度和行程。

盾构推进系统是盾构机的核心,需对推进系统进行必要的检查,及时掌握设备情况。

【任务实施】

根据任务内容,以土压平衡盾构机(或仿真操作平台)为例,进行盾构机推进系统维护。

一　推进系统相关设备的检查

(1)检查油箱油位,确保油位高于总油量的三分之二,必要时加注液压油。

(2)检查阀组、管路和油缸有无损坏或渗漏现象,若有,应及时处理。

(3)定期检查所有过滤器工作情况,并根据检查结果和压差传感器的指示更换滤芯。

（4）定期取油样送检。

（5）监听泵的工作声音,发现异常应及时停机检查。

（6）检查泵、电动机和油箱的温度,温度一般在 40～60℃。

（7）检查液压油管的弯管接头是否松动,若松动,应及时紧固。

（8）检查冷却器的冷却水进/出水口的温度和油液的温度,必要时清洗冷却器的热交换器。

（9）检查液压系统的压力,与控制室面板显示值进行比较。

检查频率

1. 日常检查

（1）油泵的状态(吐出量、吐出压、噪声、密封性)是否正常。

（2）液压油罐的油面是否在允许范围内,油温是否良好。

（3）阀门、管类的固定件及安装螺栓有无松动。

（4）液压系统配管有无漏油。

（5）盾构主体到台车间的软管连接有无脱落,软管有无破损、弯折。

（6）过滤器的指示器指示。油流动状态下若指示绿色,则表示正常。

2. 月度检查

排掉油罐内的水。即使油罐完全与水分隔,但仍会因安装场所环境及时间的推移,导致空气中的湿气凝结成水滴,混入液压油中,所以要打开油罐下部的泄水阀,每月排水一次。

3. 半年检查

液压油的点检。使用温度、运行时间不同,检查次数亦不同,但一年至少请液压油厂家进行 2 次检查。

推进系统维护与保养

1. 推进液压油缸、铰接油缸的维护

（1）及时清理盾壳内的污泥和砂浆,防止长时间污染油缸杠杆。

（2）推进液压油缸与铰接油缸的球头部分加注润滑脂。

（3）检查推进液压油缸靴板与管片的接触情况(正常时二者边缘平齐),若有较大的偏差,应及时调整推进液压油缸定位螺栓。在曲线段时,该调整操作更为重要。

（4）及时润滑推进液压油缸,定位调整螺栓,防止锈蚀。

2. 铰接密封的维护

（1）及时清理盾壳内的污泥和砂浆。

（2）铰接密封注脂,每个注入点注入量为 0.5L/d。

（3）检查铰接密封情况,若有漏水和漏浆,及时处理,并检查铰接密封油脂系统的工作情况,必要时调整铰接密封的压板螺钉缩小间隙。

（4）在每环管片安装之前必须清理管片的外表面,防止残留的杂物落入铰接密封内。

【考核评价】

通过学习本任务内容,对推进系统常规维护进行考核,考查学生有关推进系统维护内容理解是否正确,作业流程是否规范,掌握是否熟练,操作结果是否达标,具体见表4-4。

推进系统维护与保养考核评价表

表4-4

评价项目	评价内容	评价标准	配分/分
知识目标	推进系统维护内容	能否正确描述推进系统维护内容	10
	铰接系统保养项目描述	能否正确描述铰接系统保养项目	10
	推进系统正常工作的条件的描述	能否正确描述推进系统正常工作的条件	10
能力目标	推进系统检查	能否正确进行推进系统检查操作	10
	推进液压油缸、铰接油缸的维护	能否按步骤对推进液压油缸、铰接油缸进行维护	20
	铰接密封的维护	能否按步骤对铰接密封进行维护	20
素质目标	规范作业	推进系统维护操作流程是否规范	10
	预防意识	具备一定的预防意识	10
合计/分			100

【知识拓展】

盾构机为何要设铰接装置?

在城市地铁建设中,所使用的盾构机直径 D 一般都大于 6m,而其长度 L 一般则为 8m 左右甚至更长,盾构机的灵敏度 L/D 通常达到 1.3 左右,难以在曲线段施工。为了提高盾构机的操作性能,通常将其分成前后两个部分,中间用千斤顶连接起来,形成一个铰接装置,这样可使盾构机前后弯曲,以适应曲线段的掘进。在盾构机前后接合处装有密封圈,防止地下泥水侵入。两道密封圈之间可注入油脂,不仅能提高密封效果,还能延长密封圈的使用寿命。有些盾构机还装有紧急充气密封圈,当正常密封圈损坏时,就可对紧急充气密封圈充气,靠气压挡住外部的泥水。铰接千斤顶的两端与盾构机的前后部分别用铰销连接,铰接千斤顶沿盾构机圆周布置,其两端的铰销处都装有球铰,以保证铰接千斤顶轴线与盾构机轴线之间有一定的摆动角度。

【强化训练】

请扫描下方二维码,打印并装订电子活页实训手册,完成实训任务十四 推进系统维护。

实训任务十四 推进系统维护

任务五　人闸系统维护

【学习目标】

知识目标：熟悉人闸系统维护的内容。

能力目标：能进行简单的维护。

素质目标：1. 具备风险防范意识；

　　　　　　 2. 具备规范操作意识。

【工作场景与任务】

　　某区间隧道采用盾构法施工，掘进至134环时出现推力大、扭矩小、速度慢等现象，经分析认为盾构刀具磨损，无法正常掘进，决定停机开展带压开仓刀具检查或更换作业。作业人员要进入开挖仓内进行检查或更换刀具等带压作业时，需使用人闸。那么，在使用人闸前如何开展对人闸的检查及维护工作？

【知识准备】

一　人闸系统的基础知识

　　人闸是进行气压作业时，能实时实现升、降压功能，并能使作业人员、物资安全出入盾构开挖仓的设备。开展常压作业时，此设备仅作为进入盾构开挖仓的一个通道。人闸系统包括主舱和副舱两部分。

二　人闸系统维护

　　根据相关企业执行的盾构机维护(修)规范，由于人闸系统的特殊工作性质，其维护分为使用前维护和使用后日常维护。

(一) 使用前维护

　　(1) 检查气动电话和有线电话，若有故障和损坏，要及时修理和更换。

　　(2) 检查压力表、压力记录仪、空气流量计、加热器、照明灯是否正常工作。给压力记录仪添加记录纸，并作功能性测试。

　　(3) 检查舱门的密封情况，首先清洁密封的接触面，如有必要，可更换密封条。

　　(4) 清洁整个密封舱。

　　(5) 检查刀盘操作盒操作是否正常。

　　(6) 清洗消声器和水喷头。

(二) 使用后日常维护

　　(1) 人闸使用后若近期不再使用，可将人闸外部的压力表、记录仪拆除，并清洗干净，妥善保管以备下次使用。

（2）工作完成并减压后，应清理舱内物品，清洁舱内卫生，检查舱内各装置性能是否良好。

（3）将人闸清洗干净，并将人闸门、密封门关紧。

（4）平时应检查供、排气装置的密封性能。

（5）三级空气过滤器下部的自动疏水装置可以自动排污，其过滤材料应按说明书要求更换。

（6）舱内电话应经常做通话试验，若有话音不清或声音很小，必须及时维修。

（7）MSA（梅安思）气体分析仪的传感器应按使用说明书的要求及时更换。

（8）平时要保养各减压器和阀门。

（9）清洁各传动、转动部件，更换硅油、硅脂。

（10）检查各管路的气密性。

（11）检查舱内外电器线路的绝缘电阻。

（12）检查照明系统的安全使用性能。

（13）检查舱门密封圈是否老化。

（14）清洁各排污口等。

（15）每次关门前检查每一处密封，如有必要，进行清洗或更换。

（16）门的连接部位每月润滑一次。

人闸并非盾构机掘进过程中的常用设备，但做好使用后日常维护可提高下一次使用前维护的效率。使用前维护的根本目的在于确保人闸使用时的功能要求。而其根本功能在于实时精准地升降压。因此，在人闸使用前，必须进行加减压试验以检查其气密性。试验时不要求人员进入，只进行无人压力试验，以检查主舱和副舱的各功能及试验压力舱的工作情况。

加压试验时，应缓慢升高舱内压力至工作压力，保持该压力并持续一定时间后，可判断主舱气密性良好。减压试验时，舱内气压分级，每级压力在规定时间内保持恒定，再逐步降压至与外界常压相同。

【任务实施】

根据任务内容，以土压平衡盾构机（或仿真操作平台）为例，进行人闸使用前检查及加减压试验操作。

一 人闸检查

步骤1：检查压力记录器是否能正常工作。

步骤2：检查紧急照明是否能正常工作。

步骤3：检查电话是否能正常通话。

步骤4：检查各个压力表是否能正常显示。

步骤5：检查主舱与副舱的温度计是否能正常显示。

步骤6：检查主舱和副舱的时钟是否能正常工作。

步骤7：检查主舱和副舱的溢流阀是否能正常工作，并将溢流阀压力调整为3.0bar。

步骤8：检查各个手动球阀开关是否能正常工作。

步骤9：检查流量计是否能正常工作。

步骤10：检查各道密封门能否正常开关。

步骤11：检查各个加热装置能否正常加热。

▮二 人闸主舱加压试验

步骤1：检查显示仪表、带式记录仪、时钟、温度计、电话、紧急电话及阀门、舱门密封件是否干净。

步骤2：打开主舱的记录器，检查记录仪是否能正常工作，纸带是否足够。

步骤3：关闭主舱舱门，确保关闭正确。

步骤4：关闭舱壁密封门（通常在进行"土压平衡"工作时已为关闭状态），并关闭主舱与前舱之间的密封门。

步骤5：人闸管理员（操舱员）缓慢地打开进气阀。

步骤6：缓慢升高主舱压力（加压速度宜控制在 0.05MPa/10min～0.10MPa/10min），直到达到工作压力。

步骤7：当主舱内压力达到工作压力时，人闸管理员（操舱员）关闭带式记录仪。待工作压力能持续一段时间，可判断主舱的气密性良好。

▮三 人闸主舱减压试验

步骤1：人闸管理员（操舱员）打开带式记录仪。

步骤2：降低主舱的压力，观察主舱压力表和进气流量计。与此同时，人闸管理员（操舱员）打开排气阀，开始排气，此时压力不可以再次升高。

步骤3：调节进气阀和排气阀，直到达到排气过程所规定的缓慢而恒定的压力降低速度，主舱透气流量计的流量值至少为 $0.5m^3/min$。

步骤4：观察主舱压力表，当主舱内部的气压降到第一级压力值时，人闸管理员（操舱员）通过调节排气阀和进气阀，在规定的时间内保持压力恒定，同时，应通过主舱进气流量计经常检查人闸的排气情况。

步骤5：在保压过程中重复以上步骤，直到舱内压力与外界的常压相同。

步骤6：人闸管理员（操舱员）关闭带式记录仪并将减压过程（日期、时间、压力等）记录在人闸记录本上。

▮四 人闸副舱加压试验

步骤1：检查显示仪表、带式记录仪、供暖装置、时钟、温度计、电话、紧急电话和阀门、舱门密封件是否干净。

步骤2：打开副舱的带式记录仪，检查记录仪是否能正常工作，纸带是否足够。

步骤3：关闭副舱舱门，确保关闭正确。

步骤4：关闭副舱与主舱之间的舱门，确保关闭正确。

步骤5：人闸管理员（操舱员）缓慢打开进气阀。

步骤6：缓慢升高副舱的压力，直到达到工作压力。由于主舱与副舱之间有单向阀导通，压缩空气能从副舱进入主舱，因此，加压过程较为缓慢。

步骤7：当副舱内压力达到工作压力时，人闸管理员（操舱员）关闭带式记录仪。

步骤1:人闸管理员(操舱员)打开带式记录仪。

步骤2:降低副舱的压力,观察副舱压力表和进气流量计。与此同时,人闸管理员(操舱员)打开排气阀,开始排气,此时压力不可以再次升高。

步骤3:调节进气阀和排气阀,直到达到排气过程所规定的缓慢而恒定的压力降低速度,副舱进气流量计的流量值至少为 $0.5m^3/min$。

步骤4:观察副舱压力表,当副舱内部的气压降到第一级压力值时,人闸管理员(操舱员)通过调节进气阀和排气阀,在规定的时间内保持压力恒定,同时,应通过副舱进气流量计经常检查人闸的排气情况。

步骤5:在保压过程中重复以上步骤,直到舱内压力与外界的常压相同。

步骤6:人闸管理员(操舱员)关闭带式记录仪并将减压过程(日期、时间、压力、人数等)记录在人闸记录本上。

人闸现场维护操作如图4-11所示。

图4-11 人闸现场维护操作

【考核评价】

通过学习本任务内容,对人闸系统进行使用前后的维护及加减压试验操作,考查学生有关人闸系统维护内容理解是否正确,作业流程是否规范,掌握是否熟练,操作结果是否达标,具体见表4-5。

人闸系统维护与保养考核评价表 表4-5

评价项目	评价内容	评价标准	配分/分
知识目标	人闸系统使用前维护项目描述	能否正确描述人闸系统使用前维护项目	5
	人闸系统使用后日常维护项目描述	能否正确描述人闸系统使用后日常维护项目	5
	人闸系统使用前检查项目描述	能否正确描述人闸系统使用前检查项目	5
	人闸系统使用前加减压试验操作流程描述	能否正确描述人闸系统使用前加减压试验操作的流程	5

评价项目	评价内容	评价标准	配分/分
能力目标	人闸系统使用前检查操作	能否正确进行人闸系统使用前检查操作	20
	人闸系统使用前主舱加压试验操作	能否按步骤正确操作主舱加压试验	10
	人闸系统使用前主舱减压试验操作	能否按步骤正确操作主舱减压试验	10
	人闸系统使用前副舱加压试验操作	能否按步骤正确操作副舱加压试验	10
	人闸系统使用前副舱减压试验操作	能否按步骤正确操作副舱减压试验	20
素质目标	规范作业	人闸主舱与副舱增压与减压操作流程是否规范	5
	科学分析	能否对人闸系统的维护结果作出科学分析	5
合计/分			100

【沉痛的教训】

2017 年 2 月 12 日下午,厦门市轨道交通 2 号线一期工程盾构施工现场,3 名工人带压进舱清理碎石。作业完成后进入减压舱吸氧减压过程中副舱起火。在采取打开应急排气口、关闭氧气管路阀门、开舱后使用灭火器喷射等紧急措施后,施救人员进入减压舱施救,最终,3 名工人送医院抢救无效死亡。

事故调查专家组对事故原因作出以下分析:

(一) 直接原因

综合技术分析,以及施工程序、专项方案、事故过程、设备技术资料等分析表明:盾构机减压舱在富氧环境下,舱内自动翻折式座椅的金属连接部位在反复翻折、摩擦碰撞过程中产生静电、火花;火花引燃了两座椅之间的非阻燃材料,进而导致该区域人员衣物被引燃;该区域人员衣物被引燃后未启动手动喷淋装置,在向盾构减压舱主舱逃生时,将火种带入主舱,引起主舱瞬间燃爆。

(二) 间接原因

(1)减压舱内座椅配有非阻燃材质坐垫;操作人员未严格遵守带压进舱作业规程,未正确穿着、佩戴阻燃材质的劳动防护用品;当班人员未严格落实作业审批制度,未对带压进舱作业的非阻燃材质物品进行点验、甄别,致使舱内留存有非阻燃材质化纤衣服、编织袋、饮用水塑料瓶、抹布等,具备事故发生的可燃物条件。

(2)减压舱未配备固定式气体实时检测系统,对氧气浓度检测方法不科学;当班人员未严格遵守相关安全生产规范及安全操作规程,未采取相应的安全防护监护措施;带压进舱作业时未对作业场所气体进行实时检测和有效控制,致使事故发生时减压舱内处于富氧状态,具备事故发生的助燃物条件。

从人闸的维护与保养角度分析,该人闸使用前未对整个密封舱进行清洁整理,致使舱内留存化纤衣服、编织袋、饮用水塑料瓶、抹布等非阻燃材质物品,违反了人闸使用前保养第(4)条规定。

任务六　流体系统维护

【学习目标】

知识目标: 1. 了解盾构机流体系统维护的内容;

2. 掌握盾构机流体系统维护的基本操作流程和注意事项。

能力目标: 1. 能进行简单的流体系统维护;

2. 出现故障时,能快速对流体系统进行检查操作。

素质目标: 1. 培养规范作业的意识;

2. 培养科学分析问题的态度。

【工作场景与任务】

某区间隧道采用盾构法施工,掘进至 134 环时出现噪声大、不动作或速度慢等现象,经分析故障原因,认为是盾构机流体系统故障,导致无法正常掘进,于是决定停机开展对流体系统的检查或维修。

除了流体系统出现故障时应对它开展检查和维修,在日常使用中,该如何对盾构机流体系统进行维护呢?

【知识准备】

一　流体系统的组成

从狭义层面上讲,流体系统主要有水循环系统、压缩空气系统、集中润滑系统、HBW 密封系统、盾尾密封油脂系统、主驱动润滑系统、泡沫系统、自动保压系统、同步注浆系统等。

盾构机是集机、电、液、气等技术于一体的大型施工机械,涉及的流体介质复杂多样,几乎涉及了目前流体传动的所有介质。在盾构中,用到的流体介质有液压油、润滑油、润滑脂、盾构密封专用脂、砂浆、膨润土、工业压缩空气、化学物质泡沫等,这些介质的传动系统通过各种控制有机地组合在一起,保证了盾构机的正常工作。

二　流体系统的维护

根据相关企业执行的盾构机维护(修)规范,流体系统各组成系统的维护内容如下。

(一)水循环系统

(1)检查进水口压力(一般为 5bar 左右)和温度(小于 30℃),若压力过低或温度过高,应检查隧道内的进水管路的闸阀、水泵及冷却器是否正常工作。

(2)检查水过滤器,定期清洗滤芯,定期清理自动排污阀门。

(3)检查冷却水管路上的压力和温度指示器,若有损坏,应及时更换。

(4)检查水管卷筒、软管,若有损坏,应及时修理,同时,应对易损坏的软管作防护处理。

（5）检查水管卷筒的电动机、变速箱及传动部分,若有必要,加注齿轮油,并为传动部分加注润滑脂。

（6）定期检查主驱动的电动机变速箱、冷却器和温度传感器,清除传感器上的污物。

（7）定期检查热交换器,并清除上面的污物。

（8）每天检查排水泵,若有故障,应及时修理。

（9）每天检查所有的水管路,修理更换泄漏、损坏的管路闸阀。

（二）压缩空气系统

（1）检查气动元件的使用条件是否恰当。

（2）检查冷凝水排放装置、润滑油和空气压缩机系统。

（3）检查油雾器的滴油量是否符合要求,油色是否正常,即油中不应混入灰尘和水分等,确保油品的纯净度。

（4）检查各处泄漏情况,紧固松动的螺钉和管路接头。

（5）检查换向阀排出气体的质量。

（6）检查系统各调节部分的灵活性。

（7）检查各指示仪表的正确性。

（8）检查电磁换向阀切换动作的可靠性。

（三）集中润滑系统

（1）检查系统作业的实际情况,并正确设定加注润滑剂的时间周期。

（2）检查密封性,防止灰尘、空气进入,保证良好的密封性。

（3）检查安全阀及各润滑部位。

（4）检查润滑脂是否变质,若变质,应及时更换。

（5）进行电焊维修时应拔下控制器的电缆插头。

（6）在严寒地区使用时应添加防冻剂。

（四）HBW密封系统

（1）及时清理盾壳内的污泥和砂浆。

（2）检查HBW密封有无漏气和漏浆情况,必要时调整铰接密封的压板螺钉以缩小间隙。

（3）铰接密封注脂,每个注入点注入量为0.5L/d。

（4）检查铰接密封情况,若有漏水和漏浆,要及时处理,并检查铰接密封油脂系统的工作情况。

（5）在每环管片安装之前必须清理管片的外表面,防止残留的杂物落入铰接密封内。

（五）盾尾密封油脂系统

1.盾尾密封刷维护

（1）盾尾密封刷必须在每次启动前以及推进过程中予以润滑。如果密封刷没有定期润滑,则加注材料会透过密封刷并填充密封之间的间隙,从而使密封刷被浆液固化,失去弹性而达不到密封效果。

（2）如果停机时间较长,应注意不要让密封件被加注的砂浆所固结。为避免这种情况的发生,有必要在砂浆黏结前,将盾构机向前移动若干厘米,并使用盾尾密封油脂填充当前间隙。

2.盾尾油脂泵站维护

(1)检查油脂桶是否还有足够的油脂,若不够,应及时更换。

(2)经常检查油脂泵站的油水分离器,加注润滑油。

(3)检查油脂泵的工作情况,控制工作压力。

(4)检查油脂泵的气管是否有泄漏现象,若有泄漏,应及时修理或更换。

(5)更换油脂桶时应对油脂量位置开关进行测试。

(6)检查盾尾密封注脂次数或压力是否正常,否则应检查油脂管路是否堵塞。应重点检查气动阀是否正常工作。要使用合格的油脂,避免分配阀、油道频繁堵塞。

(六)主驱动润滑系统

(1)检查齿轮油泵出口压力,一般为30bar左右。

(2)检查泄漏油箱液位是否在规定位置。

(3)检查油流量是否满足要求。

(4)检测油液中含杂质量,并检查大轴承磨损情况。

(5)检测运转过程中油温,若温度过高,应检测滤清器是否应清洗,或管路是否堵塞。

(6)检查是否需要打开齿轮箱底部球阀排水。

(七)泡沫系统

(1)定期清洗泡沫箱和管路,要将箱内沉淀物和杂质彻底清洗干净。

(2)检查泡沫泵的磨损情况,必要时更换磨损的组件。

(3)检查泡沫水泵的工作情况,给需要润滑的部分加注润滑油或润滑脂。

(4)检查水泵压力开关的整定值,必要时进行校正。

(5)检查压缩空气管路情况,必要时清洗管路。

(6)检查电动阀和流量传感器的工作情况,电动阀开闭动作是否正常,流量显示是否正确,若有必要,进行维修或更换。

(7)定期检查回转接头处的泡沫管路有无堵塞,若发生堵塞,要及时清理。

(八)自动保压系统

(1)定时检查盾构机设备的油温。

(2)定时检查油箱是否密封并装设高效能的空气滤清器,检查管路接头等连接处是否密封严密。

(3)定时对滤油器进行检查和净化。

(4)定期进行油样检查、定期滤油。

(九)同步注浆系统

(1)每次注浆前应检查管路的畅通情况,注浆后应及时将管道清理干净,防止残留的浆液不断累积而堵塞管道。

(2)每次注浆前必须对注浆口的压力传感器进行检查,紧固其插头和连线。

(3)注浆前要注意整理疏导注浆管,防止管道缠绕或扭转,从而增大注浆压力。

（4）定期检查注浆管的使用情况,若发现泄漏或磨损严重,应及时修理或更换。

（5）经常对砂浆罐及其砂浆出口进行清理,防止堵塞。

（6）定期对注浆系统的各阀门和管路接头进行检查,修理或更换故障设备。

（7）定期对注浆系统的各运动部分进行润滑,具体润滑方式参考保养说明书。

（8）经常检查注浆机水冷池的水位和水温,必要时加水或换水。注意防止砂浆或其他杂物进入冷却水池。

流体系统是盾构机中的重要设备,其分系统较多。由于其特殊性和复杂性,需时刻注意流体系统的维护,操作前应加强各项检查、试验工作,做好记录和数据统计,并定期对系统进行维护,遇到问题时及时与设备生产制造商联系并解决,不断提高设备维护的专业性。

【任务实施】

根据任务内容,以土压平衡盾构机(或仿真操作平台)为例,进行流体系统使用前检查操作。

一 水循环系统

（一）操作流程

（1）参照原理图,确认所有工作管路球阀打开,预留球阀关闭。

（2）启动外循环水泵。

（3）启动内循环水泵,根据水泵标识确认电动机旋向正确。

（4）当土仓泡沫注入量不足,渣土较干时,可启动增压水泵向土仓注水(需确认电动机旋向正确)。

（5）可从预留处接出水管,以清洗隧道管片、台车,但操作时须注意泄压。

水循环系统现场维护如图4-12所示。

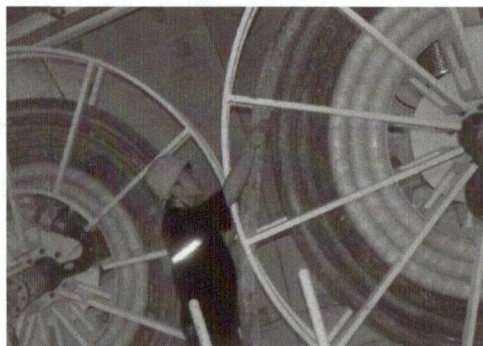

图4-12　水循环系统现场维护

（二）注意事项

（1）外循环水池必须保持干净,以保证外循环水的清洁。

（2）外循环水过滤器进口前压力达到10bar时,应及时更换滤网,清洗金属滤芯。

（3）内循环用水应严格控制清洁度，采用蒸馏水或纯净水，用量约 $1.5m^3$。

（4）在寒冷地区施工，应根据当地最低气温，向内循环水按配比加注一定量的防冻液，以免冻坏相关元器件。

（5）掘进一段时间后，由于外循环水泵扬程有限，需在掘进途中增设水泵，以保证盾构进水压力达 $3\sim5bar$。

（6）隧道延伸较长时，排污泵亦需增设中继泵，保证污水顺利排出洞外。

（7）管路延长时，应保证外循环进水管、回水管对接的正确性。

（8）停机检修时，应按下急停按钮，待检修完毕后，将急停复位。

（9）拆卸管路维修时，必须先确保管路压力已经释放。

二 压缩空气系统

（一）操作流程

（1）参照原理图，确保工作管路球阀手柄打开，预留口球阀手柄关闭。

（2）启动内循环水泵，以保证空气压缩机冷却供水。

（3）启动任意一台空气压缩机，交替使用，如有特殊需要，可以同时启动两台空气压缩机，空气压缩机出口压力为 $6.5\sim8bar$。

（4）所有气动三联件供气压力调至 $3\sim5bar$，如需加大执行机构动作，可顺时针调节旋钮，增加供气压力，反之降低。

（5）可从预留口引出压缩空气，以供隧道使用。

（二）注意事项

（1）每次启动空气压缩机时，要打开储气罐底部球阀，将储气罐内底部积水排出，打开频率为2 次/d。

（2）掘进时，2 台空气压缩机等时交替使用，以同步空气压缩机保养，避免浪费。

（3）空气压缩机第一次使用时长为 500h，一次保养后，使用间隔为 2000h。

（4）气动三联件的油雾器内应保持一定量的润滑油，润滑油选用 25 号透明机械油，油位在 1/5 左右。

（5）停机检修时，应按下急停按钮，待检修完毕，将急停复位。

三 集中润滑系统

（一）操作流程

（1）参照原理图，确保工作管路球阀手柄打开，预留口球阀手柄关闭。

（2）启动内循环水泵，确保其正常工作。

（3）启动空气压缩机，确保其正常工作。

（4）启动多点泵电动机，从电动机尾端观察，叶片转动方向为顺时针。

（5）确认各油脂分配器工作次数是否满足使用要求，有问题需及时排查。

集中润滑系统电动机分配器和分配阀清洗维护如图 4-13 所示。

图 4-13　集中润滑系统电动机分配器和分配阀清洗维护

(二)注意事项

(1)气动油脂泵进气压力调至 3 ~ 5bar 即可。

(2)更换油脂桶时,必须保证油脂桶外形完整,防止变形难以更换。

(3)更换油脂桶时,注意保持桶内油脂清洁,避免杂物进入桶内,损坏主驱动。

(4)保证多点泵电动机的工作环境清洁,避免水进入电动机,对电动机造成损坏。

(5)定期按说明书或图纸要求完成手动注脂操作。

四 HBW 密封系统

(一)操作流程

(1)参照原理图,确保工作管路球阀手柄打开,预留口球阀手柄关闭。

(2)启动内循环水泵,确保其正常工作。

(3)启动空气压缩机,确保其正常工作。

(4)保证电动机分配器前气动球阀打开。

(5)调节气动泵供气压力及闸阀开度,使油脂注入量达到理论设定值。

(二)注意事项

(1)气动油脂泵进气压力调至 3 ~ 5bar 即可。

(2)更换油脂桶时,必须保证油脂桶外形完整,防止变形难以更换。

(3)保证更换油脂的清洁,不可将异物带入系统中。

(4)需要拆卸管路或拆泵维修时,必须先切断气源,防止误动作。

(5)油脂需使用设备制造商推荐的型号,若更换型号,需由设备制造商方面的技术人员确认。

五 盾尾密封油脂系统

(一)操作流程

(1)参照原理图,确保工作管路球阀手柄打开,预留口球阀手柄关闭。

（2）启动内循环水泵，确保其正常工作。

（3）启动空气压缩机，确保其正常工作。

（4）手动模式：手动选择油脂管路进行压注油脂，当注脂点的压力达到预设压力值后，压注操作自动停止。

（5）自动模式：以压力传感器监测压力为标准，自动循环强制定量注入，达到既定压力后自动转移到下一注脂点继续注入盾尾油脂，直至所有注脂点完成后停止。

（二）注意事项

（1）提升油脂泵压盘时，要缓慢提升，注意立杆上方是否会发生干涉。

（2）更换油脂桶时，必须保证油脂桶外形完整，防止变形难以更换。

（3）保证更换油脂的清洁，不可将异物带入系统中。

（4）需要拆卸管路或拆泵维修时，必须先切断气源，防止误动作。

（5）拆卸油管时，必须先打开泵出口处的泄压球阀进行泄压。

（6）进气管路的三联件内需时刻保持润滑油至油杯 2/3 处，喷油润滑量控制在 3~5 滴/min 即可。

油脂泵站现场维护如图 4-14 所示。

图 4-14　油脂泵站现场维护

六　主驱动润滑系统

（一）操作流程

（1）参照原理图，确保工作管路球阀手柄打开，预留口球阀手柄关闭。

（2）从气动齿轮油泵电动机尾端观察，叶片转向为逆时针转动。

（3）盾构掘进前开启主驱动润滑系统，掘进结束，继续运行一段时间后，再关闭此系统，以满足冷却与润滑要求。

（二）注意事项

（1）注意齿轮油泵出口压力，一般为 30bar 左右。

（2）注意观察泄漏油箱是否有油（正常时应无任何油液）。

（3）注意观察齿轮油流量是否满足要求。

（4）在施工中，应定期检测油液中含杂质量，检验主轴承磨损情况。

（5）运转过程中监测油温，若温度过高，应检测滤清器是否应清洗，或管路是否堵塞。

（6）每隔一周，需打开齿轮箱底部球阀排水（设备静置一段时间后）。

七 泡沫系统

（一）操作流程

（1）参照原理图，确保工作管路球阀手柄打开，预留口球阀手柄关闭。

（2）开启泡沫存储罐前方气动球阀，启动泡沫原液泵，按预定配合比在泡沫混合液罐中生成泡沫混合液；从泡沫泵电动机尾端观察，叶片转动方向为逆时针转动。

（3）开启气调节器，控制气体流量，于泡沫发生器内生成泡沫。

（4）根据施工具体条件，合理选取全自动、半自动、手动三种模式。

（二）注意事项

（1）开机前注意检查泵上的减速机内有无加润滑油。

（2）开机前将进气压力调至 5bar。

（3）开膨润土泵前，必须先将与泡沫系统管路连接的球阀打开。

（4）根据地质条件控制泡沫注入量，以改善渣土的和易性，防止刀盘结泥饼。

（5）泡沫喷嘴堵塞时，必须另接高压泵疏通，不允许用泡沫混合液泵加压疏通，以免损坏混合液泵。

八 自动保压系统

（一）操作流程

（1）保压系统进气减压阀调至 6bar。

（2）打开控制器进气球阀。

（3）控制器三联件压力调至 4bar，三联件后的减压阀调至 1.4bar。

（4）关闭土仓进气闸阀，打开土仓进气球阀，打开压力变送器的进气阀，打开调节阀和压力变送器的输入输出球阀。

（5）将调节器中间旋钮旋到手动挡，调节控制器最上方的旋钮，将绿色指针调至所需设置的压力，调节最下方旋钮至 0.2~0.4。

（6）红色指针应在最上方位置，打开进气管路上的泄压球阀，使红色指针下降（红色指针显示的是土仓实际压力），当红色指针下降接近绿色指针时，将中间旋钮旋至自动挡，此时，红色指针在绿色指针附近波动，表示该系统正常工作。

（二）注意事项

（1）保持气体清洁。

（2）土压平衡盾构机保压系统只有在带压进仓工作时才允许使用，因为在掘进时，土仓内都是泥土，容易堵塞管路，也容易使泥土进入保压系统从而损坏元件。

（3）使用保压系统前，必须先检查保压系统各部件是否能正常工作。

（4）使用保压系统前，必须先检查保压系统管路是否通畅。

九 同步注浆系统

（一）操作流程

（1）使用注浆系统前，检查各管路球阀开关是否正确。

（2）检查水箱内是否有水。

（3）启动注浆泵进行注浆。

（4）注浆完成后注意清洗管路。

注浆系统现场维护如图 4-15 所示。

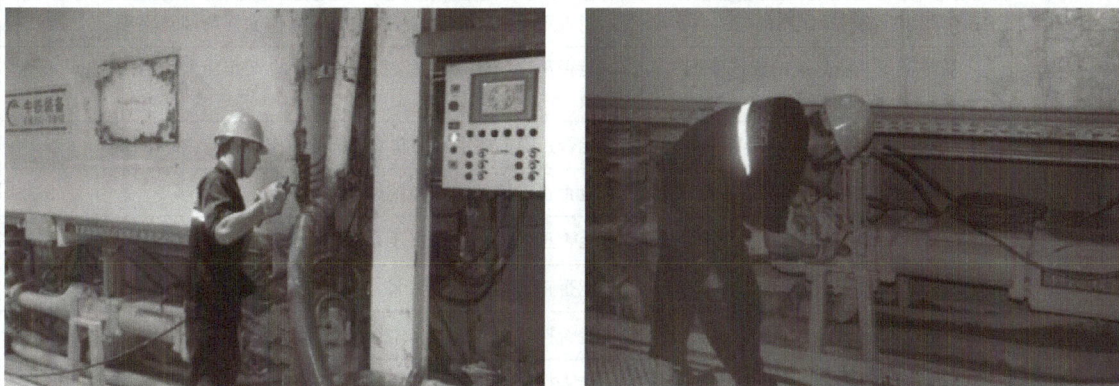

图 4-15　注浆系统现场维护

（二）注意事项

（1）每次注浆结束后必须清洗注浆泵和注浆管路，防止残余浆液在泵内和管道内凝固而造成堵泵、堵管。

（2）注浆泵水箱内必须保持一定的水量。

（3）如果注浆过程中发生故障无法继续注浆，必须将管道内和泵内的砂浆排出，并清洗管路和泵。

（4）在开工前制定详细的注浆作业指导书，并进行详细的浆材配合比试验，选定合适的注浆材料及浆液配合比。

（5）制订详细的注浆施工设计和工艺流程及注浆质量控制程序，严格按要求实施注浆、检查、记录、分析，及时做出 P（注浆压力）-Q（注浆量）-t（时间）曲线，分析注浆速度与掘进速度的关系，评价注浆效果，反馈指导下次注浆。

（6）成立专业注浆作业组，由富有经验的注浆工程师负责现场注浆技术和管理工作。

（7）根据洞内管片衬砌变形和地面及周围建筑物变形监测结果，及时进行信息反馈，修正注浆参数和施工工艺，发现特殊情况及时解决。

（8）做好注浆设备的维护和保养及注浆材料供应，定时对注浆管路及设备进行清洗，保证注浆作业顺利、连续不中断。

(9)每环掘进之前,都要确认注浆系统处于正常工作状态,并且浆液储量足够,掘进中一旦注浆系统出现故障,应立即停止掘进,进行检查或维修。

【考核评价】

通过学习本任务内容,对盾构机流体系统进行维护,考查学生有关盾构机流体系统维护内容理解是否正确,作业流程是否规范,掌握是否熟练,操作结果是否达标,具体见表4-6。

流体系统维护与保养考核评价表

表4-6

评价项目	评价内容	评价标准	配分/分
知识目标	水循环系统操作流程与注意事项	能否正确描述水循环系统操作流程与注意事项	5
	压缩空气系统的操作流程与注意事项	能否正确描述压缩空气系统的操作流程与注意事项	5
	集中润滑系统的操作流程与注意事项	能否正确描述集中润滑系统的操作流程与注意事项	5
	HBW密封系统的操作流程与注意事项	能否正确描述HBW密封系统的操作流程与注意事项	5
	盾尾密封油脂系统的操作流程与注意事项	能否正确描述盾尾密封油脂系统的操作流程与注意事项	5
	主驱动润滑系统的操作流程与注意事项	能否正确描述主驱动润滑系统的操作流程与注意事项	5
	泡沫系统的操作流程与注意事项	能否正确描述泡沫系统的操作流程与注意事项	5
	自动保压系统的操作流程与注意事项	能否正确描述自动保压系统的操作流程与注意事项	5
	同步注浆系统的操作流程与注意事项	能否正确描述同步注浆系统的操作流程与注意事项	5
能力目标	水循环系统使用时检查与操作	能否按步骤正确操作水循环系统试验	5
	压缩空气系统使用时检查与操作	能否按步骤正确操作压缩空气系统试验	5
	集中润滑系统使用时检查与操作	能否按步骤正确操作集中润滑系统试验	5
	HBW密封系统使用时检查与操作	能否按步骤正确操作HBW密封系统试验	5
	盾尾密封油脂系统使用时检查与操作	能否按步骤正确操作盾尾密封油脂系统试验	5
	主驱动润滑系统使用时检查与操作	能否按步骤正确操作主驱动润滑系统试验	5
	泡沫系统使用时检查与操作	能否按步骤正确操作泡沫系统试验	5
	自动保压系统使用时检查与操作	能否按步骤正确操作自动保压系统试验	5
	同步注浆系统使用时检查与操作	能否按步骤正确操作同步注浆系统试验	5
素质目标	规范作业	水循环系统、压缩空气系统、集中润滑系统、HBW密封系统、盾尾密封油脂系统、主驱动润滑系统、泡沫系统、自动保压系统、同步注浆系统操作流程是否规范	5
	科学分析	能否对盾构机流体系统维护结果作出科学分析	5
合计/分			100

【有规可循】

某区间隧道采用盾构法施工,掘进至134环时出现噪声大、不动作或速度慢等现象,于是,决定停机开展流体系统的检查或维修。

结合施工程序、设备技术资料等综合分析,发现:

（1）其泡沫喷口严重堵塞。开仓检查时发现由于未采取有效的渣土改良措施，刀盘开口被糊死，泡沫喷口严重堵塞，只能开仓清理，进而导致了工程风险的增加。泡沫系统属于渣土改良系统，主要用于改善渣土流动性，对于盾构机掘进起着至关重要的作用。

为避免这种情况，在施工过程中应根据相应地层选择合适的渣土改良添加剂和改良方法，使渣土流动性增强，减少渣土堵塞刀盘开口和堵仓的风险。

（2）盾构机外循环水 Y 形水过滤器内置滤芯破损，如图 4-16 所示。由于使用的外水杂质含量超标，在盾构掘进中，滤芯堵塞，无法满足盾构机泡沫系统、皮带冲洗等用水要求。检查水循环系统发现外水系统袋式过滤器多层滤芯和 Y 形水过滤器有细小粉尘堵塞，清洗滤芯后外循环系统正常运行。

盾构机正常掘进时，若发现进水流量满足使用要求，但外循环水安全阀泄漏，须及时检查并清洗水循环滤芯。

（3）经拆解检查后发现，减速机冷却水通道严重锈蚀，密封圈断裂。此盾构机加注内循环水时，使用的是车站降水井内地下水，杂质及硬度含量均严重超标，长期循环导致管道及元器件内部均大量锈蚀，元器件损坏。拆解的主驱动减速机如图 4-17 所示，此盾构机发生主驱动减速机漏水故障。

在加注内循环水时，必须严格按照要求加注蒸馏水。

从流体系统的维护角度分析，该流体系统使用前未按流体系统的维护操作规程进行清洁整理，致使泡沫喷口阻塞，内循环水含有杂质及硬度超标，违反了流体系统保养的相关规定。

图 4-16　盾构机外循环水 Y 形水过滤器内置滤芯破损

图 4-17　拆解的主驱动减速机

【强化训练】

请扫描下方二维码，打印并装订电子活页实训手册，完成实训任务十五　流体系统维护。

实训任务十五　流体系统维护

任务七 同步注浆系统维护

【学习目标】

知识目标： 1.了解土压平衡盾构机同步注浆的目的；

2.熟悉土压平衡盾构机同步注浆系统的组成；

3.掌握土压平衡盾构机同步注浆系统注浆材料；

4.掌握土压平衡盾构机同步注浆系统的主要技术参数。

能力目标： 1.能够识别同步注浆系统控制面板各按钮和显示所表达的含义；

2.能够依据标准流程正确检查和清理砂浆罐；

3.能够正确检查同步注浆系统管路是否完好；

4.能够正确对注浆泵进行日常的维护。

素质目标： 1.培养规范作业的意识；

2.培养科学分析问题的能力。

【工作场景与任务】

同步注浆可使围岩获得及时的支撑，可有效防止岩体的坍塌，控制地表沉降。某台采用同步注浆技术的土压平衡盾构机当前正处于停机状态，为确保同步注浆系统能正常工作，应当如何对同步注浆系统进行维护？

【知识准备】

随着盾构机的不断推进，当尾盾脱离管片后，管片外径与隧道地层之间会存在一定的空隙，为防止地面沉降、隧道扭曲、管片错台等危害的发生，必须及时消除该空隙。盾构机同步注浆系统正是为了消除这一隐患而发明的，在拼装管片完成后盾构机掘进时，通过开启注浆泵施加压力，使得浆液通过注浆管路输送到尾盾壳体内部的注浆通道内，进而注入已经固定好的管片外侧，填充管片与隧道地层之间的空隙，起保护作用。

一 同步注浆目的

盾构同步注浆就是在隧道内将具有适当的早期及最终强度的材料，按规定的注浆压力和注浆量在盾构推进的同时填入管片背部建筑空隙内。其目的是：

（1）尽早填充地层，减少地表沉陷量，保证周围环境的安全。

（2）确保管片衬砌的早期稳定性和空隙的密实性。

（3）作为衬砌防水的第一道防线，提供稳定的防水功能。

（4）作为隧道衬砌结构的加强层，使隧道衬砌结构具有耐久性和一定的强度。

同步注浆是通过同步注浆系统及盾尾的注浆管，在盾构向前推进、管片背部建筑空隙形成的同时进行，浆液在空隙形成的瞬间及时填充，从而使周围土体及时获得支撑。可有效地防止岩土的坍塌，控制地表的沉降，控制管片的稳定。

二 同步注浆系统组成

同步注浆系统主要由注浆泵、砂浆罐以及管路三部分组成,同步注浆系统的示意图如图 4-18 所示。注浆泵如图 4-19 所示。砂浆罐如图 4-20 所示。

图 4-18   同步注浆系统示意图

图 4-19   注浆泵

图 4-20   砂浆罐

在竖井,浆液被注入浆液车中,电瓶车牵引浆液车至盾构机砂浆罐旁,浆液车将浆液泵入砂浆罐中。注浆泵直接连至盾尾上圆周方向分布的注浆管上,盾构机掘进时,注浆泵泵出的浆液被同步注入隧道管片与土层之间的空隙中,浆液凝固后就可以起到稳定管片和地层的作用。

为了适应不同开挖速度,注浆装置可根据压力来控制注浆量,可预先选择最小至最大的注浆压力,这样可以达到两个目的,一是盾尾密封不会被损坏,管片不会承受过大的压力,二是对周围土层的扰动最小。

三 同步注浆材料

同步注浆是盾构一边向前推进,一边不停地向管片背部建筑空隙加压注浆材料的一种注浆方法。通过不间断的加压,使充入建筑空隙的注浆材料,在未达到土体相同强度前,能保持与土体相当的压力,从而使地面沉降控制在最小的范围。

注浆材料如果单纯从成分上看,可以分为单液型和双液型两种。单液型浆液(俗称 A 液)需在搅拌机等搅拌器中一次拌和成流动的液体,再经过液体-固体的中间状态(流动态凝结及可塑状凝结),最后完成固结(硬化),譬如常用的水泥砂浆类浆液。采用单液型浆液的注浆系统对应的注浆方式称为单液同步注浆,是指通过盾构机同步注浆系统及盾尾注浆管,在盾构机向前推进、管片脱离盾尾壳体并与岩土形成空隙的同时进行单液浆注入填充,其结构示意图如图 4-21 所示。单液同步注浆由于水泥的水化反应非常缓慢,所以达到固结需要几小时至几十小时不等。特别是惰性浆液,不发生化学凝固,所以固结时间更长。

图 4-21　单液注浆系统结构示意图

双液注浆通常是指化学注浆,即把 A 液(水泥类)和 B 液(通常是水玻璃类作硬化剂)两种浆液混合,变成胶态溶液,混合液的黏性随时间的增长而增强,随与进入流动态凝结和可塑态凝结状态。采用双液型浆液的注浆系统对应的注浆方式称为双液同步注浆,是指同步注浆时,为了克服单液同步注浆凝固时间较长的缺陷,在 A 液中添加 B 液,加速 A 液的凝固,从而缩短 A 液的凝固时间,更加有效地防止岩体塌陷,快速控制地表沉降。双液注浆通常由一路管路输送 A 液,一路管路输送 B 液,经过混合,注入开挖缝隙,如图 4-22 所示。双液同步注浆的凝胶时间通常很短,一般为 0～60s。

图 4-22　双液注浆系统示意图

四　同步注浆技术参数

同步注浆系统为自动注浆系统,使用的注浆泵为全液压双缸双出口活塞注浆泵,该泵由电动液压泵站提供动力。浆液在搅拌站配制好以后,由砂浆运输车(带搅拌叶片)运至注浆站,通过软管抽送至砂浆罐(即搅拌罐)内,连接好注浆管路,并在设定压力和流量后进行注浆。要正确理解同步注浆系统,必须了解同步注浆的主要技术参数,即注浆压力、注浆量和注浆速度。

1. 注浆压力

盾构机刀盘开挖直径比盾壳外直径一般要大 3cm 左右,所以高压力浆液就会通过盾壳和地层之间的空隙流入土仓,导致掘进过程中易发生喷涌,严重影响掘进效率和出渣速度,而且管背上部浆液流失,易造成管片上浮严重及施工成本增加。此外,盾尾止浆板在盾构掘进一段距离后就会被磨损而破碎,基本起不到阻止浆液前流的作用。注浆压力不足,会造成地层坍陷、管片变形、隧道扭曲等。所以注浆压力必须控制在一定范围内。

盾构机在盾尾处设有四个浆液注入点,盾尾同步注浆的压力因浆液注入点位置的不同而不同。盾尾四个注浆点的位置分别为上下左右四点,A1 与 A4 为拱顶注入点,A2 与 A3 为底部注入点。

通过实地勘探计算得出盾构拱顶水压和土压,管道中的压力损失在盾构机厂内组装时已测定,则 A1、A4 拱顶注入点注浆压力理论计算值为:

$$P_{max} = 最大注入压力 = (拱顶水土压力 + 管道中的压力损失) \times 1.25$$
$$P_{min} = 最小注入压力 = (拱顶水土压力 + 管道中的压力损失) \times 0.75$$

A2、A3 底部注入点注浆压力理论计算值为:

$$P_{max} = 最大注入压力 = (拱顶水土压力 + 管道中的压力损失 + 侧向土压系数 \times$$
$$H + 侧向水压系数 \times H) \times 1.25$$
$$P_{min} = 最小注入压力 = (拱顶水土压力 + 管道中的压力损失 + 侧向土压系数 \times$$
$$H + 侧向水压系数 \times H) \times 0.75$$

式中:H——该处土层深度,m。

可根据以上理论计算所得结果分别设定 A1、A2、A3、A4 四点的注浆压力。目前,一般采取的是设定一个稍微偏高的注浆压力并同时进行注入量的管理。

2. 注浆量

注浆量的确定以管片背部建筑空隙量为基础,并结合地层、线路特性及掘进方式等考虑适当的饱满系数,以达到充填密实的目的。根据施工实际,这里的饱满系数(即注浆率)包括由注浆压力产生的压密系数、取决于地层特征的土质系数、施工消耗系数、由掘进方式产生的超挖系数等。一般主要考虑土质系数和超挖系数。

土质系数取决于地层特征,一般取值为 1.1 ~ 1.5。在完整性好、自稳能力强的硬质地层中,浆液不易渗透到衬砌周围的土体中,可取较小土质系数,甚至不用考虑。但在裂隙发育的岩质地层或以砂、砾石为主的大渗透系数地层,浆液极易渗透到周围的土体中,对这样的地层应考虑较大的土质系数,可取 1.3 ~ 1.5。在以黏土、粉砂为主的小渗透系数地层中,浆液在注入压力的作用下也会对土体产生劈裂渗透,故也应考虑 1.1 ~ 1.3 的土质系数。超挖系数是正常情况下管片背部建筑空隙量的修正系数,一般只在曲线段施工中产生(直线段盾构机机体与隧道设计轴线有较大夹角时也会产生,其值一般较小,可不予考虑),其具体数值可通过计算得出。

以上饱满系数在考虑时需累计。

同步注浆量经验计算公式:

$$Q = V \times \lambda$$
$$V = \pi (D^2 - d^2) L/4$$

式中:V——充填体积(盾构施工引起的空隙);

λ——注浆率(施工消耗系数 + 土质系数 + 超挖系数,一般取 130% ~ 180%);

D——盾构切削外径;

d——预制管片外径;

L——回填注浆段长度,即预制管片衬砌每环长度。

3. 注浆速度

注浆速度主要是指每单位时间内注射浆液的快慢情况,单位是 L/min。注浆速度主要由注浆泵的性能、单环注浆量确定,与掘进速度相关。

以土压平衡盾构机注浆设备的控制面板为例,其注浆控制面板如图 4-23 所示,表 4-7 为注浆控制面板按钮功能表。

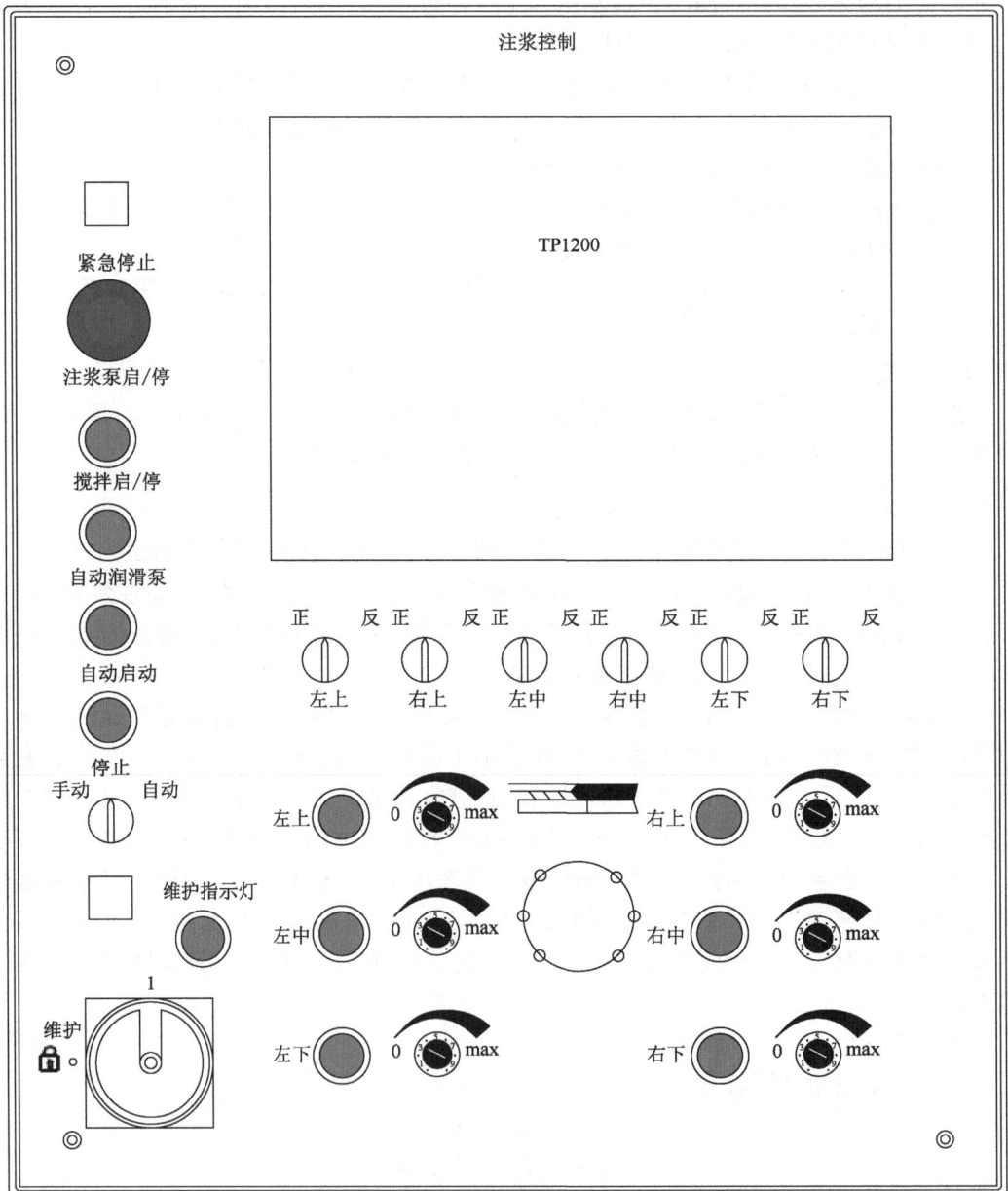

图 4-23 注浆控制面板(单液注浆)

按钮名称	功能
注浆冲程	显示每个注浆管线的注浆次数(触摸屏显示)
压力显示	显示每个注浆管线的当前注浆压力(触摸屏显示)
注浆启动/停止	带灯按钮,打开和关闭每个注浆管线
0 ~ max	旋钮,注浆管流量或压力控制
手动/停止/自动	选择开关,砂浆注入方式的手动或自动选择
自动启动	带灯按钮,打开和关闭自动模式
推进速度显示	显示当前推进速度,供注浆操作人员参考(触摸屏显示)
搅拌启/停	带灯按钮,打开和关闭砂浆罐搅拌器
紧急停止	紧急停止按钮,关闭注浆泵
注浆泵启/停	带灯按钮,打开和关闭注浆泵

　　注浆参数中仅注浆压力一项可在上位机"参数设置"界面进行设定。其数值应根据工程实际,综合地质、注浆量等情况考虑。压力设定后,当注浆压力达到设定的最大停止压力,注浆泵将自动停止。只有随盾构的继续掘进,浆液流动,压力减小到设定的启动压力时,注浆泵才可能再次启动。

【任务实施】

　　参照任务内容,以处于停机状态的土压平衡盾构机(或仿真操作平台)为例,完成对其同步注浆系统日常维护。

　　步骤 1:注浆控制面板巡视。

　　识别注浆控制面板上的控制及显示区域;紧固控制面板的插头和连线;观察面板上各开关是否完好;检查各个注浆口压力显示是否归零;若注浆口压力不为 0,则需检查盾构机尾部注浆口的压力传感器是否故障,实施相应的维修或更换部件操作;若传感器无故障,则检查管路是否发生堵管;用钥匙打开控制面板,观察其内部所有部件有无红灯报警情况;根据注浆控制面板内部干燥情况更换干燥剂,并清理控制面板内部的灰尘。注浆控制面板内部如图 4-24 所示。

　　步骤 2:清理砂浆罐,检查砂浆罐搅拌器磨损情况。

　　若刚完成一次注浆作业,不再继续注浆,应立即清洗砂浆罐,防止浆液凝固损坏搅拌棒。首先确保搅拌棒处于启动状态;关闭注浆泵;断开盾尾处注浆口管路;接通清水管路,从砂浆罐上方对其进行冲洗;启动注浆泵将清洗浆液排出。砂浆罐监控设备与主控室内显示情况如图 4-25 所示。

　　同时,为避免搅拌器轴承过度磨损,应确保搅拌器电动注油泵内油脂量处于正常水平,若油脂不足,则打开油脂桶进行添加,砂浆罐搅拌轴电动注脂系统如图 4-26 所示,或者手动进行注脂,如图 4-27 所示。

图 4-24　注浆控制面板内部

图 4-25　砂浆罐监控设备与主控室内显示情况

图 4-26　砂浆罐搅拌轴电动注脂系统

图 4-27　砂浆罐搅拌轴手动注脂

若注浆系统近期不再使用,可对砂浆罐进行彻底清洁,并检查砂浆罐搅拌器磨损情况。首先确认注浆泵与搅拌棒处于停机状态;打开砂浆罐门(图4-28)进入砂浆罐内部进行人工清理。

图4-28　砂浆罐门

清理完毕,确保搅拌叶片表面无明显砂浆;测量搅拌叶片端面至砂浆罐底部距离,判断是否大于20mm,若是,则补焊耐磨层或贴焊耐磨钢板,保证叶片端面距砂浆罐底部10～20mm,如图4-29所示。

20mm

图4-29　搅拌叶片纵断面

步骤3:清理管路,保持管路畅通,并检查管路以及各个阀门是否完好。

管路是输送浆液至管片缝隙的工具,主要包括砂浆罐到注浆泵以及注浆泵到盾尾两部分。浆液调配不恰当、大压力注浆或者未定期清理注浆管道等,都会导致注浆堵管。尤其在注浆后要及时将管道清理干净,防止残留的浆液不断累积堵塞管道。

首先关闭注浆泵,同时确保砂浆罐搅拌机继续运转;断开盾尾处注浆口管路;打开砂浆罐尾部的清水控制阀(图4-30);关闭砂浆罐与注浆泵之间的砂浆控制阀(图4-31);启动注浆泵,自动冲洗注浆泵与管路;沿管路检查注浆泵与管路是否有漏浆现象。

注意:当管路堵塞严重时,需打开管路进行清洗,此时一定要关闭盾壳注浆管处阀门,防止返浆。清洗盾尾里的注浆管时,用高压清洗泵一小段一小段地清洗,逐步疏通盾壳里的注浆管。同时对球阀进行检查,更换损坏的球阀,清洗管箍并更换损坏的管箍,更换破损的管路,最后组装,组装完成后刷漆,确保其功能正常及外观完好。注浆前要注意整理疏通注浆管,防止管道缠绕或扭转,从而增大注浆压力。

<table>
<tr><td>图 4-30　清水控制阀</td><td>图 4-31　砂浆控制阀</td></tr>
</table>

步骤 4:清洁注浆泵。

若刚完成一次注浆作业,不再继续注浆,应立即排出注浆机内残存浆液,防止时间一长浆液凝固,增加不必要的麻烦,具体清洗方法参见步骤 2;若注浆机近期不再使用,应将进排浆阀体及工作缸拆开,清洗干净,刷上防锈液或油脂,再装配起来备用。

步骤 5:对注浆泵的活动单元进行润滑处理。

注浆泵在长期使用过程中,缸筒内壁与活塞环、活塞之间难以形成油膜,造成润滑不良,甚至出现干摩擦的现象,导致缸筒拉缸和注浆活塞磨损,严重时甚至发生熔着性磨损。因此可通过眼观耳听的方法观察注浆泵的运转情况以粗略判断注浆泵的磨损情况,决定是否拆开注浆泵为其内部的控制杆和接头进行注油脂润滑,若拆机检查发现缸筒或活塞磨损严重,则进行部件更换。

注意:在日常掘进过程中,无须拆开注浆泵,只进行外部的手动注脂润滑操作即可,如图 4-32 所示。

图 4-32　注浆泵手动注脂润滑

【考核评价】

通过学习本任务内容,对同步注浆系统进行日常维护,考查学生对有关操作内容理解是否正确,作业流程是否规范,掌握是否熟练,操作结果是否达标,具体见表4-8。

同步注浆系统维护与保养考核评价表

表4-8

评价项目	评价内容	评价标准	配分/分
知识目标	同步注浆的目的了解	是否了解同步注浆的目的	5
	同步注浆系统的组成理解	能否正确描述同步注浆系统的组成	10
	同步注浆系统注浆材料理解	能否正确描述注浆系统的材料	10
	同步注浆系统的主要技术参数理解	能否正确理解注浆系统的主要技术参数	5
能力目标	同步注浆系统控制面板识别	能否识别同步注浆系统控制面板及相应控制元件功能并进行维护	20
	砂浆罐维护操作	能否正确对砂浆罐进行日常维护	10
	管路维护操作	能否正确对管路进行日常维护	10
	注浆泵维护操作	能否正确对注浆泵进行日常维护	20
素质目标	规范作业	对同步注浆系统的维护和保养操作流程是否规范	5
	科学分析	分析注浆泵和砂浆罐的磨损情况是否科学合理	5
合计/分			100

【案例的教训】

管路堵塞是注浆过程最常见、最易发生的问题。注浆系统管路堵塞包括注浆管路堵塞、输浆管路堵塞等,主要由浆液初凝时间偏短、浆液强度高、工序衔接不合理等造成。采用长距离管路输送的,尤其容易发生管路堵塞现象,浆液在管路中的损失量较大。如某城市一盾构隧道掘进初期,拟采用通过盾尾注浆管进行注浆的同步注浆系统,计划下一环浆液的拌制在上一环管片拼装时即开始,但管片拼装花费时间过多,其间没有对浆液采取任何处理措施,加上掘进速度很慢,导致浆液堵塞了同步注浆管,因没有配备专用疏通工具,浆液在注浆管中凝固,最后只能变换注浆工艺,采用管片注浆孔进行注浆。

【强化训练】

请扫描下方二维码,打印并装订电子活页实训手册,完成实训任务十六　同步注浆系统维护。

实训任务十六　同步注浆系统维护

任务八　密封系统维护

【学习目标】

知识目标:1.熟悉密封系统维护规范;
　　　　　　2.掌握密封系统维护步骤。

能力目标:1.能够根据规范流程进行主轴承密封维护操作;
　　　　 2.能够根据规范流程进行铰接密封维护操作;
　　　　 3.能够根据规范流程进行盾尾密封维护操作。
素质目标:1.培养规范作业的意识;
　　　　 2.培养科学分析问题的能力。

【工作场景与任务】

某盾构机主驱动中注入油脂不足,导致密封过度磨损。在油脂注入量及注入压力异常的情况下,不允许盾构机进行掘进工作,否则会损坏主驱动以及主驱动密封。盾构密封系统的可靠性非常重要,轻则导致部件损坏,重则影响盾构施工安全,甚至导致盾构机损坏。那么,如何开展密封系统的维护工作?

【知识准备】

一 密封系统的组成

盾构密封系统分为主轴承密封、铰接密封和盾尾密封三部分,是盾构隔绝外界泥水的三大防线,是盾构安全施工的根本。主轴承密封可以防止渣土等进入主驱动,保护主轴承正常工作。铰接密封和盾尾密封可防止水、土等从盾尾进入盾构内。

二 密封系统的维护与保养内容

为保证密封系统安全高效工作,相关企业根据设计要求制定以下盾构机密封系统维护规程。

(1)检查主驱动密封处油脂压力。

(2)检查主轴承密封(HBW)油脂分配电动机动作是否正常(观察油脂分配电动机上的脉冲传感器的发光二极管闪烁次数,正常为 5~7 次)。

(3)检查主轴承外圈润滑脂注入情况(观察油脂分配器工作是否正常,溢流阀是否有油脂溢出,若有油脂溢出,表明管路堵塞,要及时清理)。

(4)每天给主轴承内圈密封手动注润滑脂,注入量为 0.5L/点。

(5)检查铰接密封有无漏气和漏浆情况。

(6)铰接密封注脂,每个注入点注入量为 0.5L/d,当油脂从铰接处冒出时即可。

(7)检查盾尾密封情况,若有漏水和漏浆,要及时处理,并检查盾尾密封油脂系统的工作情况。

(8)检查盾尾密封压力是否正常,若密封压力不正常,应检查油脂管路是否堵塞,重点检查气动阀是否正常工作。

(9)检查油脂泵泵体是否有油脂泄漏,注意监听是否有异常声响。

(10)检查油脂泵的气管是否有泄漏现象,若有泄漏,应及时修理或更换。

【任务实施】

参照任务内容,以土压平衡盾构机(或仿真操作平台)为例,完成密封系统检查、电磁气动阀检查。

一 密封系统检查

步骤1：检查主轴承润滑脂注入情况。

步骤2：检查主轴承HBW密封油脂泵。检查主齿圈齿轮油是否有液体泄漏，齿轮油泵有无异常。

步骤3：检查EP2润滑油脂泵。检查EP2油脂润滑管路有无磨损及泄漏，脉冲是否正常，压力是否正常，电磁阀工作是否正常，柱塞泵工作是否正常。脉冲和压力若不正常，需查找原因，检查分配阀及过滤网是否堵塞，电磁阀动作是否正常，压力传感器或线路是否损坏。

步骤4：检查HBW、EP2油脂的脉冲是否满足系统要求，压力及流量是否正常。

步骤5：检查铰接密封有无漏气和漏浆情况，注入的润滑油脂压力和流量是否正常。

步骤6：检查盾尾密封油脂压力是否正常，在每次启动前以及推进过程中出现低压报警时能否自动注脂。

步骤7：检查气动球阀、管路及泵。气动球阀操作是否正常，管路有无泄漏及是否清洁，泵压力是否正常。

步骤8：检查盾尾密封压力是否正常。通过在PLC系统控制面板上进行监控，如果不正常，查找原因。

步骤9：为主轴承内圈密封、铰接密封注入润滑脂，通过系统设定的油脂注入量自动补充。

步骤10：检查空气压缩机输出气压是否正常。检查电磁气动阀的管路、接头是否有漏气和漏油现象，必要时更换管路和接头。

二 电磁气动阀检查

步骤1：检查电磁气动阀的管路、接头是否有漏气和漏油现象，必要时更换管路和接头。

步骤2：检查气路上的油水分离器的油液位，必要时加注润滑油。

步骤3：将主控制室内的盾尾密封油脂控制旋钮转到手动控制挡位，分别控制每路油脂管路单独工作。

步骤4：配合主控室操作人员，检查电磁气动阀气动控制回路的电磁阀是否工作正常（当主控室人员进行操作时，观察电磁阀的指示灯是否有正常的闪烁指示）。

步骤5：如果电磁阀动作正常，注意监听气动回路的动作声音（指示灯闪烁的同时应有气动阀的排气声）。还可以通过用手触摸气动阀的阀杆是否转动来确认工作状况。

步骤6：将油脂泵送系统控制旋钮拧至自动挡，油脂泵送压力调至满足泵送频率5次/min（1.1L/min）。

步骤7：注意清理堆积在阀体上的杂物。

步骤8：防止水进入阀体，水进入阀体可能会导致阀体故障。

步骤9：注意保护注入口处的压力传感器，若发生损坏，尽快更换。

【考核评价】

通过学习本任务内容，对密封系统进行维护，考查学生对密封系统维护内容理解是否正确，作业流程是否规范，掌握是否熟练，操作结果是否达标，具体见表4-9。

密封系统维护与保养考核评价表　　　　　　表4-9

评价项目	评价内容	评价标准	配分/分
知识目标	主轴承密封维护项目描述	能否正确描述主轴承密封维护项目	10
	铰接密封维护项目描述	能否正确描述铰接密封维护项目	10
	盾尾密封维护项目描述	能否正确描述盾尾密封维护项目	10
能力目标	密封系统检查操作	能否正确进行密封系统检查操作	30
	电磁气动阀检查操作	能否正确进行电磁气动阀检查操作	30
素质目标	规范作业	密封系统维护操作流程是否规范	5
	科学分析	分析密封系统的维护是否科学合理	5
合计/分			100

【有规可循】

　　某区间隧道施工过程中,发现盾尾多处漏浆,且漏浆严重,注浆压力很小,注浆量少,停机检查发现部分盾尾密封刷损坏,更换后仍然漏浆,导致注浆量不足,影响施工质量。经过查找分析,引起漏浆原因如下:

　　(1)盾尾密封刷损坏。盾尾密封刷密封装置受过度挤压产生塑性变形,或盾尾密封刷质量有缺陷,造成密封性能减弱,引起盾尾漏浆。

　　(2)盾尾密封刷内的油脂量和注入油脂的压力不足。在掘进过程中,盾尾密封刷与管片摩擦消耗的油脂量与掘进速度应成正比,如果速度过快,而未及时调整油脂泵注脂率,注脂量不能满足其消耗量,造成盾尾密封刷内的油脂量和注入油脂的压力不能够及时密封盾尾,密封效果降低,引起盾尾漏浆。

【强化训练】

　　请扫描下方二维码,打印并装订电子活页实训手册,完成实训任务十七　密封系统维护。

实训任务十七　密封系统维护

任务九　管片拼装系统维护

【学习目标】

　　知识目标:掌握管片拼装系统的日、周、月维护内容。

　　能力目标:能进行常规的日、周、月维护。

　　素质目标:能够规范操作、科学分析。

【工作场景与任务】

某台土压平衡盾构机当前正处于停机状态,启动管片拼装机后,拼装机旋转动作不顺畅,且管片拼装机升降不动作,此时应当如何对管片拼装系统进行维护?

【知识准备】

一 管片拼装系统的组成

土压平衡盾构机管片拼装系统包括管片拼装机、管片输送小车、管片吊机。管片拼装机是管片拼装系统的一个重要组成部分。管片拼装机安装在盾尾部分,是一种安全、迅速地把管片组装成预定形式的机械。管片拼装过程如图4-33所示。

图4-33 管片拼装过程示意图

二 管片拼装系统的维护原则

管片拼装系统的维护应实行全员设备精细化管理模式,坚持"五定""六保持"原则,消除隐患、减少故障、降低维修成本、提高设备综合利用率。

(一)"五定"原则

1. 定点

根据管片拼装系统的特点,对系统中的管片拼装机、管片输送小车、管片吊机及其各部位制定精细化维护表格,采取日保、日检等手段,落实对系统中各部位的维护工作。

2. 定法

根据管片拼装系统的特点,制定设备的具体检查方法。

3. 定标

对管片拼装系统的定点、定法,制定检查标准。

4. 定期

根据管片拼装系统特点,制定设备的日检、周检、月检、日保、周保、月保等工作表格。根据制定的表格,落实设备的检查、维护工作。

5.定人

对管片拼装系统确定维护员。

(二)"六保持"原则

(1)保持管片拼装系统的外观整洁；

(2)保持管片拼装系统的日常维护；

(3)保持管片拼装系统的结构完整；

(4)保持管片拼装系统的设计功能；

(5)保持管片拼装系统的安全运行；

(6)保持管片拼装系统的资料完整。

三 管片拼装系统的日常维护要点

设备使用人员需对生产设备进行必要的维护,这是延长设备使用寿命、降低设备故障率的有效手段。进行管片拼装系统日常维护时需要注意的要点如表4-10所示。

管片拼装系统维护要点 表4-10

要点	内容说明
系统初期清洗	系统初期清洗是设备维护工作的首要环节,由设备使用人员对设备表面进行清洗(清洗时需注意避开设备电路部分)并检查设备是否存在螺钉松动、漏油、晃动等异常情况
困难处清洗	设备困难处是指很难清洗的位置、很难检验的位置和很难加油的位置,设备使用人员在进行设备维护时需参照设备图纸与使用说明书对设备困难处进行特别清洗
发生源检查	发生源是指设备发生脏污、故障的根源,设备使用人员在进行设备维护时需分析造成设备发生脏污或故障的原因,对能够解决的及时进行解决,不能解决的问题及时上报
设备加油	生产设备在运转一段时间后需要对其易出现磨损、老化的部位进行润滑

四 管片拼装系统各部件的维护内容

(一)管片拼装机

1.管片拼装机的组成

管片拼装机主要由回转系统、提升系统、平移系统和管片夹取装置构成,其中主要部件有电动机、传动轴、传动齿轮、回转盘体、挡托轮、配重块、悬臂梁、提升横梁、油缸、导向柱及管片夹取装置等,如图4-34所示。

2.管片拼装机的维护

根据相关企业执行的盾构机维护(修)规范,管片拼装机应在盾构机工作间隙进行"日检"和"周检",除此之外每月应停机8~12h,进行强制性集中维护。管片拼装机维护应注意以下措施。

(1)检查管片拼装机,清理工作现场杂物、污泥和砂浆。

(2)检查油缸和管路有无损坏或漏油现象,若有,应及时处理。

图 4-34　环式管片拼装机整体结构图

（3）检查电缆、油管的活动托架。若有松动和破损,要及时修理和更换。

（4）定期（每周）给液压油缸铰接轴承、旋转轴承、伸缩滑板等需要润滑的部位加润滑脂并检查公差和破损情况。旋转轴承注油脂时应加注一部分油脂旋转一定角度,充分润滑轴承的各个部分。

（5）定期检查管片拼装机驱动马达旋转角度编码器工作是否正常,若有必要,可对角度限位进行调整。

（6）检查抓取机构和定位螺栓是否有破裂或损坏,若有,必须立即更换。

（7）定期检测抓取机构的抓紧压力,必要时进行调整。

（8）检查油箱油位和润滑油液的油位。

（9）检查各按钮、继电器、接触器有无卡死、粘连现象,测试遥控操作盒。若有故障,应及时处理。

（10）检查充电器和电池,电池应及时充电以备下次使用。

（11）检查控制箱、配电箱是否清洁、干燥,无杂物。

（12）长时间停机后应检查管片拼装机的抓取头、管片防护尼龙板情况,还应对整个管片拼装系统进行目测检查、运转测试及功能测试。

（二）管片输送小车

1.管片输送小车的组成

管片输送小车结构如图 4-35 所示。

图 4-35　管片输送小车结构图

2.管片输送小车的维护

管片输送小车应在盾构机工作间隙进行"日检"和"周检",除此之外每月应停机 8～12h,进行强制性集中维护。管片输送小车维护应注意以下措施。

（1）及时清理盾构底部的杂物和泥土。

（2）每天给须润滑的部位加注润滑脂。

（3）定期检查和调整同轴同步齿轮电动机的工作情况。如果输送机起升机构在空载时出现四个油缸起升速度不均的情况，则表明同轴齿轮电动机内部密封有可能损坏，应拆下清洗检查，更换损坏密封件。

（4）长时间停机后，还应开展管片输送小车尼龙板检查、拖轮总成检查、管片输送小车底部滑行木板检查，还应对整个管片输送小车系统进行目测检查、运转测试及功能测试。

（三）管片吊机

1. 管片吊机的组成

管片吊机结构如图 4-36 和图 4-37 所示。

图 4-36　管片吊机立体结构图

图 4-37　管片吊机内部结构图

2. 管片吊机的维护

管片吊机应在盾构机工作间隙进行"日检"和"周检"，除此之外每月应停机 8 ~ 12h，进行强制性集中维护。管片吊机维护应注意以下措施。

（1）经常清理管片吊机行走轨道，注意给吊链加润滑脂。

（2）检查控制盒按钮、开关动作是否灵活、正常。必要时检修或更换。

（3）检查电缆卷筒和控制盒电缆线滑环，防止电缆卡住、拉断。

（4）定期检查管片吊具的磨损情况，必要时进行修理和更换。

（5）长时间停机后，检查起重机行走梁、提升变速箱、链条链轮滚针轴承；更换吊装头螺栓；检查、紧固吊机梁夹板螺栓；还应对整个管片吊机系统进行目测检查、运转测试及功能测试。

五　管片拼装系统维护清单

管片拼装系统的维护工作虽然繁杂，但可总结为八个字，即：清洁、润滑、紧固、调整。管片拼装系统维护一般分为日维护、周维护、月维护、停机维护等，侧重点有所不同，具体维护项目详见表 4-11。

管片拼装系统维护项目

表 4-11

系统	维护项目	维护内容	运行时	天	周	月	备注
管片拼装机操作箱	管片拼装机操作箱	框体及按钮开关有无外观损伤		i			
		按钮开关端子部是否松动				i	
		除去箱内的水分、灰尘、土砂等				i	
管片拼装机	升降装置	升降装置是否顺畅	i				
	径向辊	径向辊是否正常运转	i				
	握柄	握柄部的支杆、支架有无变形、磨损、裂隙等	i				
	大小齿轮	旋转轮、齿轮和小齿轮的咬合是否良好	i				
	外表面	是否正常、无渗漏油,螺栓连接是否紧固、无异常		i			
	抓取机构	微动油缸、抓取机构功能动作是否正常		i			
		扣头螺钉、吊装螺栓是否破裂或损坏		i			
	回转部分	拼装机垂直、回转拖链及内部管线是否良好		i			
	减速机	减速机运行、油位、油色是否正常		i			
	电动机及制动	运行是否正常,无异响或震动		i			
	钢结构 导引装置 移动部件	目测检查:污染情况、接头、软管(有无擦伤痕)、撑脚板、行走装置、连接部位、拖链、润滑点,如果需要,应进行清洁		i			
	驱动	检查油温、噪声、油位,必要时进行处理		i			
	千斤顶、夹钳	千斤顶、夹钳等是否有异常		i			
	旋转环	旋转环上是否附着、堆积土砂		i			
	电气部分	拼装机声光报警、行走接近开关是否正常工作		i			
	管片拼装机整体	清洁			i		
	控制台、紧急制动	功能检查,是否有异常磨损			i		
	轴承	润滑,是否有异常磨损			i		
	伸缩油缸	润滑			i		
	齿轮油、液压油	取油样分析				i	
管片输送小车	支撑面、滚轮、导轨、拔取装置	目测检查、润滑、清洁		i			
	所有限位开关	检查功能是否正常		i			
	润滑部件	清洁、润滑			i		
管片吊机	链条	加注润滑油		i			
	行程开关	检查行程开关是否工作正常		i			
	吊机	目测检查设备是否运行正常,管片吊机功能是否正常,清洁是否到位		i			
		行走机构的大小齿轮啮合是否正常		i			
		导向轮、行走轮磨损是否对设备有影响		i			
	电气部分	行走及上下限位、卷盘电缆是否正常		i			
		行走电动机声音是否异常,防护是否良好		i			

185

项目四　盾构机的维护

系统	维护项目	维护内容	运行时	天	周	月	备注
管片吊机	吊机系统和提升装置	清洁			i		
	控制面板紧急停止按钮	功能检查			i		
	减速机	检查油位、润滑			i		

【任务实施】

土压平衡盾构机当前正处于停机状态,管片拼装系统也处于静置状态,此时应分析管片拼装系统静置原因,若因为故障而静置,应排除故障,查找故障原因,采取故障维修保养措施。

一 运行时的维护

步骤1:检查管片拼装机的升降装置运行是否顺畅。

步骤2:检查管片拼装机的径向辊是否正常运转。

步骤3:检查管片拼装机的握柄部的支杆、支架有无变形、磨损、裂隙等。

步骤4:检查管片拼装机的旋转轮、齿轮和小齿轮的咬合是否良好。

二 日维护

步骤1:检查管片拼装机操作箱框体及按钮开关有无外观损伤,拼装机声光报警、行走接近开关是否正常工作。

步骤2:检查管片输送小车的所有限位开关的功能是否正常。

步骤3:检查管片吊机的行程开关是否正常工作。

步骤4:检查管片拼装机是否正常、无渗漏油,螺栓连接是否紧固、无异常。

步骤5:检查管片拼装机的抓取机构的微动油缸和功能动作是否正常,扣头螺钉、吊装螺栓是否破裂或损坏。

步骤6:检查管片拼装机的垂直、回转拖链及内部管线是否良好。

步骤7:检查管片拼装机的减速机运行、油位、油色是否正常。

步骤8:检查管片拼装机的电动机及制动运行是否正常,无异响或震动。

步骤9:检查管片拼装机的导引装置移动部件污染情况、接头、软管(有无擦伤痕)、撑脚板、行走装置、连接部位、拖链、润滑点,如果需要,进行清洁。

步骤10:检查管片拼装机的驱动油温、噪声、油位,必要时进行处理。

步骤11:检查管片拼装机的千斤顶、夹钳等是否有异常。

步骤12:检查管片拼装机的旋转环上是否附着、堆积土砂。

步骤13:检查管片输送小车的支撑面、滚轮、导轨、拔取装置的润滑情况,并清洁。

步骤14:检查管片输送小车的所有限位开关的功能是否正常。

步骤15:检查管片吊机的行走及上下限位、卷盘电缆是否正常,行走电动机声音是否异常,防护是否良好。

步骤16:检查管片吊机的链条,加注润滑油。

步骤17:检查管片吊机是否运行正常,功能是否正常,清洁是否到位。

步骤18：检查管片吊机行走机构的大小齿轮啮合是否正常。

步骤19：检查管片吊机导向轮、行走轮磨损是否对设备有影响。

三　周维护

步骤1：检查管片拼装系统的整体清洁情况。

步骤2：检查管片拼装机的控制台、紧急制动的功能是否正常。

步骤3：检查管片拼装机、轴承、伸缩油缸、管片输送小车、管片吊机系统和提升装置、减速机的润滑或油位是否正常。

步骤4：检查管片吊机控制面板紧急停止按钮是否正常。

四　月维护

步骤1：检查管片拼装机操作箱的按钮开关端子部是否松动。

步骤2：除去管片拼装机操作箱内的水分、灰尘、土砂等。

步骤3：检查管片拼装机齿轮油，取油样分析。

五　停机维护

步骤1：管片安装机抓取头检查，管片防护尼龙板状况检查。

步骤2：管片输送小车尼龙板检查、拖轮总成检查，管片输送小车底部滑行木板检查。

步骤3：管片吊机行走梁、提升变速箱检查，链条链轮滚针轴承检查，吊装头螺栓更换及起重机梁夹板螺栓检查、紧固。

【考核评价】

通过学习本任务内容，对管片拼装系统进行故障排除及使用前后的维护，考查学生有关管片拼装系统维护内容理解是否正确，作业流程是否规范，掌握是否熟练，操作结果是否达标，具体见表4-12。

管片拼装系统维护考核评价表　　　　　表4-12

评价项目	评价内容	评价标准	配分/分
知识目标	管片拼装系统运行时维护项目描述	能否正确描述管片拼装系统运行时维护项目	10
	管片拼装系统日维护检查项目描述	能否正确描述管片拼装系统日维护检查项目	10
	管片拼装系统周维护检查项目描述	能否正确描述管片拼装系统周维护检查项目	10
	管片拼装系统月维护检查项目描述	能否正确描述管片拼装系统月维护检查项目	5
	管片拼装系统停机维护检查项目描述	能否正确描述管片拼装系统停机维护检查项目	5
能力目标	管片拼装系统运行时维护操作	能否按步骤正确对管片拼装系统进行运行时维护	10
	管片拼装系统日维护操作	能否按步骤正确对管片拼装系统进行日维护	10
	管片拼装系统周维护操作	能否按步骤正确对管片拼装系统进行周维护	10
	管片拼装系统月维护操作	能否按步骤正确对管片拼装系统进行月维护	5
	管片拼装系统停机维护操作	能否按步骤正确对管片拼装系统进行停机维护	5

评价项目	评价内容	评价标准	配分/分
素质目标	规范作业	管片拼装系统维护操作流程是否规范	10
	科学分析	分析管片拼装系统静置原因,根据问题采取措施是否科学合理	10
合计/分			100

【创新点拨】

管片拼装机是盾构掘进机的关键部件之一,管片拼装的质量会直接影响到地下水的渗透和地表沉降。安装时,一般从下部的标准块管片开始,左右两侧交替安装标准管片,然后拼装邻接块管片,最后安装封顶块管片。然而现有的管片拼装机在进行管片拼装工作时,管片的安装效率不高,开挖面不稳定,安全性得不到保障,而且管片拼装空间难以保证。请思考并设计一种能够提高管片安装效率并且安全可靠的管片拼装机。

【强化训练】

请扫描下方二维码,打印并装订电子活页实训手册,完成实训任务十八 管片拼装系统维护。

实训任务十八 管片拼装系统维护

任务十 电气控制系统维护

【学习目标】

知识目标:1.掌握盾构机电气控制系统的维护作业程序;

2.掌握电气系统日常巡检内容;

3.熟悉土压平衡盾构机电气控制系统的维护作业程序;

4.掌握土压平衡盾构机 PLC 控制系统的维护要点;

5.掌握土压平衡盾构机传感系统的维护要点;

6.熟悉土压平衡盾构机供电系统的维护要点。

能力目标:1.能够正确进行传感器维护;

2.能够正确进行油浸式变压器的维护;

3.能够对电缆箱、配电柜、应急发电机、PLC 系统、上位机、控制面板、传感器等进行维护。

素质目标:1.培养规范作业的意识;

2.培养科学分析问题的态度。

【工作场景与任务】

如何在日常巡视中对传感器进行维护？如何开展油浸式变压器日常检修？

【知识准备】

盾构机电气控制系统的维护，需要严格地按照施工要求进行。不仅需要进行日常维护，还需要进行定期维护。

一 PLC 控制系统的维护

PLC 控制系统是专为工业生产设计的一种数字运算操作的电子装置，它采用一类可编程的存储器，用于其内部存储程序，执行逻辑运算、顺序控制、定时、计数与算术操作等面向用户的指令，并通过数字或模拟式输入、输出来控制各种类型的机械或生产过程，是工业控制的核心部分。

PLC 系统虽然可靠性高，但是外部环境影响和内部元件老化等因素，也会造成 PLC 系统不能正常工作，这给盾构机的使用带来了很大的阻碍，因此，应定期对 PLC 系统开展维护，使系统工作在最佳状态，以免给生产建设带来损失。

（一）PLC 维护的主要项目

1. 检查

（1）检查 PLC 插板是否松动；

（2）检查 PLC 连接线是否松动，紧固接线端子；

（3）检查 PLC 通信口插头连接是否正常；

（4）检查工业计算机与 PLC 的通信线连接是否可靠。

PLC 模块线路现场紧固作业如图 4-38 所示。

图 4-38　PLC 模块线路紧固

2. 清扫

（1）定期清洁 PLC 及控制柜内的灰尘。

（2）每六个月或每个季度对 PLC 进行清扫，切断给 PLC 供电的电源，把电源机架、CPU 主板及输入/输出板依次拆下，进行吹扫、清扫后再按原位依次安装好，待全部连接恢复后再送电并启

图 4-39 盾构机 PLC 系统控制柜

动 PLC 主机。同时,需认真清扫 PLC 箱内卫生。

(3)清洁工业计算机和控制柜内的灰尘。

(4)每三个月更换电源机架下方过滤网。

盾构机 PLC 系统控制柜如图 4-39 所示。

3.测量、备份

(1)每月对柜中给主机供电的电源重新测量工作电压;

(2)备份 PLC 程序,检查冷却机的冷却水流量是否正常并进行试验,确保其动作的可靠性;

(3)备份工业计算机的程序;

(4)定期进行 PLC 的冷启动。

(二)上位机维护的主要项目

上位机是用于监测和控制盾构施工各个功能系统的专业界面(触摸屏)。它能够显示盾构机在施工中所有的重要参数,并能够根据需要对一些参数和功能进行设置和修改,从而使盾构机能适应地层变化的复杂性和多样性。同时,上位机通过与 PLC 互联通信,交换数据,将需要的数据显示在上位机中,将需要执行的指令传输给 PLC。上位机显示面板如图 4-40 所示。

图 4-40 盾构机上位机显示面板

（1）检查上位机与 PLC 的通信线连接是否可靠。

（2）定期清洁上位机和控制柜内的灰尘。

（3）备份上位机的程序。

（三）控制面板维护的主要项目

主控室控制面板灯显示检测如图 4-41 所示。

（1）检查控制面板内接线的松紧情况，必要时进行紧固；

（2）定期清扫灰尘，注意防水；

（3）检查按钮和旋钮的工作情况，若有损坏，应及时更换；

（4）检查控制面板上的 LED 显示是否正常；

（5）定期对控制面板上的 LED 显示进行校正，校正时要使用标准信号发生器，先校正零点再校正范围，二者要反复校正；

图 4-41　主控室控制面板灯显示检测

（6）定期对推进液压油缸和铰接油缸行程显示与油缸实际行程进行测量校对，若有误差应及时校准。

盾构机控制面板内接线如图 4-42 所示。

图 4-42　盾构机控制面板内接线

（四）控制系统维护的注意事项

（1）测量电压时，要用数字电压表或精度为 1% 的万能表测量；

（2）电源机架、CPU 主板都只能在主电源切断时取下；

（3）在 RAM（Random Access Memory，随机存取存储器）模块从 CPU 取下或插入 CPU 前，要断开计算机的电源，这样才能保证数据不混乱；

（4）在取下 RAM 模块前，检查模块电池是否正常工作，如果电池故障灯亮时取下模块，则 RAM 内容将丢失；

（5）取下输入/输出板前也应先关掉总电源，但如果因生产需要，输入/输出板也可在可编程控制器运行时取下，但 CPU 板上的 QVZ（超时）灯亮；

（6）拔插模板时要格外小心，轻拿轻放，并远离产生静电的物品；

(7)更换元件不得带电操作;

(8)检修后模板一定要安插到位。

控制系统检修内容和判断标准如表 4-13 所示。

控制系统检修内容和判断标准

表 4-13

序号	检修项目	检修内容	判断标准
1	供电电源	在电源端子处测量电压波动范围是否在标准范围内	电压波动范围:85% ~110%
2	外部环境	环境温度 环境湿度 积尘情况	0 ~55℃ 35% ~85% RH (Relative Humidity,相对湿度), 不结露不积尘
3	输入/输出用电源	在输入/输出端子处测电压变化是否在标准范围内	以各输入/输出规格为准
4	安装状态	各单元是否可靠固定 电缆的连接处是否完全插紧 外部配线的螺钉是否松动	无松动 无松动 无异常
5	寿命元件	电池、继电器、存储器	以各元件规格为准

传感系统的维护

传感系统作为盾构机的感觉器官,负责采集相关数据,上传 PLC 后作为盾构机控制的基础参数,是盾构机实现自动化、智能化的先决条件。采集数据的准确性决定着盾构机控制的精准性,探索传感传统工作原理,做好其维护工作对盾构机操作、技术改进、维护有着积极的指导意义。

(一)传感器的常见分类和原理

传感器是一种检测装置,能将感受到的被测量信息转换为电信号输出。传感器电气信号包括开关信号;电流信号:4 ~20mA(或 0 ~20mA);电压信号 0 ~5VDC、0 ~10VDC 或 -10 ~10VDC;电阻信号,如 0 ~2kΩ 等。

1.压力传感器原理

盾构机上传感器用在各个液压系统、流体系统,液压系统上的压力传感器有用于压力实时检测的压力传感器,为模拟量;也有用在滤芯上检测滤芯是否堵塞的压差开关,为数字开关量。流体用压力传感器多用于泡沫系统各路空气、混合液、工业水的压力检测。压电效应是压电传感器的主要工作原理。盾构机通常使用的压力传感器主要是利用压电效应制成的,这种传感器也称为压电传感器,且压电式压力传感器大多是利用正压电效应制成的。德系盾构机上常用输出信号为 4 ~20mA 的传感器。

土压传感器如图 4-43 所示。

2.温度传感器原理

盾构机用温度传感器用于液压油、齿轮油、

图 4-43 土压传感器

内循环水、主减速机、电动机等运行温度的监控。液压油、齿轮油用温度传感器将温度以模拟量信号输出；内循环水、主减速机、电动机温度监控使用温度开关，当温度超出许用范围后切断相应线路，为数字开关量。温度传感器是利用物质各种物理性质随温度变化的规律把温度转换为可用输出信号的传感器。盾构常用模拟式热电偶温度传感器。温度传感在盾构机上的另一个主要应用是温度开关。当被检测设备温度超过允许温度后输出一个高电平，该高电平被 PLC 接收并作进一步处理。例如主驱动减速机温度开关、电动机温度监控器等。温度传感器实物如图 4-44 所示。

图 4-44　温度传感器

3. 流量传感器原理

盾构机用流量传感器均为利用电磁感应原理制作的电磁流量计，用于渣土改良系统上的膨润土、泡沫原液、泡沫混合液和气体流量的检测。它是应用法拉第电磁感应定律，即导电流体通过外加磁场时感生的电动势来测量导电流体流量的一种仪器。压损极小，可测流量范围大，适用的工业管径范围宽，输出信号和被测流量呈线性，精确度较高。其原理是当导电流体在磁场中作垂直方向流动而切割磁感应力线时，也会在管道两边的电极上产生感应电势。感应电势的方向由右手定则判定，感应电势的大小由下式确定：$E_x = BDv$。在管道直径 D 已定且保持磁感应强度 B 不变时，被测体积流量 v 与感应电势呈线性关系。若在管道两侧各插入一根电极，就可引入感应电势 E_x，测量此电势的大小，就可求得体积流量。盾构机常用的流量传感器如图 4-45 所示。

图 4-45　流量传感器

(二)传感器维护的主要项目

(1)检查各种传感器的接线情况，若有必要，紧固接线、插头、插座。

(2)清洁传感器，特别是接线处或插头处要清洁干净，防止水和污物造成故障。

(3)检查传感器的防护情况，若有必要，须采取防护措施，防止传感器被损坏。

(4)定期用压力表对压力传感器在控制面板上的显示情况进行检查和校准。

电气装置要定期紧固接线端子；进行防水、防潮及绝缘检查；除尘，降温；传感器应加防护；检查电气线路与元件是否存在机械损伤。同时，需预防线路接错、断路、短路、接触不良及破损导致的接地或短路问题。

三 供电系统的维护

供电系统主要包括高压电缆、电缆卷筒、高压开关柜、电缆箱、变压器、配电柜等。

(一) 高压电缆

电缆是供电设备与用电设备之间的桥梁，起传输电能的作用，而电缆主要故障就是绝缘问题，引起绝缘问题的关键点就是结构被破坏。现场高压电缆如图4-46所示。

图4-46 高压电缆

高压电缆从内到外的组成部分包括导体、绝缘、内护层、填充料(铠装)、外绝缘。其维护的要点为：

(1) 检查高压电缆是否破损，若有，要及时处理。

(2) 检查高压电缆铺设范围内有无可能对电缆造成损伤的因素，若有，应及时采取防范措施。

(3) 定期对高压电缆进行绝缘检查和耐压试验。电缆延伸时同步开展该试验。

(二) 电缆卷筒

(1) 检查电缆卷筒变速箱齿轮油油位，及时加注齿轮油。

(2) 检查电缆卷筒链轮的链条，注意加注润滑脂。

(3) 检查电缆卷筒滑环和电刷的磨损情况，注意清洁滑环和电刷。

(4) 检查电刷的弹力以及电刷与滑环的接触情况，必要时进行修理或更换。

(5) 检查电缆接头的紧固情况，必要时紧固接头。

(6) 检查绝缘支座和滑环的情况，必要时进行清洁处理。

(三) 高压开关柜

(1) 进行高压开关柜的分断、闭合动作试验。

(2) 检查六氟化硫气体压力是否正常(压力表指针在绿色区域内为正常)。

(3) 检查高压接头的紧固情况。

(四) 电缆箱

高压电缆长时间存放再次启用时，应先进行绝缘耐压检测。

盾构构造与操作维护(第2版)

(五)变压器

箱式变压器如图4-47所示。

图4-47 箱式变压器

(1)变压器应由专人维护与保养,并定期进行检修。

(2)检查变压器散热情况和变压器的温升情况。

(3)定期对变压器进行除尘工作。

(4)监视变压器是否运行于额定状况,电压、电流是否显示正常。

(5)注意监听变压器的运行声音是否正常。

(6)检查接地线是否正常。

(7)变压器检修的质量标准:

①变压器、中性点设备的基础应牢固、完整;

②排油设施应完好,消防设施齐备;

③油漆完整,各相的相色和标志正确;

④油箱及所有附件均无渗漏油现象,并擦拭干净;

⑤储油柜、套管等油位表计指示清晰、准确,油色、油位正常,油流继电器及阀门方向、开关正确;

⑥测温装置指示应正确,整定值应符合要求;

⑦气体继电器安装方向正确无误,充油正常,气体排净;

⑧吸湿型呼吸器已装变色硅胶,油杯内的油清洁,油位符合要求;

⑨变压器的相序及绕组的接线组别应符合并列运行要求;

⑩接地引下线及其与主地网的连接应满足设计要求,接地应可靠;

⑪铁芯接地应与地网直接连接;

⑫高压套管的末屏应可靠接地;

⑬中性点放电间隙装设位置正确,间隙距离符合要求;

⑭变压器顶盖、套管等上面应无遗留物;

⑮套管顶部结构的接触及密封应良好。

(六)配电柜

低压配电柜如图4-48所示。

图 4-48 低压配电柜

(1) 检查配电柜电压和电流指示是否正常。

(2) 检查电容补偿控制器工作是否正常。

(3) 检查补偿电容工作时的温升情况,温度是否在允许的正常范围内。

(4) 检查补偿电容有无炸裂现象,若有,需要更换。

(5) 检查补偿电容控制接触器的放电线圈有无烧熔现象,接线端子应定期检查紧固(建议每三个月紧固一次),若有松动或烧熔,要尽快更换。

(6) 检查配电柜内的温度是否正常,检查配电柜制冷机是否正常工作,检查制冷机的冷却水流量是否正常。

(7) 检查低压断路器过载保护和短路保护是否正常。

(8) 检查大容量断路器和接触器工作时的温升情况,若温度较高,说明触点接触电阻较大,需要进行检修或更换。

(9) 检查柜内软启动器、变频器显示是否正常。

(10) 对主开关定期进行 ON/OFF 动作试验,检查其动作可靠性。

(11) 经常对配电柜及元件进行除尘。

(12) 定期对电缆接线和柜内接线进行检查,必要时进行紧固。

(七) 应急发电机

(1) 检查 PT(压力-时间) 供油系统油位是否正常。

(2) 检查冷却水位是否正常。

(3) 检查各连接部分是否牢靠,电刷是否正常,压力是否符合要求,接地是否良好。

(4) 检查有无机械杂音、异常振动等情况。

盾构电气控制系统日巡检维护项目如表 4-14 所示。

盾构电气控制系统日巡检维护项目   表 4-14

序号	项目	巡检维护内容
1	高压电缆	检查电缆悬挂情况,外表有无破损
		检查高压电缆敷设范围内有无对电缆造成损伤的因素
		检查高压电缆分支箱防水情况是否正常

序号	项目	巡检维护内容
2	油浸式变压器	变压器周围通风情况,温度以及散热是否正常
		变压器运行声音是否有异常
		观察变压器的电压是否在正常范围内
		检查变压器的防水、清洁情况
		电容补偿是否正常
3	空气压缩机	空气压缩机是否有进水现象
		空气压缩机温度是否在允许范围内
		查看空气压缩机操作面板有无故障报警
		空气压缩机清洁防护情况
4	主驱动	监听液压马达运行声音是否正常
		液压马达冷却情况、温度有无异常
5	主泵站	检查主泵站各电动机温度、声音是否有异常
		检查各电磁阀块清洁防护情况
6	泡沫和膨润土系统	变频电动机运转是否正常
		电磁阀、流量计是否正常以及防护情况
		液位传感器有无异常
7	接线盒及插座盒	检查接线盒与插座盒外壳是否破坏
		检查接线盒与插座盒密封情况
8	油脂系统	电磁阀、接近开关有无异常
9	皮带输送机	清洁皮带输送机电动机表面水和污渍
		检查电动机接线盒密封情况
		检查三号拖车上方皮带下电缆线槽内线缆有无剐蹭现象
10	管片吊机	操作手柄按钮是否灵活、功能完好
		前后行走限位是否正常
		吊机抗拉电缆以及电缆卷筒有无异常
11	管片拼装机	拼装机无线遥控器接收器是否外观完好无损且干净整洁
		拼装机旋转移动电缆是否有跑偏、剐蹭现象
		拼装机上阀组防护是否完好
12	盾体	检查盾体左右推进阀组防护清洁情况
		检查盾体左右侧配电柜清洁情况,是否有进水现象
		保压系统控制器清洁防护情况
		盾体内各传感器清洁防护情况
13	主控室	检查 PLC 通信灯是否正常
		检查操作面板上各按钮指示灯是否正常
		查看上位机报警历史,监控数据是否正常
14	紧急停止	各个急停按钮是否完好且无其他物体遮盖

项目四 盾构机的维护

【任务实施】

一 对盾构机的传感器进行维护

步骤1：检查传感器外观。

观察器件是否缺损、受潮；确认各端子连接器连接可靠；确认器件安装无松动现象。

步骤2：检查电源状态。

确认DC（直流）电源的电压状态正确。

步骤3：检查信号传输功能。

确认传感器和控制器直接的通信联络正常。

步骤4：传感器精度检测。

检查传感器反馈值与实际计量仪表测量值是否相符。

步骤5：器件清洁。

确认传感器内外清洁。

二 油浸式变压器日常检修步骤

步骤1：箱壳及其附件的检修。

用干净的棉纱清扫外壳，特别污秽或出现大块油斑的地方用汽油棉纱擦拭，局部脱漆的要进行除锈涂漆处理，调制的油漆应和变压器原油漆一致或接近；检查并紧固各法兰连接螺栓，确保受力均匀适当；检查主导电回路的紧固螺栓是否松动，导电排接头处有无过热现象，若有松动需紧固该螺栓，若接头处贴有示温贴片，应检查其是否变色，若变色要予以更换；清扫套管的瓷瓶，检查瓷瓶外表有无放电痕迹，表面有无破损、裂纹，瓷釉脱落面积不超过$300mm^2$的可用环氧树脂粘补，若发现有渗油现象，应对渗油位置作具体处理；检查其他部位有无渗油情况，并予以处理。

步骤2：防爆管的检修。

检查并紧固法兰，确保受力均匀适当；检查防爆管连接管是否畅通完好，防爆管薄膜密封是否严密，平整无缺，压垫无裂纹，若发现有破损或裂纹，应立即予以更换。方法是：先取下压紧环，再取下橡胶垫，然后拆掉防爆膜，以新的薄膜代替，安装顺序与拆卸时相反。复装时，橡胶垫两面要擦拭干净。

步骤3：油枕的检查。

用干净的棉纱擦拭油位计表面，使之清晰，发生渗油现象的需要及时处理；观察油枕的油位是否正常，若油位低，应补以同型号的符合技术要求的变压器油；将油枕底部集污盒内的污油放掉，并清洗干净。

步骤4：检查热呼吸过滤器。

更换失效的吸附剂，并清扫管路，检查呼吸过滤器的吸潮剂是否失效，若失效，则更换新的吸潮剂。

步骤5：瓦斯继电器的检查。

检查有无渗漏油现象，若有，可视渗漏油情况做相应的处理；检查阀门的开闭是否灵活，必要时予以适当调整；检查接点闭合与断开是否正确；检查电缆和继电器接点的绝缘电阻是否满足要求，并且引线电缆不得被油浸。

步骤6：分接开关的检修。

分接开关处渗油是常见缺陷,分接开关渗油多发生在中心传动轴与外围密封螺母的缝隙处。

步骤7：温度计的检修。

测量上层油温的温度计应拆下来进行校验,达到规定精确度;检查测温管是否充满了变压器油,温包金属导管不得有死弯,弯曲直径不得小于150mm;检查接线盒内有无积水或受潮现象,引线是否正确牢固。

步骤8：检查基础。

应无纵横严重裂纹,无破损和大面积脱落,支撑件无弯曲变形和裂缝。

步骤9：冷却装置的检修。

检查各管路是否畅通,有无渗漏油现象,有强制风冷装置的应检查风扇电动机是否完好,启动正常;检查冷却装置与主变箱体连接的阀门开启、关闭是否正常,有无渗漏油。

步骤10：变压器补油。

打开储油柜、散热器及其他应投入运行的闸阀、蝶阀,检查各阀门是否处于开启状态,并加以定位;将注油管路接至储油柜下部阀门,通过滤油机连接至油罐;开启滤油机,保持 4t/h 的速度向储油柜注入合格的变压器油,待油位到达适合高度时,停止注油,打开升高座、散热器、储油柜等最高位置的放气塞,进行排气,出油后即可旋紧放气塞。

步骤11：变压器油取样。

取油样应在空气干燥的晴天进行,装油样的容器应清洁并经干燥处理。取油时,从变压器底部的放油阀处取油样,擦净放油阀,放掉污油,待油干净后收集至油样容器,油样溢出容器后尽快将容器封好,严禁杂物混入容器,最后关紧放油阀,防止漏油。

【考核评价】

通过学习本任务内容,对电气控制系统进行维护,考查学生对电气控制系统维护内容的理解是否正确,作业流程是否规范,掌握是否熟练,操作结果是否达标,具体见表4-15。

电气控制系统维护与保养考核评价表　　　　　　　　　　　　表 4-15

评价项目	评价内容	评价标准	配分/分
知识目标	PLC 控制系统认知与识别	能否正确识别 PLC 控制系统各单元及其相关维护知识	15
	传感系统认知	能否正确识别盾构机上不同类型传感器及相关维护知识	15
	高压供电系统的认识	能否正确识别高压供电系统的各个单元及相关维护知识	10
	低压配电系统的认知	能否正确识别低压配电系统的各个单元及相关维护知识	10
能力目标	传感器的维护	能否合理对传感器进行维护	20
	油浸式变压器的维护	能否正确对油浸式变压器进行维护	20
素质目标	规范作业	电气控制系统各个单元的维护操作流程是否规范	5
	科学分析	科学分析上位机显示指标是否正确、各类电气设备是否正常运行	5
合计/分			100

PLC 控制系统相当于盾构机的大脑,协调控制盾构机实行掘进。其硬件如图 4-49 所示。

图 4-49 PLC 控制系统硬件图

盾构机的工业控制系统采用 PLC 作为核心控制单元,除了满足基本的控制功能以外,还需要满足可靠性,即具备足够的抗干扰能力。PLC 的输入/输出接口一般都有隔离措施,程序是逐条执行,因此程序不会死锁,增加了其可靠性。而可靠性,正是工业控制和工业生产中最为重要的指标。

【强化训练】

请扫描下方二维码,打印并装订电子活页实训手册,完成实训任务十九 电气控制系统维护。

实训任务十九 电气控制系统维护

任务十一 导向系统维护

【学习目标】

知识目标:1. 熟悉导向系统维护的内容;

2. 熟悉常见的报警信息及处理方法。

能力目标:1. 根据操作手册,能够独立进行简单的维护;

2. 能够处理系统常见的报警信息。

素质目标：通过导向系统细节的维护，培养精益求精的工匠精神。

【工作场景与任务】

某区间隧道采用盾构法施工，以盾构机采用力信 RMS-D 激光靶导向系统为例，如何开展日常导向系统的维护？

【知识准备】

由于盾构机内施工环境较为复杂，定期检查导向系统的硬件是否完好对保证测量系统的正常工作十分重要。检查硬件包括棱镜、吊篮、全站仪、控制盒及通信线缆几大块。以力信RMS-D 激光靶导向系统为例，导向系统的定期检查内容主要包括九个方面，见表 4-16。

导向系统定期检查内容   表 4-16

编号	描述	检查周期
1	检查激光靶镜片是否有泥浆或者水珠，若有，只能用软布轻轻擦拭，严禁用手直接擦拭	每日
2	检查全站仪目镜和键盘是否有泥浆，全站仪自动马达是否正常工作	每日
3	检查全站仪吊篮和后视棱镜吊篮是否会被撞到	每日
4	检查全站仪和激光靶的通视空间，测量通视空间较小时及时移站	每日
5	通过控制测量检查后视和测站点的坐标	每周
6	通过固定在盾构机上的特征点来校核 RMS-D 激光靶导向系统姿态	每月
7	检查全站仪气泡是否居中，若超出范围，应立即整平并重新设站定向	每日
8	定期将测量系统数据库备份至 U 盘或者移动硬盘	每月
9	定期检核全站仪的补偿器、ATR（Average True Range，平均真实波幅）指标差	6 个月

【任务实施】

在恶劣环境中更需要频繁地对导向系统进行维护与保养，这样能延长系统的使用寿命，减少一些不必要的损失。

以力信 RMS-D 激光靶导向系统为例，导向系统使用前检查和维护操作如下：

步骤 1：检查激光靶。

（1）检查激光靶镜片是否有泥浆或者水珠，若有，只能用软布轻轻擦拭，严禁用手直接擦拭。

（2）定期检查激光靶支架的稳定性及激光靶螺栓的紧固性。

步骤 2：检查全站仪。

（1）检查全站仪及其配件是否清洁与干燥。

①产品与附件。

吹净透镜和棱镜上的灰尘，不要用手触摸光学零件，清洁仪器时用干净柔软的布，亚麻布除外。若需要，可用水或者纯酒精蘸湿后使用。不要用其他液体，因为可能损坏仪器零部件。

②棱镜结雾。

如果棱镜的温度比环境的温度低，则容易结雾。此时不要简单地擦拭，也不能用手直接擦拭棱镜，以免损坏光学镜面。可把棱镜放进衣物或者车内，使之与周围温度适应，雾会自动消失。

　　③仪器受潮。

　　在温度不超过40℃的条件下干燥仪器、运输箱、塑料泡沫及其他附件,然后清洁处理,直到完全干燥后再装箱。在野外使用仪器时应始终盖上仪器箱。

　　④电缆和插头。

　　保持插头清洁、干燥。吹去连接电缆插头上的灰尘。

　　(2)检查全站仪自动马达是否正常工作。

　　(3)检查全站仪是否平整,气泡是否居中,若超出范围,应立即整平并重新设站定向。

　　(4)检查全站仪吊篮和后视棱镜吊篮是否会被撞到。

　　(5)定期检核全站仪的补偿器。

　　步骤3:检查全站仪和激光靶的通视空间。

　　如果测量通视空间较小,则需及时移站。

　　步骤4:核查后视和测站点的坐标。

　　通过控制测量检查后视和测站点的坐标。

　　步骤5:检核 RMS-D 激光靶导向系统姿态。

　　通过固定在盾构机上的特征点来检核 RMS-D 激光靶导向系统姿态。

　　步骤6:核实数据是否备份。

　　定期将测量系统数据库备份至 U 盘或者移动硬盘。

【考核评价】

　　通过学习本任务内容,对导向系统进行使用前后的维护操作,考查学生有关导向系统维护内容理解是否正确,作业流程是否规范,掌握是否熟练,操作结果是否达标,具体见表4-17。

导向系统维护与保养考核评价表　　　　　　　　　　表4-17

评价项目	评价内容	评价标准	配分/分
知识目标	导向系统维护的内容描述	能否正确描述导向系统维护内容	5
	导向系统常见的报警信息内容描述	能否正确描述导向系统常见的报警信息内容	5
	导向系统常见的报警信息处理方法描述	能否正确描述导向系统常见报警信息的处理方法	5
能力目标	检查激光靶操作	能否正确进行激光靶使用前检查操作	10
	检查全站仪	能否正确进行全站仪使用前检查操作	20
	检查全站仪和激光靶的通视空间	能否正确进行通视空间检查和处理通视不良	5
	核查后视和测站点的坐标	能否正确核查后视和测站点的坐标	5
	检核 RMS-D 激光靶导向系统姿态	能否正确检核 RMS-D 激光靶导向系统姿态	10
	核实数据是否备份	能否正确进行数据备份的核实	5
	处理报警信息	能否根据任意给出的报警信息进行相应的处理操作	20
素质目标	规范作业	检查和检核的操作是否规范	5
	科学分析	是否能够冷静分析处理报警信息	5
合计/分			100

【知识拓展】

盾构机姿态控制需要根据地质情况,当掘进断面粉土、夹粉质黏土、粉质黏土、黏土比较多,土体自稳性比较强,盾构机水平姿态可以按照正常控制。在小半径掘进施工时,宜向内弧方向偏移20~30mm,以防止掘进时管片向曲线外弧线方向偏移。由于隧道覆土自稳性较强,管片拖出盾尾后,土体填充比较缓慢,或者荷载不足导致竖向力小于隧道管片浮力,使管片整体上浮,这时盾构垂直姿态一定要结合管片上浮量进行(水平轴线以下)调整,保证管片姿态与设计线路偏差在规定范围内。

盾构推进测量以导向系统为主,以人工测量校核。盾构机自身导向系统能够实时动态显示盾构机所处位置偏差时,盾构机司机可根据显示的偏差及时修正盾构机的掘进姿态,使得盾构机能够沿设计方向掘进,并满足盾构区间平面及高程精度要求。

为了保证导向系统的可靠性、准确性,确保盾构机沿着正确的方向掘进,需经常对导向系统的数据进行人工测量校核。对导向系统数据的复核可以根据以下两种情况采用不同的方法:

第一种情况:脱出盾尾的环片和盾壳内的环片姿态数据与导向系统数据一致,或者差距不大(不超过2cm),可以认为导向系统姿态数据正常。盾尾环片的姿态数据测量频率为2d一次或者16~20环一次。脱出盾尾的成型环片需及时测量,"测量倒九环",计算环片中心与设计隧道中心偏差值,与自动导向系统显示数据进行比对。根据重复的环片数据姿态判断环片的稳定性及变化规律,进一步指导姿态。

环片测量示意图如图4-50所示。

第二种情况:脱出盾尾的环片和盾壳内的环片与导向系统姿态数据不一致,这时就需要对自动导向系统进行人工复核,检查导向系统全站仪测站点坐标、后视点坐标、全站仪状态、旋转角感应器数据和倾角的感应器数据以及标靶点相对位置。测量人工标靶对称点的坐标,并通过始发姿态数据建立的换算关系,计算人工姿态。盾构机始发后,定期测量此人工标靶,用来检核自动导向系统数据。旋转角和倾角的采用数据和自动导向系统的感应器有些微差异,计算结果差值应小于或等于2cm。

图4-50　环片测量示意图

【强化训练】

请扫描下方二维码,打印并装订电子活页实训手册,完成实训任务二十　导向系统维护。

实训任务二十　导向系统维护

项目五

盾构机常见故障分析与处理

【项目导学】

项目五 盾构机常见
故障分析与处理

- 任务一 刀盘驱动系统常见故障分析与处理
- 任务二 螺旋输送系统常见故障分析与处理
- 任务三 推进系统常见故障分析与处理
- 任务四 管片拼装系统常见故障分析与处理
- 任务五 冷却过滤系统常见故障分析与处理
- 任务六 同步注浆系统常见故障分析与处理
- 任务七 主驱动润滑系统常见故障分析与处理
- 任务八 盾尾密封油脂系统常见故障分析与处理
- 任务九 HBW密封油脂系统常见故障分析与处理
- 任务十 低压电器常见故障分析与处理
- 任务十一 PLC系统常见故障分析与处理
- 任务十二 渣土改良系统常见故障分析与处理
- 任务十三 导向系统常见故障分析与处理
- 任务十四 掘进参数异常情况分析与处理

任务一 刀盘驱动系统常见故障分析与处理

【学习目标】

知识目标:1.熟悉刀盘驱动系统电控旋钮的位置及控制键符号;

2.熟悉刀盘驱动系统上位机操作界面、故障查询界面;

3.掌握上位机故障处理方法;

4.掌握刀盘驱动系统基本的电气、液压故障分析与处理方法。

能力目标:1.能够依据盾构机操作说明书,熟练找到刀盘驱动系统电控旋钮的位置;

2.能够依据盾构机操作说明书,熟练找到刀盘驱动系统上位机各界面,熟练完成刀盘驱动系统的启动、停止操作及参数修改;

3.能够按常规流程对故障做出正确分析与处理;

4.能够正确识别上位机、电气元件或液压元件等常见故障类型。

素质目标:1.培养规范作业的意识;

2.培养科学分析问题的态度;

3.培养爱岗敬业、忠于职守、尽职尽责的职业素养。

【工作场景与任务】

某软土地层中一台土压平衡盾构机在施工,盾构机司机在刀盘启动运行时,调节"刀盘转速"旋钮,将"刀盘转速"旋钮向加速方向旋转,发现"推进刀盘"界面上刀盘转速数据没有变化。将"刀盘转速"旋钮向减速方向旋转,发现"推进刀盘"界面上刀盘转速数据依然没有变化。请找出上述盾构机出现故障的原因并处理,同时请分析以下三种常见故障现象:

(1)刀盘不旋转(或旋转不顺畅);

(2)刀盘转速异常;

(3)刀盘轴承密封失效。

微课视频:盾构机切削系统常见故障分析

实训视频:刀盘故障处理

【知识准备】

盾构机刀盘驱动系统的故障分析与处理主要围绕刀盘控制系统展开,这部分主要学习刀盘控制系统、主监控界面、启动条件界面及设备报警界面等内容。

一 刀盘控制系统

刀盘控制系统是控制刀盘启动、停止、正反转、加减速等各种状态的操作系统。操作区域包括主控室刀盘控制区、本地控制盒两部分。具体布置如图5-1、图5-2所示。

人舱刀盘控制盒

紧急停止

刀盘使能指示灯　　维保　1　0

主控室控制　现场控制

左转　右转　维保指示灯

CREG WIRTH

图 5-1　主控室刀盘控制区

本地控制盒

左转　右转　主控制室控制　现场控制

启动　停止

复位　超挖刀泵

0　max

图 5-2　本地控制盒

刀盘主监控界面

刀盘主监控界面主要监控当前刀盘转速、扭矩、功率、超挖量、刀盘角度及刀盘磨损等参数，具体如图 5-3 所示。

CREC975 Ver:2.1.4.31234　　主监控页　　0　2020/12/3 15:18:58
中国中铁　中铁工程装备集团　PCL连接正常　第0环 管片安装模式

设备桥拉力　0　kN
后配套拖拉油缸行程
1号　0　mm
2号　0　mm

D组位移　0　mm
D组压力　0　bar

主驱动冷却水压力　0.00　bar

刀盘监测
转速　0.0　x/min
扭矩　0　kN·m
功率　0.0　kW
超挖量　0　mm
刀盘角度　343.6　°
刀盘磨损　0　bar

铰接位移(mm)

左上土压　0.00　bar

皮带机转速　0.0　m/s

泵出口压力　0.0　bar

俯仰角　0.0　°
滚动角　0.0　°
贯入度　0.0　mm/r
推进压力　0　bar
推进速度　0　mm/min
总推进力　0　kN
抓举头角度　0　mm/r

右上土压　0.00　bar
A组位移　0　mm
A组压力　0　bar
右下土压　0.00　bar

C组位移　0　mm
左中土压　0.00　bar

C组压力　0　bar

左下土压抓举头压力　0.00　bar

0　压力　次数
内密封前腔　0.0　0
外密封后腔　0.0　0
内密封前腔　0.0　0
外密封后腔　0.0　0

EP2压力(bar)
外密封迷宫腔　0.0
内密封迷宫腔　0.0

串联双螺机
1号　　　2号
前部土压　后部土压　后部土压
0.00　bar　0.00　bar　0.00　bar
转速　0.0　r/min　转速　0.0　r/min
扭矩　0　kN·m　扭矩　0　kN·m

注浆压力(bar)
0.0　0.0
0.0　0.0
0.0　0.0

膨润土
压力　流量
膨润土　0.0　bar　0　m³/h
盾膨　0.0　bar　0　m³/h

B组位移　0　mm
B组压力　0　bar

主监控页　串联螺机　泡沫系统　注浆系统　变频驱动　盾尾密封　铰接控制　启动条件　参数设置　累计量　报警系统　曲线图　返回

图 5-3　刀盘主监控界面

启动刀盘,必须保证所有的启动条件都已经满足。在相关的启动条件满足后,上位机相应显示项会变绿。若启动条件中有一项未变绿,就说明该项没有启动或启动功能出现故障,应立即对其进行检查,排除故障后启动。刀盘"启动条件"界面具体如图5-4所示。

图5-4 刀盘"启动条件"界面

四 "设备报警"界面

"设备报警"界面可以提示当前刀盘驱动系统出现的故障点,便于工作人员分析。"设备报警"界面具体如图5-5所示。

报警系统				
报警变量	PCL变量	地址	注释	时间
db50_0_1	M51.6	M51.6	盾体左滚超过设定值	2020/10/27 20:28:07
db50_4_6	M25.1	M25.1	齿轮油与刀盘连锁有效	2020/10/27 20:28:07
db50_15_0	M203.0	M203.0	HEM马达压力控制无效	2020/10/27 20:28:07
db50_13_2	M112.1	M112.1	注浆左下压力大于设定值	2020/10/27 20:28:07
db50_20_4	M300.1	M300.1	管片安装机过滤器故障	2020/10/27 20:28:07
db50_24_0	M200.6	M200.6	HEW与刀盘螺机连锁有效	2020/10/27 20:28:07
db50_38_5	M31.2	M31.2	加水箱液位高报警	2020/10/27 20:28:07
db50_37_0	M149.6	M149.6	氧气浓度高报警	2020/10/27 20:28:07
db50_42_2	M214.6	M214.6	砂浆罐自动润滑高报警	2020/10/27 20:28:07
db50_40_2	M812.0	M812.0	氧气超过极限停机	2020/10/27 20:28:07
db50_40_5	M812.5	M812.5	盾体内氧气低于极限停机	2020/10/27 20:28:07
db50_40_7	M812.3	M812.3	盾体内氧气低于极限报警	2020/10/27 20:28:07
db50_6_0	T22	T22	齿轮油测试模式、上位机齿轮油液位、减速箱	2020/10/27 20:29:10

图5-5 刀盘"设备报警"界面

【任务实施】

一　主控室控制刀盘不旋转（或旋转不顺畅）故障分析与处理

步骤1：确认主控室刀盘控制按钮功能是否正常，电源及线路是否正常。具体故障分析及处理见表5-1。

"启动"按钮故障分析及处理　　　　　　　　　　　　　　　表5-1

故障类型	故障现象及分析	处理
"启动"按钮故障	刀盘"启动"按钮指示灯损坏或线路故障。	（1）万用表检查开关按钮，发现按钮指示灯损坏或者线路故障； （2）上报维修工程师，请求修复； （3）修复后，跳转至步骤3

步骤2：常见故障现象分析与处理，具体见表5-2。

常见故障分析与处理　　　　　　　　　　　　　　　　　　表5-2

故障名称	故障现象及分析	处理
刀盘急停异常	观察到"启动条件"界面中"刀盘急停"文字颜色显示红色时，表示刀盘急停条件不满足	（1）查看"设备报警"界面，发现有红底色的"刀盘紧急停止回路动作"的报警信息； （2）按动主控制面板上的"复位"按钮，观察此条报警信息依然保持红底色； （3）查找急停系统的电气图纸，及时报项目组管理，请组织专业人员进行处理
刀盘冷却系统异常	观察到"启动条件"界面中"刀盘冷却系统正常"文字颜色显示红色时，表示刀盘冷却系统不正常	（1）查看"设备报警"界面，发现有红底色"冷却水泵自动开关跳闸"的报警信息； （2）找到主配电柜冷却水泵开关，合上开关即可； （3）查看"设备报警"界面，发现有红底色"冷却水液位低于低限"的报警信息； （4）按动主控制面板上的"复位"按钮，观察此条报警信息依然保持红底色，可确认是冷却水液位过低故障，若补偿冷却水至标准水位后故障仍未排除，及时报项目组管理，请组织专业人员进行处理
刀盘润滑油系统异常	观察到"启动条件"界面中"刀盘润滑油系统正常"文字颜色显示红色时，表示刀盘润滑油系统不正常	查看"设备报警"界面，依次排查"齿轮油泵自动开关跳闸""齿轮油漏油液位低限""齿轮油温度超限""润滑油脂泵自动开关跳闸""齿轮油脉冲检测异常""润滑油脂脉冲检测异常"等故障信息
1号刀盘变频器扭矩异常	刀盘旋转过程中，时刻观察"刀盘"界面中各个刀盘变频器的扭矩、电流数据，发现1号变频器扭矩和电流明显小于其他编号的变频器扭矩和电流数据时，则说明该刀盘驱动的电动机负载明显偏小	（1）查看是否为扭矩限制器失效； （2）查看是否为扭矩轴断裂； （3）查看是否为行星减速器与小齿轮之间连接轴断裂； （4）查看是否为行星减速器内部损坏
刀盘1号齿轮箱温度超高	观察到上位机"设备报警"界面"刀盘1号齿轮箱温度超高"报警信息时，观察上位机"刀盘"界面中对应编号的刀盘电动机温度数据的确超过设定温度值，则可确认刀盘1号齿轮箱温度超高故障，导致刀盘无法启动	（1）查看是否为电气回路或温度开关故障； （2）查看冷却水流量是否不足； （3）查看减速机齿轮油是否不足

故障名称	故障现象及分析	处理
电位计在零位	当观察到"启动条件"界面中"刀盘电位器起始值为零"文字颜色显示红色时,表示刀盘转速调节旋钮不在零位	将刀盘转速调节旋钮旋转至零位即可
刀盘补油压力不足	查看上位机界面,发现刀盘补油压力达不到正常值	(1)补油回油的溢流阀损坏,应更换; (2)阻尼孔未安装或安装错误,应重新安装; (3)补油泵自身溢流阀损坏,应更换
刀盘扭矩显示为负数	查看上位机界面,发现刀盘扭矩显示为负数	传感器安装接线有问题导致扭矩显示负数,应重新安装

步骤 3:根据上位机报警信息,依次按照步骤 2 的故障分析与处理,完成其他故障排查。步骤 2 中的故障处理完成后,按动主控室控制面板上的"复位"按钮,再次观察对应故障的启动条件、报警信息及相关数据。若恢复正常,则故障处理完成。若还是无法启动,返回步骤 2,再次排查,直至恢复正常。

二 刀盘转速异常故障分析与处理

步骤 1:查看主控室控制面板速度调节旋钮机械功能是否正常。

来回旋动"刀盘转速"旋钮,确认"刀盘转速"旋钮机械功能是否正常。若发现无法旋动或者旋动有异响,则更换"刀盘调速"旋钮。

步骤 2:查看上位机界面关于刀盘系统的数据参数和报警信息,判定故障基本类别。

刀盘转速异常故障分析与处理见表 5-3。

刀盘转速异常故障分析与处理 表 5-3

故障类型	故障现象与分析	处理
刀盘转速数据异常	刀盘启动运行时,调节"刀盘转速"旋钮,将"刀盘转速"旋钮向加速方向旋转,观察"主监控页"界面上刀盘转速数据没有变化。将"刀盘转速"旋钮向减速方向旋转,观察"主监控页"界面上刀盘转速数据依然没有变化	(1)"刀盘转速"旋钮电信号未被正常采集到或者速度控制数据未传输到变频器端; (2)上报维修工程师,告知其转速故障,请求处理恢复
	刀盘启动运行时,观察到"主监控页"界面上刀盘转速数据时有时无,且无规律性,则可推断出,刀盘转速传感器反馈异常数据	(1)确认电气回路有无故障; (2)刀盘转速传感器安装位置异常,及时报项目组管理,请组织专业人员进行处理
	无论刀盘高速还是低速运行,转速达不到设计值	(1)正反转电磁阀得电方向不一致; (2)进油联 A、B 口接错方向
	刀盘泵启动正常但电位计无论旋到多大挡位都没有转速	(1)查看控制泵压力是否正常,检查各球阀开关; (2)检查每个刀盘泵的控制压力,若都无压力,检查功率阀组处减压阀压力是否正常; (3)若功率阀组减压阀压力正常,检查功率阀组处比例溢流阀是否损坏; (4)检查刀盘系统比例放大板

步骤3：根据上位机报警信息,依次按照步骤2的故障分析与处理,完成其他故障排查。步骤2中的故障处理完成后,按动主控室控制面板上的"复位"按钮,再次观察相关数据。若恢复正常,则故障处理完成。若还是有故障,返回步骤2,再次排查,直至恢复正常。

三　刀盘驱动密封失效故障识别及紧急处理

步骤1：查看上位机界面关于刀盘系统的数据参数和报警信息,判定故障基本类别。

刀盘驱动密封失效故障分析与处理见表5-4。

刀盘驱动密封失效故障分析与处理　　　　　　　　　表5-4

故障类型	故障现象与分析	处理
密封失效	主驱动内、外密封跑道进泥沙,在观察孔处可以观察到有泥沙	(1)保证 EP2 和 HBW 的注脂量; (2)条件允许的情况下,拆机换密封
油脂密封压力偏低	润滑油脂泵正常启动运行且长时间运行后,观察上位机主监控页"辅助系统"界面中主轴承外密封压力数据,发现外密封压力一直过低	(1)油脂泵损坏,则需报维修技术人员进行专业维修处理; (2)油脂分配阀堵塞,拆解油脂分配阀进行清洗疏通; (3)油脂管路损坏,更换管路; (4)油脂管路错接,参考设备图纸,按正确连接方法接好管路

步骤2：根据上位机报警信息,依次按照步骤1的故障分析与处理,完成其他故障排查。步骤1中的故障处理完成后,开启润滑油脂泵并长时间运行再次观察相关数据。若压力数据恢复正常,则故障处理完成。若压力数据依旧过低,返回步骤1,再次排查,直至恢复正常。

四　故障记录

根据故障处理情况,填写表5-5。

故障记录表(一)　　　　　　　　　表5-5

设备故障记录表			
设备编号		时　间	
记　录　人		故障处理确认	
故障描述	故障部位: 故障现象:		
故障分析			
处理与效果			

【考核评价】

通过本任务学习,主要考查学生对刀盘驱动系统的组成、工作原理及相关电液知识的理解是否全面,故障分析与处理的作业流程是否规范,故障分析与处理结果是否达标。具体见表5-6。

刀盘驱动系统常见故障分析与处理考核评价表 表5-6

评价项目	评价内容	评价标准	配分/分
知识目标	刀盘驱动系统机械结构	能否正确识别刀盘驱动各组成部件和部件功能	5
	刀盘驱动系统电气控制原理	能否正确描述刀盘驱动系统电气控制的基本原理及主要电气元件	15
	刀盘驱动密封系统工作原理	能否正确描述刀盘驱动密封系统的工作原理	10
能力目标	刀盘驱动系统上位机各界面查看	能否正确查找刀盘驱动系统上位机各界面,查询故障与报警信息,待故障排除后,在上位机界面消除故障与报警,恢复刀盘驱动正常工作	10
	刀盘不旋转(或旋转不顺畅)故障分析与处理	能否按照故障现象进行故障分析与处理	20
	刀盘转速异常故障分析与处理	能否按照故障现象进行故障分析与处理	20
	刀盘驱动密封失效故障识别及紧急处理	能否按照故障现象进行故障分析与处理	10
素质目标	规范作业	故障分析与处理操作流程是否规范	5
	科学分析	故障分析与处理过程是否科学合理	5
合计/分			100

【强化训练】

请扫描下方二维码,打印并装订电子活页实训手册,完成实训任务二十一　刀盘驱动系统常见故障分析与处理。

实训任务二十一　刀盘驱动系统常见故障分析与处理

任务二　螺旋输送系统常见故障分析与处理

【学习目标】

知识目标:1.熟悉螺旋输送系统电控旋钮的位置及控制键符号;

2.熟悉螺旋输送系统控制操作区、参数设置界面、故障查询界面;掌握对应故障的处理方法;

3.掌握螺旋输送系统基本的电气、液压、机械故障分析与处理方法。

能力目标:1.能够依据盾构机操作说明书,熟练找到螺旋输送系统电控旋钮的位置;
　　　　2.能够熟练完成螺旋输送系统的启动、停止操作及参数修改等;
　　　　3.能够正确完成螺旋输送系统故障类型(上位机、PLC、机械结构、电气
　　　　　元件或液压元件)识别与处理。

素质目标:1.培养规范作业的意识;
　　　　2.培养科学分析问题的态度;
　　　　3.培养崇德崇学、向上向善的职业素养。

【工作场景与任务】

在西安等老黄土、古土壤地层掘进中,因土质坚韧,易呈大块状,在缺少泡沫和水改良的情况下,渣土出渣不畅,稍不注意容易造成螺旋机扭矩过大而堵塞。但某项目部在施工过程中,已知渣土改良效果较好,依然发生螺旋输送机不旋转情况。请找出上述盾构机出现故障的原因并处理,同时请完成以下任务:

(1)螺旋输送机不旋转(或旋转不顺畅)故障分析与处理;

(2)螺旋输送机闸门不动作(或动作不顺畅)故障分析与处理。

【知识准备】

盾构机螺旋输送系统的故障分析与处理主要围绕螺旋输送机操作系统展开,这部分主要学习螺旋输送机操作控制区、主监控界面、启动条件界面及设备报警界面等内容。

一　螺旋输送机操作控制区

螺旋输送机操作系统是控制螺旋输送机的启动、停止、正反转、转速、闸门开启等状态的操作系统。主要操作区域包括主控制室控制区、本地控制盒两部分。具体布置如图5-6、图5-7所示。

图5-6　主控室控制区域

图5-7　本地控制盒

螺旋输送机主监控界面

主监控界面主要监控当前螺旋输送机补油压力、转速、扭矩、前后部压力、闸门开合度等参数,具体如图5-8所示。

图5-8　螺旋输送机主监控界面

"启动条件"界面

启动螺旋输送机,必须保证所有的启动条件都已经满足。在相关的启动条件满足后,上位机相应显示项会变绿。若启动条件中有一项未变绿,就说明该项没有启动或启动功能出现故障,应立即对其进行检查,排除故障后启动。螺旋输送机"启动条件"界面具体如图5-9所示。

图5-9　螺旋输送机"启动条件"界面

四　"设备报警"界面

"设备报警"界面可以提示当前螺旋输送系统出现的故障点,便于工作人员分析。具体如图5-10所示。

图5-10　螺旋输送机"设备报警"界面

【任务实施】

一 螺旋输送机不旋转(或旋转不顺畅)故障分析与处理

步骤1:确认主控室螺旋输送机控制按钮功能是否正常,电源及线路是否正常。具体故障分析与处理见表5-7。

螺旋输送机不旋转(或旋转不顺畅)故障分析与处理　　　　　　　　表 5-7

故障类型	故障现象及分析	处理
"正转""反转"按钮故障	螺旋输送机"正转""反转"按钮指示灯损坏或线路故障	(1)万用表检查开关按钮,发现按钮指示灯损坏或者线路故障; (2)上报维修工程师,请求修复; (3)修复后,跳转至步骤3

步骤2:查看上位机界面关于螺旋输送系统的数据参数和报警信息,判定故障基本类别,具体见表5-8。

螺旋输送机常见故障分析与处理　　　　　　　　　　　　表 5-8

故障类型	故障现象及分析	处理
螺旋机扭矩过大而堵塞	在西安等老黄土、古土壤地层掘进中,因土质坚韧,易呈大块状,若缺少泡沫和水改良,渣土改良效果不好。此时,稍不注意,容易造成螺旋输送机扭矩过大而堵塞	(1)通过螺旋机伸缩和反复正反转来实现脱困; (2)无法通过正反回转和伸缩脱困时,可以打开观察窗人工清理
螺旋输送机冷却系统不正常	当观察到"启动条件"界面中"刀盘冷却系统正常"文字颜色显示红色时,表示刀盘冷却系统不正常。	(1)查看"设备报警"界面,发现有红底色的"冷却水泵自动开关跳闸"的报警信息; (2)找到主配电柜冷却水泵开关,合上开关即可
		(1)查看"设备报警"界面,发现有红底色"冷却水液位低于低限"的报警信息,按动主控制面板上的"复位"按钮,观察此条报警信息依然保持红底色; (2)检查电气回路确认无故障情况下,发现管路连接处渗漏,应先补充冷却水,再及时报项目组管理,请组织专业人员进行处理
螺旋输送机补油泵运行不正常	观察到控制面板上螺旋输送机补油泵"启动"按钮指示灯未点亮,且按动"启动"按钮,依然无法点亮"启动"按钮指示灯	(1)查看"设备报警"界面,发现有红底色的"螺旋输送机补油泵开关跳闸"的报警信息; (2)找到主配电柜螺旋输送机主油泵开关,合上开关即可
		(1)查看"设备报警"界面,发现有红底色的"液压油温度检测回路故障"的报警信息; (2)电气回路故障,报项目组管理,请组织专业人员进行处理; (3)温度传感器故障,报项目组管理,请组织专业人员进行处理; (4)油箱冷却循环散热器故障,报项目组管理,请组织专业人员进行处理
		(1)查看"设备报警"界面,发现有红底色的"液压油箱液位低限"的报警信息; (2)电气回路故障,报项目组管理,请组织专业人员进行处理; (3)温度传感器故障,报项目组管理,请组织专业人员进行处理; (4)实际液位不足,安排相关人员补充液压油箱液位

盾构构造与操作维护(第2版)

故障类型	故障现象及分析	处理
螺旋输送机泵运行不正常	观察到"启动条件"界面中"螺机泵运行"文字颜色显示红色时,表示螺旋输送机液压泵运行不正常。然后观察到控制面板上螺旋输送机泵"启动"按钮指示灯未点亮,且按动"启动"按钮,依然无法点亮"启动"按钮指示灯	(1)查看"设备报警"界面,发现有红底色的"螺旋机主油泵开关跳闸"的报警信息; (2)找到主配电柜螺旋机主油泵断路器,合上断路器即可
		(1)查看"设备报警"界面,发现有红底色的"螺旋机主油泵软启动器故障"的报警信息; (2)复位软启动器,故障报警消失即可;若仍未消失,汇报给盾构机维修工程师,告知其软启动器故障具体信息,请求处理修复
		(1)查看"设备报警"界面,发现有红底色的"螺旋机漏油温度检测回路故障"的报警信息; (2)产生故障的原因可能是电气回路故障、温度传感器故障、电动机壳体密封损坏等; (3)及时报项目组管理,请组织专业人员进行处理
		(1)查看"设备报警"界面,发现有红底色的"螺旋机补油压力异常"的报警信息; (2)产生故障的原因可能是电气回路故障、压力传感器未正确设置、压力传感器故障、加载阀未加载; (3)及时报项目组管理,请组织专业人员进行处理
润滑油脂脉冲检测异常	按动螺旋输送机"正转""反转"按钮后,螺旋输送机正常旋转,但是1min后或间隔一段时间后,控制面板上"正转""反转"按钮指示灯熄灭,螺旋输送机跳停	(1)查看"设备报警"界面,发现有红底色"润滑油脂脉冲检测异常"报警信息; (2)故障原因可能有分配阀脉冲接近开关不在检测范围内、多点泵泵芯未达到排量范围、多点泵泵芯磨损及分配阀内部堵塞; (3)及时报项目组管理,请组织专业人员进行处理
螺旋输送机泵异常跳停	螺旋输送机达到2r/min跳停	A、B口球阀未打开,请相关人员打开球阀

步骤3:根据上位机报警信息,依次按照步骤2的故障分析与处理,完成其他故障排查。步骤2中的故障处理完成后,按动主控室控制面板上的"复位"按钮,再次观察对应故障的启动条件,报警信息及相关数据。若恢复正常,则故障处理完成。若还是无法启动,返回步骤2,再次排查,直至恢复正常。

螺旋输送机闸门不动作(或动作不顺畅)故障分析与处理

步骤1:确认主控室螺旋输送机控制按钮功能是否正常,电源及线路是否正常。具体故障分析与处理见表5-9。

螺旋输送机闸门不动作(或动作不顺畅)故障分析与处理(一)　　　　表5-9

故障类型	故障现象及分析	处理
上、下后闸门开、关按钮故障	螺旋输送机上、下后闸门按钮指示灯无法点亮	(1)按动主控室控制面板上的"灯检查"按钮,若上、下后闸门开、关指示灯不亮,说明上、下后闸门开、关按钮指示灯损坏或者线路故障; (2)上报维修工程师,请求修复; (3)修复后,跳转至步骤3

步骤2：查看上位机界面，螺旋输送系统的数据参数和报警信息，判定故障基本类别，具体见表5-10。

螺旋输送机闸门不动作（不顺畅）**故障分析与处理**（二）　　　表5-10

故障类型	故障现象及分析	处理
推进泵运行故障（闸门泵由推进电动机驱动）	观察到控制面板上推进泵"启动"按钮指示灯未点亮，且按动"启动"按钮，依然无法点亮"启动"按钮指示灯	（1）查看"设备报警"界面，发现有红底色的"推进泵开关跳闸"的报警信息； （2）找到主配电柜推进主泵断路器，合上断路器即可
上后闸门开、关和下后闸门开、关故障	控制台上后闸门开、关和下后闸门开、关按钮按下后不动作	（1）查看操作控制面板，若螺旋输送机钥匙开关在远程位置，则确定是钥匙开关位置错误导致的故障，钥匙开关拧到本地即可； （2）查看操作控制面板，按住上后闸门开、关和下后闸门开、关按钮之后，开、关指示灯闪烁，但闸门不动作； （3）考虑电气回路故障、闸门位移传感器故障、接近开关故障、控制阀故障等，及时报项目组管理，请组织专业人员进行处理

步骤3：根据上位机报警信息，依次按照步骤2的故障分析与处理，完成"顶推油泵软启动器故障""液压油温度检测回路故障""液压油箱液位低限"等故障排查。步骤2中的故障处理完成后，按动主控室控制面板上的"复位"按钮，再次观察对应故障的启动条件、报警信息及相关数据。若恢复正常，则故障处理完成。若还是无法启动，返回步骤2，再次排查，直至恢复正常。

三 故障记录

根据故障处理情况，填写表5-11。

故障记录表（二）　　　表5-11

设备故障记录表			
设备编号		时　间	
记　录　人		故障处理确认	
故障描述	故障部位： 故障现象：		
故障分析			
处理与效果			

【考核评价】

通过本任务学习，主要考查学生对螺旋输送机的组成、工作原理及相关电液知识的掌握程度，故障分析与处理的作业流程是否规范和熟练，故障分析与处理结果是否达标，具体见表5-12。

螺旋输送系统常见故障分析与处理考核评价表　　　　　表 5-12

评价项目	评价内容	评价标准	配分/分
知识目标	螺旋输送机系统电气控制原理	能否正确描述螺旋输送机电气控制的基本原理、主要电气元件	15
	螺旋输送机液压系统工作原理	能否正确描述螺旋输送机液压系统的工作原理	15
能力目标	螺旋输送机上位机各界面查看	能否正确查找螺旋输送机上位机各界面,查询故障与报警信息,待故障排除后,能否在上位机界面消除故障与报警,恢复螺旋输送机正常工作	10
	螺旋输送机不旋转(或旋转不顺畅)故障分析与处理	能否按照故障现象进行故障分析与处理	25
	螺旋输送机闸门不动作(或动作不顺畅)故障分析与处理	能否按照故障现象进行故障分析与处理	25
素质目标	规范作业	故障分析与处理操作流程是否规范	5
	科学分析	故障分析与处理过程是否科学合理	5
合计/分			100

【强化训练】

　　请扫描下方二维码,打印并装订电子活页实训手册,完成实训任务二十二　螺旋输送系统常见故障分析与处理。

实训任务二十二　螺旋输送系统常见故障分析与处理

任务三　推进系统常见故障分析与处理

【学习目标】

知识目标:1.熟悉推进系统电控旋钮的位置及控制键符号;

　　　　　　2.掌握上位机推进系统操作界面、参数设置界面、故障查询界面和故障处理方法;

　　　　　　3.掌握推进系统基本的电气故障分析与处理方法;

　　　　　　4.掌握推进系统基本的液压故障分析与处理方法。

能力目标:1.能够依据盾构机操作说明书,熟练找到推进系统电控旋钮的位置;

　　　　　　2.能够依据盾构机操作说明书,熟练找到推进系统上位机各界面;

　　　　　　3.能够依据盾构机操作说明书,熟练完成推进系统的启动、停止操作及参数修改;

　　　　　　4.能够正确地识别故障类型,包括上位机故障、PLC 故障、电气元件故障及液压元件故障等。

素质目标:1.培养规范作业的意识;

　　　　　　2.培养科学分析问题的态度;

　　　　　　3.培养认真负责、谦虚谨慎、团结协作的职业素养。

【工作场景与任务】

中铁××号土压平衡盾构机在正常掘进的过程中,发现推进模式下推进油缸 A 区推力不足。请找出上述盾构机出现故障的原因并处理,同时请完成以下任务:

(1)推进模式下推进油缸不动作(或动作不顺畅)故障分析与处理;

(2)推进模式下推进油缸 A 区推力不足故障分析与处理;

(3)拼装模式下推进油缸 B 区动作缓慢故障分析与处理;

(4)铰接油缸密封失效故障分析与处理。

【知识准备】

盾构机推进系统的故障分析与处理主要围绕推进系统操作展开,这部分主要学习推进系统控制区、主监控界面、启动条件界面及设备报警界面等内容。

一 推进系统控制区

推进系统主要用于控制推进模式与拼装模式的切换,以及推进系统的启动、停止、调速等状态的操作。推进控制区具体布置如图 5-11 所示。分区控制区域包括推进油缸压力 A 组调节旋钮、推进油缸压力 B 组调节旋钮、推进油缸压力 C 组调节旋钮、推进油缸压力 D 组调节旋钮等,如图 5-12 所示。

图 5-11　推进控制区具体布置

图 5-12　推进控制区调节旋钮

二 推进系统主监控界面

推进系统主监控界面中有 A、B、C、D 各分区压力、行程、分区调节百分比,推进系统的总推力、贯入度、速度、速度设置百分比、泵头压力等,具体如图 5-13 所示。

图 5-13　推进系统主监控界面

三、"启动条件"界面

启动推进系统,必须保证所有的启动条件都已经满足。在相关的启动条件满足后,上位机相应显示项会变绿。若启动条件中有一项未变绿,就说明该项没有启动或启动功能出现故障,应立即对其进行检查,排除故障后启动。推进系统"启动条件"界面具体如图 5-14 所示。

图 5-14　推进系统"启动条件"界面

"设备报警"界面

"设备报警"界面可以提示当前推进系统出现的故障点,便于工作人员分析。具体如图 5-15 所示。

编号	时间	状态	故障技术	确认
438	2020/10/19 13:36:35	到达	刀盘磨损警告	确认

图 5-15 推进系统"设备报警"界面

【任务实施】

一　**推进模式下推进油缸不动作**(或动作不顺畅)**故障分析与处理**

步骤 1:确认主控室推进控制按钮功能是否正常,电源及线路是否正常,具体故障分析与处理见表 5-13。

"推进"按钮故障分析与处理　　　　　　　　　　　　　　表 5-13

故障类型	故障现象及分析	处理
"推进"按钮故障	推进按钮指示灯无法点亮	(1)万用表检查开关按钮,发现按钮指示灯损坏或者线路故障; (2)上报维修工程师,请求修复; (3)修复后,跳转至步骤 3

步骤 2:查看上位机界面关于推进系统的数据参数和报警信息,判定故障基本类别,具体见表 5-14。

推进油缸不动作(或动作不顺畅)故障分析与处理　　　　　　　　表 5-14

故障类型	故障现象及分析	处理
某只油缸不能动作	掘进过程中,某组油缸其中一根不伸出,其余油缸都能调节伸出	(1)根据原理图判断并找到相应的控制阀块; (2)采用压力表对阀块进油进行压力检测,检测是否有压力存在; (3)采用手动方式进行换向阀换向,若油缸能动作,说明电气故障(主要检查电磁阀插头和相关线路是否有损坏、接触不良的现象),报项目组管理,请组织专业人员进行处理

続上表

故障类型	故障现象及分析	处理
推进和辅助泵电动机运行不正常	观察到控制面板上推进泵"启动"按钮指示灯未点亮,且按动"启动"按钮,依然无法点亮"启动"按钮指示灯	(1)查看"设备报警"界面,发现有红底色的"推进泵开关跳闸"的报警信息,则确定是推进主油泵电路故障; (2)找到主配电柜推进主油泵断路器,合上断路器即可
		(1)查看"设备报警"界面,发现有红底色的"顶推油泵软启动器故障"的报警信息,确定为软启动器故障; (2)复位软启动器,故障报警消失即可;若报警未消失,查找电气原理图后,报项目组管理,请组织专业人员进行处理
推进油缸行程超限	当观察到"启动条件"界面中"推进油缸行程超限"文字颜色显示红色时,表示推进油缸行程超限	(1)打开推进系统"参数设置"界面查看,发现最大行程设置数据过小; (2)合理设置最大推进行程参数即可
		(1)打开"设备报警"界面查看,发现有红底色的"A(B、C、D)组推进油缸行程传感器故障"的报警信息,则确定是推进油缸行程传感器故障; (2)查找电气原理图,找到推进油缸行程传感器图纸后,汇报给盾构机维修工程师,告知其内置行程传感器故障具体信息,请求处理修复

步骤3:根据上位机报警信息,依次按照步骤2的故障分析与处理,完成"设备桥牵引力不超限""水管卷筒停止限位""铰接行程超限"等故障排查。步骤2中的故障处理完成后,按动主控室控制面板上的"复位"按钮,再次观察对应故障的启动条件、报警信息及相关数据。若恢复正常,则故障处理完成。若还是无法启动,返回步骤2,再次排查,直至恢复正常。

二 推进模式下推进油缸A区推力不足故障分析与处理

步骤1:确认主控室推进控制按钮功能是否正常,电源及线路是否正常,具体见表5-15。

"A区压力调节"旋钮故障分析与处理　　　　　　　　　　表5-15

故障类型	故障现象及分析	处理
"A区压力调节"旋钮故障	推进模式下A区调节旋钮无响应	(1)推进模式下,左旋或者右旋A区压力调节旋钮,A区压力不变,说明A区压力不受控,先减小B、D区压力,或考虑调节旋钮损坏或者线路故障; (2)上报维修工程师,请求修复; (3)修复后,跳转至步骤3

步骤2:查看上位机界面关于推进系统的数据参数和报警信息,判定故障基本类别,具体见表5-16。

223

项目五　盾构机常见故障分析与处理

推进模式下推进油缸 A 区推力不足故障分析与处理　　表 5-16

故障类型	故障现象及分析	处理
推进模式不正常	达不到某一设定值，具体现象： （1）一组油缸压力不正常，其他组正常； （2）有的分组压力能达到设定值，有的不能达到设定值； （3）无论怎么调压，所有分组都达不到设定压力值	（1）采用互换法确定故障点，确定分组比例减压阀故障； （2）采用互换法确定故障点，确定分组放大板参数有问题； （3）确定推进泵头放大板参数有问题
推进 A 区比例阀、换向阀工作不正常	推进模式下调节 A 区压力，A 区压力不变，推进比例放大卡指示灯正确	查找电气图纸，找到 A 区比例阀、换向阀电气原理图后，报项目组管理，请组织专业人员进行处理

步骤 3：步骤 2 中的故障处理完成后，按动主控室控制面板上的"复位"按钮，再次观察对应故障的启动条件、报警信息及相关数据。若恢复正常，则故障处理完成。若还是无法启动，返回步骤 2，再次排查，直至恢复正常。

拼装模式下推进油缸 B 区动作缓慢故障分析与处理

步骤 1：确认主控室推进控制按钮功能是否正常，电源及线路是否正常，具体见表 5-17。

"B 区压力调节"旋钮故障分析与处理　　表 5-17

故障类型	故障现象及分析	处理
"B 区压力调节"旋钮故障	拼装模式下 B 区调节旋钮无响应	（1）拼装模式下，右旋 B 区压力调节旋钮，B 区压力保持极小值，不能增大，说明 B 区压力不受控，或考虑 A、C 区速度过快导致 B 区不受力，或调节旋钮损坏或者线路故障； （2）上报维修工程师，请求修复； （3）修复后，跳转至步骤 3

步骤 2：查看上位机界面关于推进系统的数据参数和报警信息，判定故障基本类别，具体见表 5-18。

拼装模式下推进油缸 B 区动作缓慢故障分析与处理　　表 5-18

故障类型	故障现象及分析	处理
推进 B 区比例卡工作不正常	拼装模式下调节 B 区压力，B 区压力不变	（1）B 区比例卡状态指示灯不亮或者闪烁，判断其比例放大卡不能正常工作； （2）查找电气图纸，找到 B 区比例放大卡电气原理图后，报项目组管理，请组织专业人员进行处理
推进 B 区比例阀工作不正常	拼装模式下调节 B 区压力，B 区压力不变，推进比例放大卡指示灯正确	（1）B 区比例阀不工作，换向阀不工作； （2）查找电气图纸，找到 B 区比例阀、换向阀电气原理图后，报项目组管理，请组织专业人员进行处理
推进油缸自动伸出	当推进油缸回收完成时，有油缸会自动伸出近 2cm	当油温较低或同时收缩的油缸数量较多时，回油被压会很大。当回油被压很大时，油缸缩到底，换向阀由缩回状态转为中位停止状态，油缸有杆腔里的高压油不能通过换向阀回油，这时，有杆腔的高压油会通过换向阀及液控阀进入油缸的无杆腔，从而造成油缸伸出，当油缸伸出 2cm，油缸有杆腔与无杆腔达到压力平衡后，油缸停止伸缩。 注：特定条件下油缸缩回后压力的反弹，对施工没有影响

步骤 3：步骤 2 中的故障处理完成后，按动主控室控制面板上的"复位"按钮，再次观察对应故障的启动条件、报警信息及相关数据。若恢复正常，则故障处理完成。若还是无法启动，返回步骤 2，再次排查，直至恢复正常。

四 故障记录

根据故障处理情况，填写表 5-19。

故障记录表（三）　　　　　　　　　　　　　　表 5-19

设备故障记录表			
设备编号		时　间	
记 录 人		故障处理确认	
故障描述	故障部位： 故障现象：		
故障分析			
处理与效果			

【考核评价】

通过本任务学习，主要考查学生对推进系统电液知识的掌握程度，故障分析与处理的作业流程是否规范，掌握是否熟练，故障分析与处理结果是否达标，具体见表 5-20。

推进系统常见故障分析与处理考核评价表　　　　　　　　表 5-20

评价项目	评价内容	评价标准	配分/分
知识目标	推进电气控制原理	能否正确描述推进电气控制的基本原理、主要电气元件	15
	推进与铰接液压系统工作原理	能否正确描述推进与铰接液压系统的工作原理	15
能力目标	推进与铰接上位机各界面查看	能否正确查找推进与铰接各上位机界面，查询故障与报警信息，待故障排除后，能否在上位机界面消除故障与报警，恢复正常工作	10
	推进油缸不动作（或动作不顺畅）故障分析与处理	能否按照故障现象进行故障分析与处理	20
	推进油缸推力不足故障分析与处理	能否按照故障现象进行故障分析与处理	15
	推进油缸动作缓慢故障分析与处理	能否按照故障现象进行故障分析与处理	15
素质目标	规范作业	故障分析与处理操作流程是否规范	5
	科学分析	故障分析与处理过程是否科学合理	5
合计/分			100

225

项目五　盾构机常见故障分析与处理

【强化训练】

请扫描下方二维码，打印并装订电子活页实训手册，完成实训任务二十三 推进系统常见故障分析与处理。

实训任务二十三 推进系统常见故障分析与处理

任务四 管片拼装系统常见故障分析与处理

【学习目标】

知识目标： 1. 熟悉管片拼装系统电控旋钮的位置及控制键符号；

2. 掌握上位机管片拼装系统控制区、参数设置界面、故障查询界面和故障处理方法；

3. 掌握管片拼装系统基本的电气故障分析与处理方法；

4. 掌握管片拼装系统基本的液压故障分析与处理方法。

能力目标： 1. 能够依据盾构机操作说明书，熟练找到管片拼装系统电控旋钮的位置；

2. 能够依据盾构机操作说明书，熟练找到管片拼装系统上位机各界面；

3. 能够依据盾构机操作说明书，熟练完成管片拼装系统的启动、停止操作及参数修改；

4. 能够正确地识别上位机、PLC、电气元件或液压元件等的故障类型。

素质目标： 1. 培养规范作业的意识；

2. 培养科学分析问题的态度；

3. 培养严格执行工艺规程、规范、文件和操作规程的职业素养。

【工作场景与任务】

某砂土地层中，一台中铁装备的土压平衡盾构机在拼装管片过程中，已知管片拼装机旋转有两个限位传感器，分别在±220°，在操作拼装机旋转时，旋转机构超出极限位置而致使电气线路和液压管路断裂而无法操作。试就这一现象完成以下任务：

(1) 管片拼装机不旋转（或旋转不顺畅）故障分析与处理；

(2) 管片拼装红蓝油缸伸缩故障分析与处理。

微课视频：管片拼装系统常见故障分析与处理

【知识准备】

盾构机管片拼装系统的故障分析与处理主要围绕管片拼装系统操作展开，这部分主要学习管片拼装机动作、管片拼装控制系统等内容。

一、管片拼装机动作

管片拼装机主要包含七个动作:旋转与行走,大臂伸缩,摇摆、翻转、横摇,抓举头动作。

(一)旋转与行走

管片拼装机旋转限位装有编码器,左上角、右上角又各装有接近开关,作为管片拼装机的旋转限位。两个接近开关均为常闭开关,管片拼装机处位于其他位置时,两个 PLC 点位一直接收电信号。管片拼装机顺时针旋转,当拼装头的位置转到限位开关位置时,开关断开,信号中断,PLC 输入信号断开,说明此时管片拼装机已经旋转至限位位置,PLC 输出信号通过放大板让管片拼装机停止正转。此外,管片拼装机可以基于安装在行走梁上的结构通过液压系统驱动实现移动。

(二)大臂伸缩

管片拼装机大臂伸缩,由红蓝缸伸缩实现,其信号源来自遥控器上摇杆的摆动幅度。PLC根据从接收器上发出的信号来决定大臂是伸出还是回缩。

(三)摇摆、翻转、横摇

管片拼装机抓举头翻转、横摇动作由 PLC 从遥控器接收到翻转、横摇油缸伸缩的信号之后,通过继电器发出 24V 直流电,控制继电器吸合、控制电磁阀换向而实现。摇摆动作由红蓝油缸分别伸缩而实现。

(四)抓举头动作

抓举头油缸有缩回、伸出两个动作,分别对应抓举头的锁紧、松开。抓举头的松开动作,需要遥控器上两个按钮同时按压。抓举头的锁紧动作,只需要按压一个按钮即可。

二、管片拼装控制系统

管片拼装控制系统主要是控制管片拼装机旋转、行走、伸缩、摇摆、翻转、横摇等状态的操作系统。主要操作区域包括主控室控制区、遥控器两部分。

(一)管片拼装控制系统操作区

主要由主控室"管片拼装泵电机启停"及"遥控器"控制,具体如图 5-16、图 5-17 所示。

(二)上位机"管片拼装角度显示"辅助界面

主要监控当前管片拼装抓举头角度、压力等参数,具体如图 5-18 所示。

图 5-16　操作琴台泵控制按钮

盾构构造与操作维护（第2版）

图 5-17　拼装机遥控器

图 5-18　上位机"管片拼装角度显示"辅助界面

(三)启动条件

拼装机动作允许条件需要满足:拼装模式开启,拼装/推进急停正常,接收器连接正常,遥控器启动正常,遥控器加载成功。

(四)"设备报警"界面

"设备报警"界面可以提示当前管片拼装系统出现的故障点,便于工作人员分析。具体如图 5-19 所示。

图 5-19　报警系统页面

【任务实施】

管片拼装机常见故障分析与处理

步骤1:确认管片拼装控制按钮功能是否正常,电源及线路是否正常,具体见表5-21。

管片拼装启动按钮故障分析与处理 表5-21

故障类型	故障现象及分析	处理
"启动"按钮故障	管片拼装启动按钮指示灯无法点亮	(1)万用表检查开关按钮,发现按钮指示灯损坏或者线路故障; (2)上报维修工程师,请求修复; (3)修复后,跳转至步骤3

步骤2:查看管片拼装系统的数据参数和报警信息,判定故障基本类别,具体见表5-22。

管片拼装机常见故障分析处理 表5-22

故障类型	故障现象及分析	处理
管片拼装泵无法启动	打开故障报警界面,一一核查	(1)查看"设备报警"界面,发现有红底色"拼装机液压泵开关跳闸"的报警信息; (2)找到主配电柜管片拼装开关,合上开关即可
		(1)查看"设备报警"界面,发现有红底色"拼装机液压泵软启动器故障"的报警信息; (2)按动主控室控制面板上的"复位"按钮,观察此条报警信息依然保持红底色; (3)确认安装机液压泵软启动器故障,及时报项目组管理,请组织专业人员进行处理
		按照"设备报警"界面,依次排查"遥控器通信中断""拼装机急停回路动作""拼装机旋转限位信号故障"等故障信息
旋转限位失效	管片拼装机旋转有两个限位传感器,分别在±220°,有时候在操作拼装机旋转时,传感器失效和定位错误导致旋转机构超出极限位置而致使电气线路和液压管路断裂而无法操作	(1)查找传感器失效原因(大多因操作不当,不小心碰断,建议完善传感器线路线槽以更好地保护传感器线路); (2)检查发现限位器卡块松动,引起感应不灵敏; (3)恢复断开的电气线路和液压管路,慢慢操作让旋转机构恢复
管片拼装旋转(伸缩)操作异常	拼装机无法旋转(伸缩)	(1)查看"管片拼装遥控器",发现"遥控器上旋转(伸缩)的使能按钮或摇杆"故障; (2)查看"管片拼装旋转(伸缩)放大卡",发现"管片拼装旋转(伸缩)放大卡上的电源或使能指示灯"没有亮; (3)确认管片拼装旋转(伸缩)放大卡故障,确认是否为控制阀的控制线断路,检查控制阀线圈是否烧毁;及时报项目组管理,请组织专业人员进行处理
管片拼装伸缩动作故障(负载)	抓取管片缩回时,管片和红蓝油缸大臂向地面坠落	(1)检查电气回路故障; (2)检查压力是否达到设定值; (3)检查油缸平衡阀是否损坏
	管片拼装机抓取管片旋转至±180°时,红蓝油缸大臂无法伸出	(1)检查电气回路故障; (2)检查压力是否达到设定值

盾构构造与操作维护(第2版)

步骤3：步骤2中的故障处理完成后，按动管片拼装控制面板上的"复位"按钮，再次观察对应故障的启动条件、报警信息及相关数据。若恢复正常，则故障处理完成。若还是无法启动，返回步骤2，再次排查，直至恢复正常。

◆二 管片吊机故障分析与处理

步骤1：常见故障分析与处理，具体见表5-23。

管片吊机常见故障分析与处理　　　　　　　　　　　　　　表5-23

故障类型	故障现象及分析	处理
行走(起升)电动机故障	单侧不动作	(1)检查该侧是否限位，限位开关是否损坏，若损坏则更换； (2)检查控制盒控制该侧的控制开关是否跳闸，若跳闸则合闸；若合不上，则检查线路是否存在短路； (3)检查链条是否有卡顿现象，若出现卡顿则修理并更换链条； (4)检查电动机是否缺相，若缺，则更换电动机； (5)检查电动机制动是否打开，若未打开，检查制动线圈是否烧坏，若烧坏，则更换制动片，若制动片没问题，则检查制动片是否能得电，若不能得电，则检查线路； (6)检查控制盒接触器是否能正常闭合，若不能，检查线路是否松动或者断路，若正常，检查输出端端子排电压是否正常，若正常，检查配电盒线路是否松动或者断路； (7)检查遥控器手柄按钮是否存在断路或者按钮失效的问题
	双侧不动作	(1)检查控制柜控制开关是否跳闸，若跳闸则合闸； (2)检查控制盒开关是否跳闸，若跳闸则合闸； (3)检查遥控器手柄急停是否被拍下，若被拍下则恢复急停； (4)检查是否打开遥控器按钮，若打开则手柄指示灯会亮，否则应打开开关； (5)检查行走按钮是否损坏，若损坏则更换按钮，否则检查线路是否存在断路； (6)检查限位是否动作，未动作则恢复

步骤2：步骤1中的故障处理完成后，若恢复正常，则故障处理完成。若还是无法启动，返回步骤1，再次排查，直至恢复正常。

◆三 故障记录

根据故障处理情况，填写表5-24。

故障记录表(四)　　　　　　　　　　　　　　表5-24

设备故障记录表				
设备编号		时　间	
记 录 人		故障处理确认	
故障描述	故障部位： 故障现象：			
故障分析				
处理与效果				

【考核评价】

通过本任务学习,主要考查学生对管片拼装系统相关电液知识的掌握程度,故障分析与处理的作业流程是否规范,掌握是否熟练,故障分析与处理结果是否达标,具体见表5-25。

管片拼装系统常见故障分析与处理考核评价表   表5-25

评价项目	评价内容	评价标准	配分/分
知识目标	管片拼装系统电气控制原理	能否正确描述管片拼装电气控制的基本原理、主要电气元件	15
	管片拼装液压系统工作原理	能否正确描述管片拼装液压系统的工作原理	15
	管片拼装机各上位机界面查看	能否正确查找管片拼装各上位机界面,查询故障与报警信息,待故障排除后,能在上位机界面消除故障与报警,恢复管片拼装正常工作	20
能力目标	管片拼装机常见操作故障与处理	能否正确操作控制器各按钮和手柄,完成管片拼装机的各个动作	20
	管片吊机故障分析与处理	能否按照故障现象进行故障分析与处理	20
素质目标	规范作业	故障分析与处理操作流程是否规范	5
	科学分析	故障分析与处理过程是否科学合理	5
合计/分			100

【知识拓展】

请扫描下方二维码,打印并装订电子活页实训手册,完成实训任务二十四 管片拼装系统常见故障分析与处理。

实训任务二十四 管片拼装系统常见故障分析与处理

任务五 冷却过滤系统常见故障分析与处理

【学习目标】

知识目标:1.熟悉冷却过滤系统电控旋钮的位置及控制键符号;

        2.掌握上位机冷却过滤系统操作界面、参数设置界面、故障查询界面和故障处理方法;

        3.掌握冷却过滤系统基本的电气故障分析与处理方法;

        4.掌握冷却过滤系统基本的机械故障分析与处理方法。

能力目标:1.能够依据盾构机操作说明书,熟练找到冷却过滤系统电控旋钮的位置;

        2.能够依据盾构机操作说明书,熟练找到冷却过滤系统上位机各界面;

3. 能够依据盾构机操作说明书,熟练完成冷却过滤系统的启动、停止操作及参数修改;

4. 能够正确识别上位机、PLC、电气元件或液压元件等的故障类型。

素质目标: 1. 培养规范作业的意识;

2. 培养科学分析问题的态度;

3. 培养爱护设备、工具及属具,节能减耗,降低生产成本的职业素养。

【工作场景与任务】

某软土地层中,一台土压平衡盾构机在施工过程出现冷却过滤机故障,请进行分析与处理。

【知识准备】

盾构机冷却过滤系统的故障分析与处理主要围绕冷却过滤系统操作展开,这部分主要学习冷却过滤系统在盾构机上的冷却水系统、电气控制系统、冷却水操作系统等内容。

一 冷却水系统

主驱动冷却水系统包含冷却水泵、储水罐、换热器、回水流量计、温度传感器、温度开关。刀盘正常工作中,储水罐中的水通过冷却水泵,沿循环水管路输送到刀盘减速机的进水口,从减速机回水口流出,将减速机的热量带出,经换热器冷却后回到储水罐。储水罐液位开关在条件不满足时,会触发相关报警信息。冷却水系原理如图 5-20 所示。

二 电气控制系统

通过排查冷却水电动机所在的主电路,PLC 的输入点位、输出点位,根据冷却水电动机电气原理图(图 5-21),找出对应的故障信息并处理。

通过排查液位开关的 PLC 输入点位、输出点位,根据液位开关电气原理图(图 5-22),找出对应的故障信息并处理。

通过排查冷却水流量计对应的 PLC 输入点位、输出点位,根据流量计电气原理图(图 5-23),找出对应的故障信息并处理。

三 冷却水操作系统

(一)冷却水控制区

冷却水控制区的位置和布局如图 5-24 所示。冷却水控制区里有冷却水"启动"按钮、冷却水"停止"按钮。

(二)辅助系统界面

"辅助系统"界面辅助数据包括主驱动密封冷却水流量,具体如图 5-25 所示。

盾构构造与操作维护（第 2 版）

图 5-20　冷却水系统原理图

图 5-21　冷却水电动机电气原理图

24VDC SPS Filter（自清洁压力摆动过滤器）

18.7/=8-17F2/4+.1

2

数字输入	
I18.1	2

内循环冷却水箱
液位低限[WRD001]

=9+CC_B-13A6
=9/13.6

081781+ 112031
BU 0.75 BU 0.75

18.7/=8-17F2/4-.1   0VDC SPS Filter

081781-
BU 0.75

+CC_B3-20X2 1 2 3
-20W2
0LFLEX-CLASSIC-110H
25G1
+XT4L1-20X2 1 2 3   -20X2:2/21.1
                              -20X2:1/21.1

-20W2.1 1 2 3
0LFLEX-CLASSIC-110H
3×0.75

+GA4-20B2
WRD001

图 5-22 液位开关电气原理图

+CC_B1-22F7
32mA/5*20
80210100101
80203031021

112261   112271 数字输入
BU 0.75   BU 0.75

4	8
I13+	I13-
PIW654	CH3

主驱动密封冷却水流量
检测[WRA102]

=9+CC_B1-5A1
=9/5.1

081581-   081581-
BU 0.75   BU 0.75

=9+CC_B1-35×4 9   10
                              =8-15F2/4-.2/25.2
                              =8-17F2/4-.1/24.2

23 PE
23 GNYE

20 21 23 PE

-22W5 1 2 3
0LFLEX-CLASSIC-110H
3×0.75

+SH-22B5
WRA102
1 2 26 27
L+ L-
              PE
         GNYE-22W6
         WDZ-RY
=1+SH_C-33PE2 PE 1×2.5

图 5-23 流量计电气原理图

图 5-24 冷却水控制区

项目五 盾构机常见故障分析与处理

图 5-25　辅助系统界面

（三）"设备报警"界面

"设备报警"界面可以提示当前冷却过滤系统出现的故障点，便于工作人员分析。具体如图 5-26 所示。

编号	时间	状态	故障描述	确认
430	2020/10/19 12:02:43	到达	注浆压力过低指示	确认

图 5-26　冷却水操作系统"设备报警"界面

【任务实施】

冷却过滤系统常见故障分析与处理

步骤 1：确认主控室冷却水控制按钮功能是否正常，电源及线路是否正常，具体见表 5-26。

故障类型	故障现象及分析	处理
"启动"按钮故障	冷却水系统启动按钮指示灯无法点亮	(1)万用表检查开关按钮,发现按钮指示灯损坏或者线路故障; (2)上报维修工程师,请求修复; (3)修复后,跳转至步骤3

步骤2:查看上位机界面关于冷却过滤系统的数据参数和报警信息,判定故障基本类别,具体见表5-27。

冷却过滤系统常见故障分析与处理   表 5-27

故障类型	故障现象及分析	处理
冷却水泵无法启动	观察到控制面板上冷却水"启动"按钮指示灯未点亮,且按动"启动"按钮,依然无法点亮"启动"按钮指示灯	(1)查看"设备报警"界面,发现有红底色"冷却水泵自动开关跳闸"的报警信息; (2)确定是冷却水泵电路故障,找到主配电柜冷却水泵开关,合上开关即可
		(1)查看"设备报警"界面,发现有红底色"冷却水液位低于低限"的报警信息,补充冷却水,按动主控室控制面板上的"复位"按钮,观察此条报警信息依然保持红底色; (2)确认是冷却水液位过低故障,及时报项目组管理,请组织专业人员进行处理
过滤器报警	过滤器出现报警	(1)当液压系统运行长时间后,由于液压油内杂质增多,会出现过滤器堵塞现象; (2)查看上位机"设备报警"界面具体信息,及时报项目组管理,请组织专业人员进行处理
主驱动密封冷却水流量异常	观察到控制面板上冷却水"启动"指示灯亮	(1)查看"设备报警"界面,发现有红色字样的"刀盘电机冷却水流量错误",按下主控室控制面板上的"复位"按钮,观察此条报警信息依然保持红底色,观察流量计实际值与设定值是否符合; (2)查看冷却循环管路是否有球阀未打开,请专业人员进行处理; (3)查看流量计是否损坏,请专业人员进行处理

步骤3:步骤2中的故障处理完成后,按动主控室控制面板上的"复位"按钮,再次观察报警信息及相关数据。若恢复正常,则故障处理完成。若还是无法启动,返回步骤2,再次排查,直至恢复正常。

故障记录

根据故障处理情况,填写表5-28。

故障记录表(五)   表 5-28

设备故障记录表			
设备编号		时 间	
记 录 人		故障处理确认	
故障描述	故障部位: 故障现象:		
故障分析			
处理与效果			

通过本任务学习,主要考查学生对冷却过滤系统相关电液、流体知识的掌握程度,故障分析与处理的作业流程是否规范,掌握是否熟练。具体见表5-29。

冷却过滤系统常见故障分析与处理方法考核评价表　　　　表5-29

评价项目	评价内容	评价标准	配分/分
知识目标	冷却过滤系统电气控制原理	能否正确描述冷却过滤系统电气控制的基本原理及主要电气元件	20
	冷却过滤系统工作原理	能否正确描述冷却过滤系统的工作原理	20
能力目标	过滤冷却系统各上位机界面查看	能否正确查找冷却过滤系统各上位机界面,查询故障与报警信息,待故障排除后,能否在上位机界面消除故障与报警,恢复冷却过滤系统正常工作	20
	冷却水常见故障分析与处理	能否按照故障现象进行故障分析与处理	30
素质目标	规范作业	故障分析与处理操作流程是否规范	5
	科学分析	故障分析与处理过程是否科学合理	5
合计/分			100

【强化训练】

请扫描下方二维码,打印并装订电子活页实训手册,完成实训任务二十五　冷却过滤系统常见故障分析与处理。

实训任务二十五　冷却过滤系统常见故障分析与处理

任务六　同步注浆系统常见故障分析与处理

【学习目标】

　　知识目标:1.熟悉同步注浆系统电控旋钮的位置及控制键符号;

　　　　　　2.掌握上位机同步注浆系统操作界面、参数设置界面、故障查询界面和故障处理方法;

　　　　　　3.掌握同步注浆系统基本的电气故障分析与处理方法;

　　　　　　4.掌握同步注浆系统基本的液压故障分析与处理方法。

　　能力目标:1.能够依据盾构机操作说明书,熟练找到同步注浆系统电控旋钮的位置;

　　　　　　2.能够依据盾构机操作说明书,熟练找到同步注浆系统上位机各界面;

　　　　　　3.能够依据盾构机操作说明书,熟练完成同步注浆系统的启动、停止操作及参数修改;

　　　　　　4.能够正确地识别上位机、PLC、电气元件或液压元件等的故障类型。

素质目标: 1.培养规范作业的意识;

2.培养科学分析问题的态度;

3.培养严格执行工艺规程、规范、文件和操作规程,保证工作质量的职业素养。

【工作场景与任务】

在盾构施工过程中同步注浆系统故障的原因有很多种,其中比较常见的原因有注浆管堵塞、上位机参数设定更改、控制模块故障、注浆压力传感器损坏、电动机未启动、阀组故障等。例如某一富水砂卵石地层中,一台土压平衡盾构机在施工过程出现"A1"手动注浆管路无法注浆,请进行分析与处理。

【知识准备】

盾构机同步注浆系统的故障分析与处理主要围绕同步注浆系统操作展开,这部分主要学习同步注浆操作方式、同步注浆控制系统等内容。

▣ 同步注浆操作方式

1.手动操作

在手动方式中,有可能单独选择四个注浆点中的一个,并通过控制板的开关启动该系统。注入量可借助控制板上的电位器进行控制。

2.自动操作

在自动操作中,所有 4 个注浆点都设有连续监测,如果压力超过了最小静压力的预设值,则开始注浆。如果超过了最大静压力预设值,则注浆就会减少,直到该值降到限制值以下。同时注浆压力在主控室有显示,最小、最大静压力的预设也是在主控室完成的。

▣ 同步注浆控制系统

同步注浆控制系统是主要控制注浆量、注浆位置等的操作系统。主要包括同步注浆控制区、注浆界面、参数设置及设备报警等内容。

(一)同步注浆控制区

同步注浆控制区包括主控室控制区与注浆本地操作箱,分别如图 5-27、图 5-28 所示。控制区中部为"A1、A2、A3、A4"四个管路选择和速度增减按钮,下端为"手动、自动"模式选择和"注浆、清洗"工作选择按钮。

(二)注浆界面

在上位机界面点击"注浆系统"按钮,如图 5-29 所示,界面上包括各管路压力、冲程数、速度、总注浆量、启动压力、停止压力等。

(三)参数设置

同步注浆参数设置界面如图 5-30 所示,可对各个位置的注浆压力进行设置。

图 5-27 主控室控制区

图 5-28 注浆就地操作箱

图 5-29 注浆界面

图 5-30 参数设置界面

(四)"设备报警"界面

"设备报警"界面可以提示当前注浆系统出现的故障点,便于工作人员分析。具体如图 5-31 所示。

图 5-31 注浆系统"设备报警"界面

【任务实施】

"A1"手动注浆管路无法注浆故障分析和处理

步骤1：确认同步注浆系统控制按钮功能是否正常，电源及线路是否正常，具体见表5-30。

注浆系统控制按钮故障分析与处理   表5-30

故障类型	故障现象及分析	处理
主控室注浆液压泵"启动"按钮故障	注浆启动按钮指示灯无法点亮	(1)万用表检查开关按钮，发现按钮指示灯损坏或者线路故障； (2)上报维修工程师，请求修复； (3)修复后，跳转至步骤3
"A1"启动按钮故障	注浆管路选择按钮指示灯无法点亮	(1)万用表检查开关按钮，发现按钮指示灯损坏或者线路故障； (2)上报维修工程师，请求修复； (3)修复后，跳转至步骤3

步骤2：查看同步注浆系统的数据参数和报警信息，判定故障基本类别，具体见表5-31。

"A1"手动注浆管路无法注浆故障分析与处理   表5-31

故障类型	故障现象及分析	处理
注浆液压泵启动异常	注浆液压泵启动异常	(1)将界面切换至"设备报警"界面，找到红底色报警内容"拼装机液压泵开关跳闸"（拼装机系统与同步注浆系统共用同一个液压泵），按动主控室控制面板上的"复位"按钮，观察此条报警信息依然保持红底色； (2)通过电气图纸找到主配电柜内注浆液压泵的断路器，观察断路器未合闸，将断路器手动合闸即可
		(1)将界面切换至"设备报警"界面，找到红底色报警内容"注浆系统紧急停止"，复位急停开关、按动主控室控制面板上的"复位"按钮，观察此条报警信息依然保持红底色； (2)逐一排查急停按钮、线路等故障，报项目组管理，请组织专业人员进行处理
		(1)将界面切换至"设备报警"界面，找到红底色报警内容"注浆操作台子站通信中断"，按动主控室控制面板上的"复位"按钮，观察此条报警信息依然保持红底色； (2)查看操作箱内部的通信插头是否插上，插好后再次按动主控室控制面板上的"复位"按钮，如果此条报警信息依然保持红底色，汇报给盾构机维修工程师，告知其注浆通信故障具体信息，请求处理修复
同步注浆泵搅拌电动机启动异常	主控室注浆泵按钮关闭或未得电	万用表检查开关按钮，若按钮损坏则更换
	搅拌电动机控制开关跳闸	合闸，如果继续跳闸，则检查线路是否短路，进行摇表，看电动机是否缺相或损坏
	注浆控制盒上急停按钮被拍下	急停复位

盾构构造与操作维护（第2版）

故障类型	故障现象及分析	处理
"A1"按钮异常	"A1"按钮异常	(1)观察操作箱上"清洗"模式按钮灯亮,"注浆"模式灯不亮; (2)将操作箱上"注浆"模式按钮按下
		(1)观察操作箱上钥匙开关拧到"自动"模式; (2)将操作箱上钥匙开关拧到"手动"模式
		(1)将界面切换至"设备报警"界面,找到红底色报警内容"1号注浆压力检测回路故障",按动主控室控制面板上的"复位"按钮,观察此条报警信息依然保持红底色; (2)检查压力传感器是否损坏,报项目组管理,请组织专业人员进行处理
"A1"无法注浆	"A1"无法注浆	(1)"A1"按钮灯亮,仍无法注浆; (2)调整速度调节旋钮,确保速度不为0,报给盾构机维修工程师,告知其线路故障具体信息,请求处理修复
"A1"无法注浆	"A1"无法注浆	(1)检查阀组是否堵塞; (2)检查比例调速阀是否堵塞; (3)报项目组管理,请组织专业人员进行处理
注浆泵堵塞	注浆泵堵塞	检查过流件(蘑菇头、密封),若发现磨损严重,则更换过流件

步骤3:步骤2中的故障处理完成后,按动主控室控制面板上的"复位"按钮,再次观察同步注浆系统报警信息及相关数据。若恢复正常,则故障处理完成。若还是无法启动,返回步骤2,再次排查,直至恢复正常。

三 故障记录

根据故障处理情况,填写表5-32。

故障记录表(六)　　　　　　　　　　　　　　　　表5-32

设备故障记录表			
设备编号		时　间	
记　录　人		故障处理确认	
故障描述	故障部位: 故障现象:		
故障分析			
处理与效果			

【考核评价】

通过本任务学习,主要考查学生对同步注浆系统相关电液、机械知识的掌握程度,故障分析与处理的作业流程是否规范,掌握是否熟练,具体见表5-33。

同步注浆系统常见故障分析与处理考核评价表　　　　表 5-33

评价项目	评价内容	评价标准	配分/分
知识目标	同步注浆系统电气控制原理描述	能否正确描述同步注浆系统电气控制的基本原理、主要电气元件	20
	同步注浆液压系统工作原理描述	能否正确描述同步注浆液压系统的工作原理	20
能力目标	同步注浆系统各上位机界面查看	能否正确查找同步注浆系统各上位机界面,查询故障与报警信息,待故障排除后,能否在上位机界面消除故障与报警,恢复同步注浆系统正常工作	20
	手动注浆管路无法注浆故障分析和处理	能否按照故障现象进行故障分析与处理	30
素质目标	规范作业	故障分析与处理操作流程是否规范	5
	科学分析	故障分析与处理过程是否科学合理	5
合计/分			100

【强化训练】

请扫描下方二维码,打印并装订电子活页实训手册,完成实训任务二十六　同步注浆系统常见故障分析与处理。

实训任务二十六　同步注浆系统常见故障分析与处理

任务七　主驱动润滑系统常见故障分析与处理

【学习目标】

知识目标: 1. 熟悉主驱动润滑系统电控按钮的位置及控制键符号;

2. 掌握上位机主驱动润滑系统操作界面、参数设置界面、故障查询界面和故障处理方法;

3. 掌握主驱动润滑系统基本的电气故障分析与处理方法;

4. 掌握主驱动润滑系统基本的流体故障分析与处理方法。

能力目标: 1. 能够依据盾构机操作说明书,熟练找到主驱动润滑系统电控按钮的位置;

2. 能够依据盾构机操作说明书,熟练找到主驱动润滑系统上位机各界面;

3. 能够依据盾构机操作说明书,熟练完成主驱动润滑系统的启动、停止操作及参数修改；

4. 能够正确地识别上位机、PLC、电气元件及液压元件等的故障类型。

素质目标：1. 培养规范作业的意识；

2. 培养科学分析问题的态度；

3. 培养重视安全、环保，坚持文明生产的职业素养。

【工作场景与任务】

某软土地层中一台土压平衡盾构机在施工过程遇到以下问题，请进行分析与处理：

（1）齿轮油泵启动故障及运行数据异常故障；

（2）润滑油脂泵启动故障及运行数据异常故障。

【知识准备】

盾构机主驱动润滑控制系统的故障分析与处理主要围绕主驱动润滑控制操作系统展开，这部分主要学习主驱动润滑控制系统、主监控界面及设备报警界面等内容。

一 主驱动润滑控制系统

主驱动润滑控制系统主要用于控制主驱动润滑系统的启动、停止、注入量等状态。齿轮油泵和润滑油脂泵的启停按钮位于主控室电动机控制区，如图 5-32 所示。"灯检查"及"复位"按钮位于主控室电动机控制区右侧，如图 5-33 所示。

图 5-32 主驱动润滑控制系统启停按钮控制区

图 5-33 主驱动润滑控制系统"复位"按钮控制区

二 主监控界面

主监控界面主要显示当前润滑系统的注入次数、注入量、注入位置等各种参数，具体如图 5-34 所示。"辅助系统"界面中主要数据如图 5-35 所示，其中包含齿轮油箱温度。

图 5-34　润滑系统主监控界面

图 5-35　辅助系统界面

二 "设备报警"界面

"设备报警"界面可以提示主驱动润滑控制系统出现的故障点,便于工作人员分析。具体如图 5-36 所示。

编号	时间	状态	故障描述	确认
37	2020/10/19 11:46:38	到达	铰接密封油脂故障	确认

图 5-36　主驱动润滑系统"设备报警"界面

【任务实施】

一 齿轮油泵启动故障及运行数据异常故障分析与处理

步骤 1:确认主控室齿轮油泵控制按钮功能是否正常,电源及线路是否正常,具体见表 5-34。

齿轮油泵控制按钮故障分析与处理　　　　　　　　　　　　　表 5-34

故障类型	故障现象及分析	处理
"启动"按钮故障	齿轮油泵启动按钮指示灯无法点亮	(1)万用表检查开关按钮,发现按钮指示灯损坏或者线路故障; (2)上报维修工程师,请求修复; (3)修复后,跳转至步骤 3

步骤2：查看上位机界面关于主驱动润滑系统的数据参数和报警信息，判定故障基本类别，具体见表5-35。

齿轮油泵启动故障及运行数据异常故障分析与处理　　　　　　　　表5-35

故障类型	故障现象及分析	处理
齿轮油泵无法启动	当观察到"启动条件"界面中"刀盘润滑油系统正常"文字颜色显示红色时，表示润滑油系统不正常。然后观察到控制面板上齿轮油泵"启动"按钮指示灯未点亮，且按动"启动"按钮，依然无法点亮"启动"按钮指示灯	(1)查看"设备报警"界面，发现有红底色"齿轮油泵自动开关跳闸"的报警信息，手动无法合闸； (2)确定是齿轮油泵电路故障，报项目组管理，请组织专业人员进行处理
		(1)查看"设备报警"界面发现有红底色"齿轮油漏油液位超限"报警信息，按动主控制面板上的"复位"按钮，观察此条报警信息依然保持红底色； (2)确认是齿轮油漏油液位超限故障，逐一排查是否为"电气回路故障""主驱动密封渗油"等原因，报项目组管理，请组织专业人员进行处理
		(1)查看"设备报警"界面发现有红底色"齿轮油温度超限"报警信息，按动主控室控制面板上的"复位"按钮，观察此条报警信息依然保持红底色； (2)观察"辅助系统"界面中齿轮油箱温度，发现温度的确超过设定值； (3)确认是齿轮油温度超限故障，逐一排查是否为电气回路故障、换热器散热性能不好、冷却水流量不足、齿轮油泵压力偏高等，报项目组管理，请组织专业人员进行处理
齿轮油流量检测异常	当观察到"润滑系统"界面中，"齿轮油流量"低于某一设定值，查看"设备报警"界面，发现有红底色"齿轮油脉冲检测异常"报警信息，则可以判定是齿轮油脉冲检测异常	(1)查看电气回路是否故障； (2)查看同步马达是否渗油； (3)查看马达分配器脉冲接近开关在不在检测范围内或是否损坏； (4)报项目组管理，请组织专业人员进行处理

步骤3：步骤2中的故障处理完成后，按动主控室控制面板上的"复位"按钮，再次观察齿轮油泵报警信息及相关数据。若恢复正常，则故障处理完成。若还是无法启动，返回步骤2，再次排查，直至恢复正常。

三　润滑油脂泵启动故障及运行数据异常故障分析与处理

步骤1：确认主控室润滑油脂泵控制按钮功能是否正常，电源及线路是否正常，具体见表5-36。

润滑油脂泵控制按钮故障分析与处理　　　　　　　　表5-36

故障类型	故障现象及分析	处理
"启动"按钮故障	润滑油脂泵启动按钮指示灯无法点亮	(1)按动主控室控制面板上的"灯检查"按钮，若"启动"指示灯不亮，说明"启动"按钮指示灯损坏或者线路故障； (2)上报维修工程师，请求修复； (3)修复后，跳转至步骤3

步骤2：查看上位机界面关于主驱动润滑系统的数据参数和报警信息，判定故障基本类别，具体见表5-37。

故障类型	故障现象及分析	处理
润滑油脂泵 无法启动	当观察到"启动条件"界面中"刀盘润滑油系统正常"文字颜色显示红色时,表示润滑油系统不正常。然后观察到控制面板上润滑油脂"启动"按钮指示灯未点亮,且按动"启动"按钮,依然无法点亮"启动"按钮指示灯	(1)查看"设备报警"界面,发现有红底色"润滑油脂泵自动开关跳闸"的报警信息,则确定是润滑油脂泵电路故障,导致润滑油脂泵无法启动; (2)找到主配电柜润滑油脂泵开关,合上开关即可
润滑油脂流量检测异常	查看"设备报警"界面,发现有红底色"润滑油脂脉冲检测异常"报警信息	(1)观察"润滑系统"界面中,"外密封流量""铰接系统流量""回转接头流量""螺旋输送机流量"低于某一设定值,判定是外密封(铰接系统/回转接头/螺旋输送机)流量检测异常; (2)检查电气回路确认无故障; (3)把马达分配器脉冲接近开关探头清理干净,往里面旋入,当旋入到底后后退两圈,使检测距离在2mm以内; (4)用扳手逆时针调节多点泵泵芯的螺杆,以增大排量; (5)查看多点泵泵芯是否磨损、分配阀内部是否堵塞等,报项目组管理,请组织专业人员进行处理

盾构构造与操作维护(第2版)

步骤3:步骤2中的故障处理完成后,按动主控室控制面板上的"复位"按钮,再次观察润滑油脂泵报警信息及相关数据。若恢复正常,则故障处理完成。若还是无法启动,返回步骤2,再次排查,直至恢复正常。

故障记录

根据故障处理情况,填写表5-38。

故障记录表(七)　　　　　　　　表 5-38

设备故障记录表			
设备编号		时　　间	
记录人		故障处理确认	
故障描述	故障部位: 故障现象:		
故障分析			
处理与效果			

【考核评价】

通过本任务学习,主要考查学生对主驱动润滑系统相关电液知识的掌握程度,故障分析与处理的作业流程是否规范,掌握是否熟练。具体见表5-39。

主驱动润滑系统常见故障分析与处理考核评价表   表5-39

评价项目	评价内容	评价标准	配分/分
知识目标	主驱动润滑系统电气控制原理	能否正确描述主驱动润滑系统电气控制的基本原理、主要电气元件	15
	主驱动润滑系统工作原理	能否正确描述主驱动润滑系统的工作原理	15
能力目标	主驱动润滑系统各上位机界面查看	能否正确查找主驱动润滑系统各上位机界面,查询故障与报警信息,待故障排除后,能否在上位机界面消除故障与报警,恢复主驱动润滑系统正常工作	10
	齿轮油泵启动故障及运行数据异常故障分析与处理	能否按照故障现象进行故障分析与处理	25
	润滑油脂泵启动故障和运行数据异常故障分析与处理	能否按照故障现象进行故障分析与处理	25
素质目标	规范作业	故障分析与处理操作流程是否规范	5
	科学分析	故障分析与处理过程是否科学合理	5
合计/分			100

【强化训练】

请扫描下方二维码,打印并装订电子活页实训手册,完成实训任务二十七 主驱动润滑系统常见故障分析与处理。

实训任务二十七 主驱动润滑系统常见故障分析与处理

任务八 盾尾密封油脂系统常见故障分析与处理

【学习目标】

    知识目标:1. 熟悉盾尾密封油脂系统的常见故障;

                2. 掌握盾尾密封油脂系统常见故障的处理方法。

    能力目标:1. 能够动手维修气动油脂泵;

                2. 能够按常规流程对故障做出正确分析与处理。

    素质目标:1. 培养规范作业的意识;

                2. 培养科学分析问题的态度。

【工作场景与任务】

某软土地层中,一台土压平衡盾构机在施工过程中遇到以下问题,请进行分析与处理:

(1)盾尾油脂泵活塞杆处漏油脂;

(2)油脂注入口的气动球阀无动作;

(3)盾尾油脂压力传感器显示不变化;

(4)油脂泵活塞杆不能动作;

(5)气动油脂泵空打不出油脂;

(6)气动油脂泵的泵送频率很高,泵杆发热严重。

【知识准备】

本任务的知识准备见前项目相关内容。

【任务实施】

一 盾尾油脂泵活塞杆处漏油脂

故障原因:一般是活塞杆密封损坏。

处理方法:拆开泵杆处,更换密封,如图5-37所示。

二 油脂注入口的气动球阀无动作

故障原因:可能是先导电磁阀故障或气动球阀卡死。

处理方法:检查先导电磁阀是否正常得电,若未得电,检查线路;如果正常得电,检查先导电磁阀基座O形圈是否损坏漏气或先导电磁阀消声器(图5-38)是否堵塞无法换气(该故障常发生);检查先导电磁阀和气动球阀的阀芯是否卡死,必要时进行清洗或更换。

图5-37 盾尾油脂泵活塞杆示意图

图5-38 先导电磁阀消声器

三 盾尾油脂压力传感器显示不变化

故障原因:可能是油脂在该部位固化或传感器损坏。

处理方法:拆下该传感器清理表面固化油脂并且根据实际情况调节油脂注入量。如果传感器压力显示为0,则极有可能已损坏,需更换新件。

四 油脂泵活塞杆不能动作

故障原因：可能是气动油脂泵进气不畅通，或气马达处的先导换向阀卡死，或活塞杆弯曲变形，或油脂泵油位限制开关损坏。

处理方法：检查气动油脂泵进气是否畅通，气动工作压力是否过低（工作压力应大于4.5bar），或增大气压并观察情况；检查气马达处的先导换向阀，若其卡死，及时修理或更换；检查活塞杆，若其弯曲变形，及时修理或更换；检查油脂泵油位限制开关，若其损坏，及时修理或更换。

五 气动油脂泵空打不出油脂

故障原因：可能是油脂泵压盘与油脂面间的空气未排尽，或活塞杆上单向球阀被异物卡死，或油脂泵活塞密封损坏。

处理方法：检查换油脂时油脂泵压盘与油脂面间的空气是否排尽，先打开压盘排气杆使压盘与油脂压实，同时打开油脂出口旁通球阀，待旁通球阀打出油脂后即可恢复正常；检查活塞杆上单向球阀是否被异物卡死，若有则进行清洗疏通以排除故障；检查油脂泵活塞密封与泵体是否损坏，若因损坏导致压力达不到要求，需更换密封或换阀体。

六 气动油脂泵的泵送频率很高，泵杆发热严重

故障原因：气动油脂泵的泵送频率很高，一般都是因为气动油脂泵在空转，或者气动油脂泵的进气压力过高和进气量过大。

（1）油脂桶内的空气没有排干净，导致气动油脂泵的拉杆没有与油脂桶内的油脂接触，进而导致气动油脂泵的拉杆处于悬空状态，这个时候启动气动油脂泵，就会造成气动油脂泵空转。

处理方法：将气动油脂泵的排气孔（图5-39）旋开，保证油脂桶内密闭空腔与大气连通，靠气动油脂泵的自重将密闭空腔内的空气排出。

图5-39 气动油脂泵排气孔位置

（2）在运行过程中,气动油脂泵的气缸提升阀处于中位(如图 5-40 所示位置),容易造成气动油脂泵的拉杆与油脂桶内的油脂分离,导致气动油脂泵的拉杆处于悬空状态。

处理方法:将气动油脂泵气缸的提升阀置于下降位,使阀芯始终压住压盘,持续施加向下的压力,防止气动油脂泵的拉杆与油脂桶内的油脂分离。

（3）气动油脂泵的进气压力和进气量过高时,气动油脂泵的泵送频率也会很高。

处理方法:将进气路的三联件的压力降低,并将进气阀的开口减小,见图 5-40 所示位置。

图 5-40　气动油脂泵三联件、进气阀、提升阀位置

七　故障记录

根据故障处理情况,填写表 5-40。

故障记录表(八) 　　　　　　　　　　　　表 5-40

设备故障记录表			
设备编号		时　　间	
记 录 人		故障处理确认	
故障描述	故障部位: 故障现象:		
故障分析			
处理与效果			

盾构构造与操作维护(第2版)

【考核评价】

通过本任务学习,主要考查学生是否能够正确分析盾尾密封油脂系统故障原因,故障处理方法是否正确,操作是否熟练。具体见表5-41。

盾尾密封油脂系统常见故障分析与处理考核评价表　　　表5-41

评价项目	评价内容	评价标准	配分/分
知识目标	盾尾密封油脂系统的组成	能否正确描述盾尾密封油脂系统的组成	10
	盾尾密封油脂泵工作原理	能否正确描述盾尾密封油脂泵控制的基本原理	10
能力目标	盾尾密封油脂系统故障分析	能否正确分析盾尾密封油脂系统故障	30
	盾尾密封油脂系统故障处理	能否按照故障现象进行故障处理,待故障排除后,恢复正常工作	30
素质目标	规范作业	故障分析与处理操作流程是否规范	10
	科学分析	故障分析与处理过程是否科学合理	10
	合计/分		100

【强化训练】

请扫描下方二维码,打印并装订电子活页实训手册,实成实训任务二十八　盾尾油脂系统故障分析与处理。

实训任务二十八　盾尾油脂系统故障分析与处理

任务九　HBW密封油脂系统常见故障分析与处理

【学习目标】

知识目标: 1.熟悉HBW密封油脂系统的常见故障;

　　　　　　2.掌握HBW密封油脂系统常见故障的处理方法。

能力目标: 1.能够正确识别HBW密封油脂系统的常见故障;

　　　　　　2.能够按常规流程对HBW密封油脂系统的故障进行正确分析与处理。

素质目标: 1.培养规范作业的意识;

　　　　　　2.培养科学分析问题的态度。

【工作场景与任务】

某软土地层中,一台土压平衡盾构机在施工过程中遇到以下问题,请进行分析与处理:

(1)HBW油脂泵活塞杆处漏油脂;

(2)HBW油脂泵动作缓慢;

(3)脉冲次数低于上位机设置次数时报警;

(4)马达分配器无法正常工作;

（5）系统流量偏低，气动油脂泵一直在工作，HBW 油脂消耗量偏大；

（6）掘进过程中，HBW 系统气动油脂泵启动后很快就停止工作，设备能够正常掘进。

【知识准备】

本任务的知识准备见前项目相关内容。

【任务实施】

一　HBW 油脂泵活塞杆处漏油脂

HBW 油脂泵活塞杆处漏油脂故障原因与处理方法与盾尾油脂泵活塞杆处漏油脂相同。

重新更换 HBW 油脂桶时，打开压盘排气杆使压盘与油脂压实，同时打开油脂出口旁通球阀，启动油脂泵，待旁通球阀出油脂后关闭旁通球阀，设备即可恢复正常工作。否则，按盾尾油脂泵的故障处理方法进行排除。

二　HBW 油脂泵动作缓慢

故障原因及处理方法：进气压力过低，通过减压阀调节进气压力。

三　脉冲次数低于上位机设置次数时报警

故障原因及处理方法：

（1）检查油脂泵是否正常工作，气压是否达到工作要求（工作压力应大于 4.5bar）；

（2）检查管路是否有堵塞现象、马达分配器前气动球阀是否正常打开，若有堵塞应及时处理；

（3）检查接近开关是否损坏（测量接近开关的电压信号是否正常），如果损坏则更换；

（4）如果前面的检查均正常，则检查马达分配器是否正常工作。

四　马达分配器无法正常工作

步骤 1：检查马达分配器壳体片之间的缝隙是否漏油。

处理方法：检查分配器上的 6 根螺栓是否松动，若有松动则拧紧；如果螺栓没有松动，则拆开并清洗阀体，检查壳体片间的接触面有无损伤，检查对应缝隙处的密封圈是否损坏，若有损坏则进行更换。

步骤 2：检查马达分配器是否卡死。

处理方法：拆开并清洗马达分配器，检查内部是否堵塞，如果是由油脂质量差引起堵塞，则更换油脂；检查内部零件是否损坏，比如断轴、轴套严重磨损等，若有损坏则更换相应的零件。

若盾构机组装调试时，内密封的马达分配器不工作，可拆开清洗后重新组装，再次启动后若只有一个孔出油，随后四个孔均不出油，进一步检查会发现轴套磨损，更换轴套后，马达分配器一般就会正常工作。

五　系统流量偏低，气动油脂泵一直在工作，HBW 油脂消耗量偏大

故障原因：HBW 密封油脂系统配备有带脉冲传感器计数功能的马达分配器，用来监测系

统的油脂消耗量,现系统流量偏低,气动油脂泵一直在工作,HBW油脂消耗量偏大,很可能是马达分配器磨损严重,几乎不转动或者转速很低,油脂直接从缝隙进入管路。马达监测流量比实际流量偏小,造成HBW油脂消耗量偏大。

处理方法:拆解马达分配器,若齿轮或轴承磨损严重则更换齿轮或轴承,若壳体磨损严重则更换马达分配器。

六 掘进过程中,HBW系统气动油脂泵启动后很快就停止工作,设备能够正常掘进

故障原因:HBW系统是按1min为一个计数周期来统计HBW油脂消耗量,根据现象可以判断,在一个计数周期内,因注脂速度太快,HBW油脂流量很快达到系统所设定的流量计数值,此时泵就会停止工作。虽然设备能正常掘进,但是在一个计数周期内,HBW停止注入时间过长,主驱动密封存在安全隐患。

处理方法:调节阀控制气流速度,使得在一个计数周期的前2/3的时间内气动油脂泵一直在工作,后1/3的时间内气动油脂泵停止工作。

七 故障记录

根据故障处理情况,填写表5-42。

故障记录表(九)   表5-42

设备故障记录表			
设备编号		时间	
记录人		故障处理确认	
故障描述	故障部位: 故障现象:		
故障分析			
处理与效果			

【考核评价】

通过本任务学习,主要考查学生是否能够正确分析HBW密封油脂系统故障原因,故障处理方法是否正确,操作是否熟练。具体见表5-43。

HBW密封油脂系统常见故障分析与处理考核评价表   表5-43

评价项目	评价内容	评价标准	配分/分
知识目标	HBW密封油脂系统的组成	能否正确描述HBW密封油脂系统的组成	10
	HBW密封油脂泵工作原理	能否正确描述HBW密封油脂泵控制的基本原理	10
能力目标	HBW密封油脂系统故障分析	能否正确分析HBW密封油脂系统故障	30
	HBW密封油脂系统故障处理	能否按照故障现象进行故障处理,待故障排除后,恢复正常工作	30
素质目标	规范作业	故障分析与处理操作流程是否规范	10
	科学分析	故障分析与处理过程是否科学合理	10
合计/分			100

【强化训练】

请扫描下方二维码,打印并装订电子活页实训手册,实成实训任务二十九　HBW 密封油脂系统常见故障分析与处理。

实训任务二十九　HBW 密封油脂系统常见故障分析与处理

任务十　低压电器常见故障分析与处理

【学习目标】

知识目标:1.熟悉盾构机电气原理图及图中基本电气元件符号的含义;

2.熟悉基本电气控制柜的安装位置;

3.熟悉常见低压电气元件外观。

能力目标:1.能够依据上位机报警信息,正确找到电气原理图中对应元件图纸位置;

2.能够依据电气原理图上位置编号或文字,正确找到对应的电气元件所在的电柜位置;

3.能够依据电气原理图上低压电气元件编号,正确找到对应低压电气元件实物;

4.能够判断低压断路器是否带电。

素质目标:1.培养规范作业的意识;

2.培养科学分析问题的态度。

【工作场景与任务】

某软土地层中,一台土压平衡盾构机在施工过程中由于停机时间较长,再次使用时,遇到以下问题,请进行分析与处理:

(1)盾构机拖车 1 号照明灯不亮;

(2)上位机"注浆系统紧急停止"报警。

【知识准备】

以铁建重工系列电驱土压平衡盾构机为例。台车 1 号照明系统供电的电气原理图如图 5-41 所示。打开电气原理图,跳转到目录编号6,在其中找到"灯 1 号台车"文字所在的图纸页。图 5-41 中,"灯 1 号台车"文字上方编号"MD5-5F2"对应电气元件符号表示低压断路器,如图 5-41 中框线所示。其中"MD5"表示断路器实物在主配电柜的第 5 扇柜内。由" –5F2"和目录系统 6 数字,可以得知台车 1 号供电断路器实物上贴的电气编号为"6-5F2"。

注浆系统急停如图 5-42 所示。打开电气原理图,跳转到目录编号 22,在其中找到"注浆系统急停"文字所在的图纸页,如图中黑框所示。图 5-42 中" +XP12-12S2"对应电气元件符号表示急停开关。其中" +XP12"表示急停开关实物在注浆本地控制柜内。由" –12S2"和目录系统 22 数字,可以得知注浆急停开关实物上贴的电气编号为"22-12S2"。

图 5-41　台车 1 号照明系统供电的电气原理图

图 5-42　注浆系统急停

常见电控柜的安装位置及电气编号如表 5-44 所示。

常见电控柜的安装位置及电气编号   表 5-44

电气编号	电控柜名称	安装位置
+ MD	主配电柜	台车 3 号
+ CC	主控室	台车 1 号
+ XP12	注浆本地控制箱	台车 1 号
+ XP11	辅助本地控制箱	连接桥
+ XPB1	螺旋输送机本地控制箱	连接桥
+ XP62	皮带输送机本地控制箱	台车 5 号

照明供电的断路器实物外观如图 5-43 所示,注浆控制箱如图 5-44 所示,图中黑框中的是急停开关。

图 5-43   照明供电的断路器   图 5-44   注浆控制箱

【任务实施】

一 盾构机拖车 1 号照明灯不亮的故障分析与处理

步骤 1:找到拖车 1 号照明灯电气图纸在电气原理图中的具体位置。

根据现场的照明灯熄灭的现象,推断出是照明系统故障。故应在原理图的第 6 部分照明系统中寻找,找到系统编号 6 照明系统。再根据具体的文字描述,找到拖车 1 号照明供电的原理图。

步骤 2:根据图纸上 1 号照明元件编号信息和位置编号信息,找到 1 号照明断路器实物。

在原理图纸上找到"灯1号台车"文字,与之对应的上方的断路器编号MD6-5F2就是1号照明断路器的编号和位置编号。MD6表示断路器实物在主配电柜的第6扇柜门内侧,-5F2对应实物上编号为6-5F2(前面6表示电气图纸系统6)。

步骤3:观察实物断路器并使用万用表测量断路器电压,进行故障分析与处理,具体见表5-45。

盾构机拖车1号照明灯不亮故障分析与处理   表5-45

故障名称	故障分析与处理
断路器故障	分析:当观察到编号"6-5F2"的断路器未合闸,首先使用万用表交流电压挡测量断路器上端,确认断路器上端有电压380V左右。可能的故障有:①断路器未合闸;②断路器损坏。 处理:发生①故障时,合上断路器即可;发生②时,上报维修工程师,告知其具体故障信息,请求修复故障
照明灯故障	分析:当观察到编号"6-5F2"的断路器已正常合闸,首先使用万用表交流电压挡测量断路器下端,确认断路器上端有电压380V左右。可能的故障有:①线路故障;②照明灯损坏。 处理:发生①或②故障时,上报维修工程师,告知其具体故障信息,请求修复故障

步骤4:步骤3中的故障处理完成后,再次观察台车1号照明灯是否变亮。若恢复正常,则故障处理完成。若还是不亮,返回步骤3,再次排查,直至恢复正常。

🚂 上位机"注浆系统紧急停止"报警的故障分析与处理

步骤1:将界面切换至"设备报警"界面,找到红底色报警内容"注浆系统紧急停止",按动主控室控制面板上的"复位"按钮,观察此条报警信息依然保持红底色。

根据"注浆系统紧急停止"报警信息,推断出是注浆急停系统出现故障。故应在原理图目录编号22中寻找,找到"注浆系统急停按钮"描述页。此页就是注浆急停按钮原理图。急停开关按钮编号为"+XP12-12Q2"。

步骤2:观察急停开关状态,进行故障分析与处理,具体见表5-46。

上位机"注浆系统紧急停止"报警的故障分析与处理   表5-46

故障名称	故障分析与处理
急停开关位置故障	分析:在拖车1号找到数据本地控制柜,观察编号"+XP12-12Q2"的急停开关,确认急停开关被按下,则可推断出可能是因此导致上位机"注浆系统紧急停止"出现报警信息的。 处理:旋转急停开关,将急停开关松开
急停开关线路故障	分析:在拖车1号找到数据本地控制柜,观察编号"+XP12-12Q2"的急停开关,确认急停开关未被按下,则可推断出,可能的故障有:①急停开关上的接线脱落;②急停开关损坏;③注浆急停开关系统中的线路或者电源发生故障。 处理:(1)发生故障①时,观察并扯动注浆急停开关上的接线,发现有未接的线或者脱落的线,按图纸接上。 (2)发生故障②和③时,汇报给维修工程师,告知其故障的相关信息,请求处理解决

步骤3:步骤2中的故障处理完成后,按动主控室控制面板上的"复位"按钮,再次观察"设备报警"界面,观察"注浆系统紧急停止"报警。若红底色消失,则故障处理完成。若"注浆系统紧急停止"还是保持红底色,返回步骤2,再次排查,直至恢复正常。

故障记录

根据故障处理情况,填写表 5-47。

故障记录表(十) 表 5-47

设备故障记录表			
设备编号		时　　间	
记　录　人		故障处理确认	
故障描述	故障部位: 故障现象:		
故障分析			
处理与效果			

【考核评价】

通过本任务学习,主要考查学生对低压电器相关知识的掌握程度,故障分析与处理的作业流程是否规范,掌握是否熟练。具体见表 5-48。

低压电器常见故障分析与处理考核评价表 表 5-48

评价项目	评价内容	评价标准	配分/分
知识目标	盾构机照明系统供电电气原理图	能否正确描述盾构机电气原理图及图中基本电气元件符号的含义	10
	盾构机注浆系统电气原理图	能否正确描述盾构机注浆系统电气原理图及图中基本电气元件符号的含义	10
能力目标	盾构机拖车 1 号照明灯不亮的故障分析与处理	能否按照故障现象进行故障分析与处理	30
	上位机"注浆系统紧急停止"报警的故障分析与处理	能否按照故障现象进行故障分析与处理	30
素质目标	规范作业	故障分析与处理操作流程是否规范	10
	科学分析	故障分析与处理过程是否科学合理	10
合计/分			100

【强化训练】

请扫描下方二维码,打印并装订电子活页实训手册,完成实训任务三十　低压电器常见故障分析与处理。

实训任务三十　低压电器常见故障分析与处理

盾构构造与操作维护(第2版)

任务十一　PLC 系统常见故障分析与处理

【学习目标】

知识目标:1. 熟悉 PLC 系统基本组成;

2. 熟悉盾构机常见 PLC 模块的实物外观;

3. 了解盾构机 PLC 常见的几种通信方式;

4. 熟悉盾构机 PLC 系统的网络拓扑图。

能力目标:1. 掌握 PLC 系统相关的术语和信息;

2. 依据外观,可以识别常见的 PLC 模块;

3. 依据原理图和通信线,可以判断出 PLC 常见通信方式;

4. 依据电气原理图中 PLC 网络拓扑图,可以找到对应报警信息的 PLC 模块所在位置和实物。

素质目标:1. 培养规范作业的意识;

2. 培养科学分析问题的态度。

【工作场景与任务】

某软土地层中,一台土压平衡盾构机在施工过程中由于停机时间较长,再次使用时,遇到以下问题,请进行分析与处理:

(1)注浆操作台子站通信中断;

(2)拼装机遥控器通信中断。

【知识准备】

以铁建重工系列电驱土压平衡盾构机为例。

一　PLC 系统常见模块外观

主控室 S7-400PLC 主站模块如图 5-45 所示。

图 5-45　主控室 S7-400PLC 主站模块

本地箱内的分站模块如图 5-46 所示，白框区域是子站模块指示灯。

图 5-46　本地箱内的分站模块

拼装机接收器如图 5-47 所示，白框区域是遥控器接收器指示灯。

图 5-47　拼装机接收器

网络拓扑图

常见通信方式有两种。一种是以太网 Profinet 通信，通过网线将多个模块互相连接起来，另一种是 Profibus DP 通信，通过 DP 通信线（通常为紫色）将多个模块互相连接起来。电气原理图中，Profinet 网络拓扑图如图 5-48 所示。

电气原理图中，Profibus DP 网络拓扑图如图 5-49 所示，黑色方形框中是注浆本地控制箱的分站模块通信示意图，黑色圆形框中是遥控器接收器通信示意图。

图 5-48 Profinet 网络拓扑图

图 5-49 Profibus DP 网络拓扑图

【任务实施】

一 注浆操作台子站通信中断的故障分析与处理

步骤 1：将界面切换至"设备报警"界面，找到红底色报警内容"注浆操作台子站通信中断"，按动主控室控制面板上的"复位"按钮，观察此条报警信息依然保持红底色。

根据"注浆操作台子站通信中断"报警信息,推断出是注浆操作台子站通信系统出现故障。故应在原理图目录编号33中寻找,找到"DP总线网络拓扑图"描述页。从此页可以得知注浆操作台子站通信模块在注浆控制箱内且是通过Profibus DP方式进行通信。

步骤2:观察注浆操作台子站通信模块状态,进行故障分析与处理,具体见表5-49。

注浆操作台子站通信中断的故障分析与处理　　　　　　　　　　　　表5-49

故障名称	故障分析与处理
子站模块未上电	分析:在拖车1号注浆本地控制箱找到注浆操作台子站通模块,观察确认注浆操作台子站通信模块没有任何指示灯亮,则可推断出,可能是由子站通信模块未上电导致"注浆操作台子站通信中断"报警信息出现的。 处理:给注浆操作台子站通信模块上电即可
通信线路故障	分析:在拖车1号注浆本地控制箱找到注浆操作台子站通信模块,观察确认注浆操作台子站通信模块有红色指示灯亮,则可能的故障有:①通信插头松动或脱落;②通信线路故障;③通信接头损坏。 处理:(1)发生故障①时,将通信线两端的插头重新插紧;(2)发生故障②和③时,汇报给维修工程师,告知其故障的相关信息,请求处理解决

步骤3:步骤2中的故障处理完成后,按动主控室控制面板"复位"按钮,再次观察"设备报警"界面,观察"注浆操作台子站通信中断"报警信息。若红底色消失,则故障处理完成。若"注浆操作台子站通信中断"报警信息还是保持红底色,返回步骤2,再次排查,直至恢复正常。

三 拼装机遥控器通信中断的故障分析与处理

步骤1:将界面切换至"设备报警"界面,找到红底色报警内容"遥控器通信中断",按动主控制面板上的"复位"按钮,观察此条报警信息依然保持红底色。

根据"拼装机遥控器通信中断"报警信息,推断出是遥控器通信系统出现故障。故应在原理图目录编号33中寻找,找到"DP总线网络拓扑图"描述页。从此页可以得知遥控器接收器在台车1号且是通过Profibus DP方式进行通信。

步骤2:观察遥控器接收器状态,进行故障分析与处理,具体见表5-50。

拼装机遥控器通信中断的故障分析与处理　　　　　　　　　　　　表5-50

故障名称	故障分析与处理
接收器未上电	分析:在拖车1号找到遥控器接收器模块,观察确认遥控器接收器没有任何指示灯亮,则可推断出,可能是接收器模块未上电导致"遥控器通信中断"报警信息出现的。 处理:给遥控器接收器上电即可
通信线路故障	分析:在拖车1号找到遥控器接收器模块,观察确认遥控器接收器有指示灯亮,则可能的故障有:①通信插头松动或脱落;②通信线路故障;③通信接头损坏;④遥控器接收器损坏。 处理:(1)发生故障①时,将通信线两端的插头重新插紧。 (2)发生故障②和③④时,汇报给维修工程师,告知其故障的相关信息,请求处理解决

步骤3:步骤2中的故障处理完成后,按动主控室控制面板"复位"按钮,再次观察"设备报警"界面,观察"遥控器通信中断"报警信息。若红底色消失,则故障处理完成。若"遥控器通信中断"报警信息还是保持红底色,返回步骤2,再次排查,直至恢复正常。

🚂 故障记录

根据故障处理情况,填写表 5-51。

故障记录表(十一) 表 5-51

设备故障记录表

设备编号		时　　间	
记 录 人		故障处理确认	
故障描述	故障部位: 故障现象:		
故障分析			
处理与效果			

【考核评价】

通过本任务学习,主要考查学生对 PLC 系统知识的掌握程度,故障分析与处理的作业流程是否规范,掌握是否熟练。具体见表 5-52。

PLC 系统常见故障分析与处理考核评价表 表 5-52

评价项目	评价内容	评价标准	配分/分
知识目标	盾构机常见 PLC 模块的实物外观	能否正确识别 PLC 系统常见模块外观	10
	盾构机 PLC 系统的网络拓扑图	能否正确描述盾构机 PLC 系统的网络拓扑图中基本电气元件符号的含义	10
能力目标	注浆操作台子站通信中断的故障分析与处理	能否按照故障现象进行故障分析与处理	30
	拼装机遥控器通信中断的故障分析与处理	能否按照故障现象进行故障分析与处理	30
素质目标	规范作业	故障分析与处理操作流程是否规范	10
	科学分析	故障分析与处理过程是否科学合理	10
合计/分			100

【强化训练】

请扫描下方二维码,打印并装订电子活页实训手册,完成实训任务三十一 PLC 系统常见故障分析与处理。

实训任务三十一 PLC 系统常见故障分析与处理

任务十二　渣土改良系统常见故障分析与处理

【学习目标】

知识目标: 1. 熟悉泡沫膨润土系统相关的运行逻辑关系;

2. 熟悉泡沫膨润土系统常见故障;

3. 掌握泡沫膨润土系统常见故障处理方法。

能力目标: 1. 能够依据盾构机操作说明书,正确操作泡沫、膨润土系统并正确设置相应参数;

2. 能够正确地识别上位机、PLC、机械结构、电气元件及液压元件等的故障类型;

3. 能够按常规流程对故障做出正确分析与处理。

素质目标: 1. 培养规范作业的意识;

2. 培养科学分析问题的态度。

【工作场景与任务】

某软土地层中,一台土压平衡盾构机在施工过程中遇到以下问题,请进行分析与处理:

(1)泡沫混合液箱不自动加混合液;

(2)单路泡沫空气流量不受控制;

(3)膨润土单路无法启动;

(4)泡沫系统无法启动。

【知识准备】

渣土改良系统故障分析及处理主要涉及的知识有泡沫系统运行的条件、膨润土系统运行的条件等。

一　泡沫系统运行的条件

(一)土仓压力不能过高

泡沫系统如果想正常启动,首先需保证土仓压力正常。泡沫系统的正常运转与3号土仓压力直接相关,在3号土仓压力超限或者PLC判断3号土仓压力异常的情况下,泡沫系统无法正常启动。

(二)原液液位不处于低限

泡沫原液箱的液位不会直接影响到泡沫系统的运转,但当泡沫原液液位处于低限,将影响泡沫混合液箱中泡沫与水的比例,最终影响泡沫的性能。

(三)泡沫混合液液位不处于低限

泡沫系统具有防干转保护功能,当泡沫混合液箱触发低液位报警时,泡沫系统的防干转保护功能将会启动,此时泡沫系统将无法启动。同样原理的保护机制也会出现在外循环水压力检测系统上,当外循环水压力检测传感器检测出压力低于一定值时,泡沫系统的防干转保护也将动作,此时泡沫系统亦无法动作。

(四)原液变频器正常

泡沫系统正常运行的一个关键条件则是泡沫系统中的所有控制变频器都能够正常工作,当变频器电路出现故障或检测出电动机故障或电源故障时,变频器就会向 PLC 程序发出相应信号,在程序保护机制下,泡沫系统无法正常运行。

🚂 膨润土系统运行的条件

膨润土系统正常运行的条件与泡沫系统基本相同,此处不再赘述。

【任务实施】

🚂 泡沫混合液箱不自动加混合液

故障原因:此情况一般分两种,一种为不报警也不加混合液,另一种为上位机报警不加混合液。第一种一般与泡沫原液泵系统有关,第二种一般与泡沫混合液箱液位传感器损坏有关,因此一般从这两方面入手检查。上位机泡沫系统界面如图 5-50 所示。

图 5-50 泡沫系统界面

处理方法：首先检查上位机报警系统报警情况，当系统报泡沫混合液箱液位低时，检查泡沫混合液箱内是否达到低液位；如果达到低液位，但泡沫混合液系统仍无动作，则需检查泡沫水泵及泡沫原液泵加水及运行信号输出是否正常；当控制动作输出正常时，检查泡沫水泵及泡沫原液泵变频器显示输出频率；当输出频率都为零时，首先检查泡沫原液泵变频器是否发生故障；当泡沫原液泵输出频率为 50Hz 时，则检查是否为泡沫原液泵定子磨损或泡沫原液流量计故障，依次检查则可排除故障。

当上位机系统无低液位报警且泡沫混合液箱无混合液时，首先应先启动泡沫系统；启动泡沫系统后，若系统仍未向混合液箱加混合液，则需检查高液位音叉传感器是否发生故障，即是否在液位低于高液位时仍输出高液位信号；同时检查高液位传感器音叉上是否有过剩的泡沫挂在上面，音叉上有异物也会导致传感器动作异常，从而导致泡沫混合液低液位时混合液箱不加注混合液。以此为检查方向，当传感器都正常输出信号时，则需检查线路通断是否正常及数字量输入模块是否正常，如此即可排除相关故障。

二　单路泡沫空气流量不受控制

故障原因：主要为监控系统故障导致流量不受控制及执行系统故障导致流量不受控制，需依次检查。

处理方法：首先检查上位机空气流量显示是否有变化，当上位机空气流量显示无变化时基本判断为监控系统故障，则需依次检查空气流量计面板显示是否正常、流量计探头是否进水、模拟量输入信号保险丝是否熔断、电源线及信号线是否有断路以及模拟量输入模块是否发生故障，以此逐步检查以解决监控系统故障。当上位机空气流量有变化，但流量不受控制时，则需检查流量控制阀是否卡死。可用手动调节的方法来确定是阀块机械结构故障还是输出控制量故障。

三　膨润土单路无法启动

故障原因：可能是此路控制球阀无法打开，导致压力过大，系统保护时无膨润土。也可能是压力传感器故障。

处理方法：检查上位机该路压力是否显示正常，若显示正常则检查压力传感器前部管路是否有球阀未打开；若压力显示值过高，则检查该路启动球阀是否正常动作。若球阀无动作则依次检查气路是否畅通、电路是否有电信号、启动控制阀线圈是否烧坏、阀芯是否卡死以及阀芯是否装反。依次检查则可排除故障。当上位机压力显示值一直为最大值时，则需考虑是否为压力传感器损坏，依次检查压力传感器输入电压值、输出电流值即可排除故障。

四　泡沫系统无法启动

故障原因：泡沫系统启动条件未满足。

处理方法：如图 5-51 所示，查看上位机泡沫系统启动条件是否都满足，查看有无相关报警，依次排除相关故障即可。

条件设置2　　　　　　　　　　　　　　　转入条件设置1

螺机启动条件	泡沫启动条件	皮带机启动条件
螺机设备桥控制盒急停正常	泡沫混合液1号变频器正常	皮带机内部/外部控制未选
螺机泵运行	泡沫混合液2号变频器正常	拖车皮带机急停正常
螺机补油运行	泡沫混合液3号变频器正常	
螺机补油压力正常	泡沫混合液4号变频器正常	
辅助泵运行	泡沫混合液5号变频器正常	
润滑油脂运行	泡沫混合液6号变频器正常	
螺机液压压力正常	泡沫原液泵变频器正常	
螺机后门开口度正常	上位机1~6号管路有激活	
螺机土压压力正常	土仓压力正常	
皮带机运行/无效控制未选	泡沫控制模式未选	
螺机内部/外部控制未选	泡沫混合液箱液位正常	
螺机正转/反转控制未选		
螺机电位器起始值为零		
螺机油温正常		
渣车空		
控制泵运行		

主监控页　泡沫系统　注浆系统　电力参数　辅助系统　盾尾密封　启动条件　参数设置　报警系统　累计量　历史记录　返回

图 5-51　泡沫系统启动条件

五　故障记录

根据故障处理情况,填写表 5-53。

故障记录表(十二)　　　　　　　表 5-53

设备故障记录表			
设备编号		时　间	
记 录 人		故障处理确认	
故障描述	故障部位: 故障现象:		
故障分析			
处理与效果			

【考核评价】

通过本任务学习,主要考查学生对渣土改良系统基础知识的掌握程度,故障分析与处理的作业流程是否规范,掌握是否熟练。具体见表 5-54。

渣土改良系统常见故障分析与处理考核评价表

表 5-54

评价项目	评价内容	评价标准	配分/分
知识目标	泡沫系统运行的条件	是否掌握泡沫系统运行的条件	10
	膨润土系统运行的条件	是否掌握膨润土系统运行的条件	10
能力目标	泡沫系统的故障分析与处理	能否按照故障现象进行故障分析与处理	30
	膨润土系统的故障分析与处理	能否按照故障现象进行故障分析与处理	30
素质目标	规范作业	故障分析与处理操作流程是否规范	10
	科学分析	故障分析与处理过程是否科学合理	10
合计/分			100

【强化训练】

请扫描下方二维码,打印并装订电子活页实训手册,完成实训任务三十二 渣土改良系统常见故障分析与处理。

实训任务三十二 渣土改良系统常见故障分析与处理

任务十三 导向系统常见故障分析与处理

【学习目标】

知识目标: 1.熟悉导向系统的常见故障;

2.掌握导向系统常见故障的处理方法。

能力目标: 1.能够按常规流程对导向系统常见故障做出正确分析与处理;

2.能够按常规流程对导向系统特殊故障做出正确分析与处理。

素质目标: 1.培养规范作业的意识;

2.培养科学分析问题的态度。

【工作场景与任务】

某软土地层中,一台土压平衡盾构机在施工过程中遇到以下问题,请进行分析与处理:

(1)DDJ 系列控制器出现故障;

(2)掘进过程中导向系统出现各种故障。

【知识准备】

本任务的知识准备见前项目相关内容。

【任务实施】

一 DDJ 系列控制器常见故障分析与处理

(一)全站仪标识变为红色

1. 出现错误提示

(1)全站仪连接失败。

(2)全站仪通信错误。

2. 处理方法

建议进行如下排查及设置：

(1)尝试手动点击连接。

(2)检查全站仪电池电量是否充足(如外接锂电池供电)。

(3)打开导向系统软件时,右键单击,以管理员身份运行。

(4)在 GeoCom 模式下:检查标准设置,将波特率设为 9600Bd。

(5)检查全站仪连接电缆、接头是否连接正确且接触良好,必要时进行修复。

(6)检查电台是否正常工作。

(二)激光靶标识变为红色

1. 出现错误提示

激光靶标识变红,连接失败。

2. 处理方法

建议进行如下排查及设置：

(1)尝试手动点击连接。

(2)打开导向系统软件时,右键单击,以管理员身份运行。

(3)检查电缆是否损坏、松动、断开、未连接,接触是否良好。

(三)服务器变红

1. 出现错误提示

服务器标识变红,连接失败。

2. 处理方法

(1)尝试手动点击连接。

(2)打开导向系统软件时,右键单击,以管理员身份运行。

(3)在浏览器内输入 Web 发布时设置的本地 IP 地址,搜索是否能成功访问,若无法访问则重新发布。

(四)PLC 变红

1. 出现错误提示

PLC 标识变红,连接失败。

2. 处理方法

(1)尝试手动点击连接。

(2)打开导向系统软件时,右键单击,以管理员身份运行。

(3)检查 TunnelSetting 软件中设置的 IP 地址是否和盾构机推进系统计算机连接的发布服务器地址一致。

(4)检查电缆是否损坏、松动、断开、未连接,接触是否良好。

(五)DTA 数据无法导入

1. 出现错误提示

从类型 DBNull 到类型 Double 的转换无效。

2. 处理方法

导入的 DTA 数据标准格式为纯数值,查看 DTA 数据(在 Excel 中检查),若存在空数据或者数据类型不正确(可能含公式),将表格单元格格式设置为数值格式。

(六)二次始发初始零位数据丢失

处理方法:

(1)找到项目文件(项目文件为一个命名为×××的文件夹和一个×××. crcc 的文件),找到里面的 TunnelBoringData. cdb 文件。

(2)将此文件复制后重命名为 TunnelBoringData. mdb 并打开,密码为 CRCC,在 LaserTargetInt 和 LaserTargetMeasReturn 中找回前后端的坐标以及激光靶的坐标和角度。

(七)厂内零位测量特征点与工地零位测量特征点有偏差

1. 错误提示

顺序对应不上,计算出的残差比较大。

2. 处理方法

利用 CAD 软件及特征点恢复:

(1)获取特征点测量坐标并按照 CAD 输入点的要求进行编辑。

(2)新建 CAD 文件,打开视图菜单→动态观察→受约束的动态观察。

(3)打开绘图菜单→三维多段线→绘图→输入始发时零位的坐标、特征点(坐标系 1)和当前测量的对应坐标(坐标系 2)。

(4)打开修改菜单→三维操作→三维对齐,把坐标系 1 和坐标系 2 对应的坐标重合。

(5)查询命令→查询未测到的坐标。

掘进过程中导向系统常见故障分析与处理

(一)指向、照准激光靶错误及测量过程中偶尔出现的盾构机姿态偏差超限

1. 可能原因

(1)激光束未射到激光靶的前面板上。

(2)激光靶和全站仪之间的光线受遮挡。

(3)全站仪与激光靶之间的距离太远。

2. 处理方法

(1)按照要求手动调整全站仪。

(2)清除通视范围内障碍物。

警告:当激光器处于打开状态时,不要通过目镜向里望!

(3)当全站仪和激光靶之间距离太远时,需向前移动测站。

(二)盾构机姿态不正确

1. 可能原因

(1)激光器未被正确调整。

(2)未整平全站仪。

(3)不正确的水平参照方向(方位)。

(4)全站仪和/或后视参照点的坐标不正确。

(5)里程不正确。

(6)在隧道内部,反光作用导致距离测量结果不对。

(7)系统参数错误。

(8)数据库中输入了不正确的DTA(设计隧道中心线)。

2. 处理方法

(1)激光器需重新进行调整。请按照调整激光器操作步骤或Leica(徕卡)操作手册进行。

(2)全站仪需重新整平。

(3)检查测量固定点的坐标,可根据需要进行修正。

(4)检查激光靶和全站仪之间的距离,如有需要应重新定位。

(5)把所有反光面遮挡起来,或涂成不反光的颜色。

(6)检查相关的参数,包括安装位置、偏移、激光偏移、视准轴到激光发射轴距离。

(7)输入正确的设计隧道轴线。

(三)换站前后姿态不正确

1. 可能原因

(1)换站前全站仪及后视点已经超限。

(2)换站过程中盾构机一直在推进。

(3)激光靶上有水汽、灰尘、污物。

2.处理方法

（1）换站前重新整平仪器及后视棱镜，重新定向，测量盾构姿态并记录。

（2）新全站仪选址时，需充分考虑地质条件及现场注浆情况，保证所在位置管片稳定。

（3）换站操作选择在盾构机停机时进行。

（四）导向系统姿态与管片复测不一致

1.可能原因

（1）针对不同的地质情况，同步注浆、二次注浆等管片浮动会有所不同。

（2）盾尾间隙不一致。

（3）铰接油缸伸长量不一致。

2.处理方法

（1）根据现场通视条件，可采用拟合圆复测中盾尾部内侧切口，拟合计算中盾切口圆心并与导向系统进行对比分析。

（2）采用油缸法复测，反算盾构机中盾切口圆心坐标。

（3）由于掘进过程中存在转点设站误差、人为观测误差、丈量误差、系统误差等，复测时需综合考虑，尽量减小误差以提高精度。建议在未始发前进行复测确认。

（五）激光靶姿态角异常

1.可能原因

（1）全站仪视线与激光靶水平面水平夹角和垂直夹角超出激光靶接收最大角度±5°。

（2）隧道设计中线（DTA）数据有误。

2.处理方法

（1）通过对比，计算全站仪和激光靶实际的水平夹角和垂直夹角是否超过±5°，若超过，则调整全站仪位置。

（2）检查隧道设计中线（DTA）数据。

（六）推进过程中通信正常，但姿态不断变化，且变化无规律

1.可能原因

（1）施工过程中，受地下水、地质条件差、同步注浆等影响。

（2）激光靶镜面有泥水、水汽等。

（3）激光靶内置倾斜仪损坏。

2.处理方法

（1）推进平稳，采取其他施工措施减少影响。

（2）擦拭激光靶镜面，使镜面保持干爽。

（3）分析记录数据，检查激光靶反馈回来的仰俯、侧滚和方位角三个角度，若这三个角度出现无规律的变化和突变，且变化较大，可能是激光靶内置倾斜仪存在问题。

(七) 未接收到正确的激光靶返回值

1. 故障描述

这种故障出现在激光靶和工业计算机之间的通信不正常时,该提示显示在测量信息窗口中的实时状态信息。

2. 可能原因

(1) 电缆连接有误。
(2) 激光靶的光学检测单元出现故障。
(3) 盾构机的滚动角不能测定。
(4) 盾构机的仰俯角不能测定。

(八) 数据传输中止,不能再进行数据传输

1. 可能原因

(1) 电缆中断,或受到挤压而损坏。
(2) 插头/插座等连接处落入水中、油或泥中,以致发生短路。
(3) 工业计算机的插头处松动。
(4) 插头连接装置松动。
(5) 数据线非法连接(插头/插座混淆)。
(6) 电子噪声或有故障的接口。
(7) 必需的装置未接入或未打开。
(8) 将"传送"和"接收"线接通。

2. 处理方法

(1) 检查电缆表皮是否明显受损(如被撞击或挤压)。如果有任何的损坏,应切断电源,通过焊接并经过小心隔离进行修复。这种修复需要有经验的电工或计算机技术人员来完成。如果有足够备用导线,最好全部更换。更换下来的导线作为备用线。如果电缆表皮部分软化,应当视为被撞或挤压,如果内部软化,则应当视作短路,应该及时修复此部分电缆。

(2) 检查插头及插座与仪器的连接是否得当,插头与插座中是否有水浸入。当发现插头松动时,把插头正确地插入相应的插座中。如果有水浸入插座或插头中,需打开插头或插座,晾干,或进行全面修理。

(3) 检查串行通信口 COM1 到 COM"N"是否有潜在的错误连接。

(4) 关闭所有的应用程序,关闭计算机,等待 20s 后,重新启动计算机,重新打开需要的应用程序。通过一个短插头对接口进行最终检查。如果至少有一个工作不正常,需用相同类型的多接口板代替原来的多接口板。

(5) 连接或打开设备。

(6) 通过一个适当的检测接头和一个正常的终端程序对接口进行检测,如果确认基本功能正常但数据仍不能传输,那么可能是"传送"和"接收"线路无意中接通,要解决这个问题,可以联系客服或咨询经验丰富的计算机技术人员。

故障记录

根据故障处理情况,填写表 5-55。

故障记录表(十三)　　　　表 5-55

设备故障记录表			
设备编号		时　间	
记　录　人		故障处理确认	
故障描述	故障部位: 故障现象:		
故障分析			
处理与效果			

【考核评价】

通过本任务学习,主要考查学生对导向系统基础知识的掌握程度,故障分析与处理的作业流程是否规范,掌握是否熟练。具体见表 5-56。

导向系统常见故障分析与处理考核评价表　　　　表 5-56

评价项目	评价内容	评价标准	配分/分
知识目标	导向系统的组成	能否正确描述导向系统的组成	10
	导向系统的工作原理	能否正确描述导向系统的工作原理	10
能力目标	导向系统软件常见故障分析与处理	能否按照故障现象进行故障分析与处理	30
	掘进过程中导向系统常见故障分析与处理	能否按照故障现象进行故障分析与处理	30
素质目标	规范作业	故障分析与处理操作流程是否规范	10
	科学分析	故障分析与处理过程是否科学合理	10
合计/分			100

【强化训练】

请扫描下方二维码,打印并装订电子活页实训手册,完成实训任务三十三　导向系统常见故障分析与处理。

实训任务三十三　导向系统常见故障分析与处理

任务十四　掘进参数异常情况分析与处理

【学习目标】

知识目标:熟悉盾构机在不同地层掘进时常见的问题。

能力目标:掌握盾构机在不同地层掘进时参数异常情况分析与处理方法。

素质目标:1.培养规范作业的意识;

　　　　　　2.培养科学分析问题的态度。

【工作场景与任务】

某台土压平衡盾构机在施工过程中遇到以下问题,请进行分析与处理:

(1)盾构掘进过程中螺旋输送机扭矩忽然升高;

(2)盾构机掘进抱死、推力大;

(3)掘进过程中刀盘扭矩大、土压高。

【知识准备】

本任务的知识准备见前项目相关内容。

【任务实施】

一　盾构掘进过程中螺旋输送机扭矩忽然升高的分析与处理

(一)原因分析

土压平衡盾构机在正常掘进过程中出现螺旋输送机扭矩突然升高主要是因为螺旋输送机内部卡异物,或者是渣土太干,这种情况在掘进砂卵石、砂岩地层和过桩时比较常见。

(二)处理办法

(1)听螺旋输送机是否有异常响动,出渣是否正常。

注意事项:如果螺旋输送机声音异常,则很可能是因为螺旋输送机内部卡有异物。

(2)停止螺旋输送机运行或者降低螺旋输送机转速,通过正反转尝试将异物排出。

注意事项:需缓慢正反转螺旋输送机,保护螺旋输送机轴。

(3)如果未将异物排出,则需要回收螺旋输送机,关闭前闸门,打开观察口进行人工清理。

二　盾构机掘进抱死、推力大的分析与处理

(一)原因分析

盾构机在稳定性较差的地层中,如在砂质地层和砂卵石地层推进时,停机时间较长容易出现推不动的情况,主要是因为地层收缩将盾构机抱死,出现推力不足以克服地层抱住盾体形成

的摩擦阻力的情况。此外，刀盘结泥饼也会造成盾构机推力增大，速度下降。

（二）处理办法

（1）遇到盾构机被抱死的情况，可以尝试通过膨润土管向盾壳四周注入膨润土进行润滑减小摩擦力，或通过在推进油缸周围增加液压油缸以增大推力。

（2）对于结泥饼的情况，在掘进过程中刀盘中心需经常喷水和泡沫，避免出现糊住刀盘、喷口的情况。

掘进过程中刀盘扭矩大、土压高的分析与处理

（一）原因分析

（1）在砂质地层中掘进时，由于地层的稳定性较差，在掘进过程中掌子面坍塌，土仓堆土过多，容易造成刀盘扭矩增大、土压变高。

（2）在砂卵石地层中掘进，停机时可能会有大粒径卵石卡在刀盘开口和切口环处，或者推进过程中渣土改良不及时，会导致刀盘扭矩增大。

（3）在强度较高的地层，如砂岩与全断面硬岩地层掘进时，刀盘切削土体困难，扭矩会增大。另外，如果不做好刀具保护措施，刀具会磨损，当滚刀刀具无法正常滚动切削时，刀盘转动时的阻力就会变大。

（4）在软硬不均地层，如上软下硬地层掘进时，为了控制沉降一般会采用较高的土压推进，而硬岩在被挤压破碎后形成细小石块，流动性差，土压过高易造成刀盘扭矩增大。除此之外，刀具在软硬不均的岩面做周期性碰撞，当贯入度波动大时，刀具会受到很大的冲击力，导致刀圈崩刃或者滚刀轴承失效，引起刀盘转动阻力增大，扭矩增大。

（二）处理办法

（1）在砂质地层掘进时保证掘进速度与出渣速度相匹配，尽量减少土仓渣土堆积，在停止推进时，先通过调整刀盘电位计，将刀盘扭矩降低后再停止刀盘旋转，避免再启动时扭矩过大。

（2）在砂卵石地层掘进时同样也需要保证掘进速度与出渣速度相匹配，尽量保持掘进速度的平稳。在渣土改良方面以泡沫为主，水和膨润土为辅，需经常观察泡沫的发泡效果。

（3）在硬岩地层掘进时，需控制盾构机推力，掘进总推力不应该超过刀具受荷容许承载力之和，以保护刀具。对于砂岩地层，盾构机在掘进时尤其是中心区域容易产生泥饼，因此需增加刀盘中心部位泡沫注入量并选择较大的泡沫注入比例，减弱渣土黏附性，降低泥饼产生概率。

（4）在上软下硬地层掘进时，一是需要勤洗渣样，分析渣土内各组成部分比例以调整推进参数；二是在做好刀具保护的前提下，以最大速度通过，通过渣土温度、掘进参数、刀盘前响声震动来判断刀具以及掌子面情况，避免刀具的异常损坏。当推进地层硬岩占比极高时，可选择高土压推进，因为此时降低土压对于速度的提升作用不大，所以需要提高土压以增强对上部地层的支撑；当硬岩地层占比有所下降时，可适当尝试降低土压，提升速度，减少推进时间，减少对于地层的扰动，从而控制沉降。